KB111334

강원도 산간 문화

강원도 산간 문화 - 홍천 지역을 중심으로

초판 제1쇄 인쇄 2014. 4. 23.
초판 제1쇄 발행 2014. 4. 30.

지은이   강명혜, 김세건, 김세은, 박관수, 유명희, 이영식, 이학주, 최명환
펴낸이   김경희
펴낸곳   (주)지식산업사
         본사 ● 413-832, 경기도 파주시 광인사길 53
              전화 (031) 955-4226~7 팩스 (031) 955-4228
         서울사무소 ● 110-040, 서울특별시 종로구 자하문로6길 18-7
              전화 (02) 734-1978 팩스 (02) 720-7900
         한글문패 지식산업사
         영문문패 www.jisik.co.kr
         전자우편 jsp@jisik.co.kr
         등록번호 1-363
         등록날짜 1969. 5. 8.

책값은 뒤표지에 있습니다.

ⓒ 김세건 외, 2014
ISBN 978-89-423-4833-6 (93380)

이 책을 읽고 저자에게 문의하고자 하는 이는
지식산업사 전자우편으로 연락바랍니다.

이 책은 2011년도 정부(교육과학기술부)의 재원으로 한국연구재단의 지원을 받아 연구
되었음(NRF-2011-32A-A00022).

강원도 산간 문화

-홍천 지역을 중심으로-

강명혜 · 김세건 · 김세은 · 박관수
유명희 · 이영식 · 이학주 · 최명환

지식산업사

차　례

제2부 설화와 신앙

제3부 구술사 연구와 지역 연구

서문: 구비문화를 통한 지역사회 연구

-구비문학에서 구비문화로-

김 세 건 외

본 연구팀은 홍천 지역을 산간 지역, 강 지역, 평야 지역으로 구분해서 3년 동안 마을들을 돌아다니며 연구를 했다. 이 연구를 마치면서 우선, 이번에는 첫해 과제인 홍천의 산간 지역(내면, 내촌면, 화촌면, 두촌면)을 중심으로 국문학, 민속학, 언론학, 인류학 분야 선생들의 연구 결과물인 논문을 묶어서 한 권의 책으로 내게 되었다.

이 책의 특징은 사회·문화적 토대 위에서 구비문학을 재해석하고 그것을 외연적, 내연적으로 확장하여 구비문화라는 개념을 정립하고자 했다는 점이다. 구비문학도 나머지 다른 문화현상처럼 구체적 시공간에서 생성·발전된 것으로 자연지리, 역사, 정치, 경제, 사회, 문화적 배경이 기반이 되고 있기 때문이다. 이에 연구팀은 구비문화적 시각으로 홍천군 산간 지역이 지니는 특수성 및 역사성, 구체적 실상, 원형성 등을 총체적으로 이해하고자 했다. 이를 위해 구비물을 채록할 때, 기존의 평면적인 채록 방식에서 탈피하여 그 지역의 구비물뿐만 아니라 자연지리, 사회, 경제, 문화, 종교적 배경, 채록 대상의 태도, 교육 정도, 채록물에 대한 이해

및 인지도(향유자의 의식구조), 구비물에 대한 의식 등을 모두 대상으로 했는데, 우리는 이러한 콘텍스트적 측면을 사회문화적 토대라고 정의했다. 따라서 이와 같이 구비물을 생성하게 된 모든 배경도 함께 채록하고자 했다. 구비문학에 역사성과 구체적 공간성을 부여하려면 구비문학이 놓인 사회문화적 토대에 대한 연구가 필요하다는 것에 공감했다. 사실, 생산민속, 가정제의, 마을제의 등 각 부분들은 구비문학과 유기적으로 논의되어야 할 대상이며, 지역문화를 이해하는 데 매우 긴요한 항목들이다. 이러한 방식은 문학, 민속학, 미디어, 인류학 등 모든 분야에 해당되는 것으로, 각자 도출된 결과를 하나의 통通학문적인 방식으로 수렴하고자 했다. 그 결과 다음과 같은 연구 성과가 도출되었다.

우선, 산간 지역에는 그 지역의 문화적 특성과 그에 부합되는 신앙 및 설화가 전승되고 있었다. 곧, 산이 높은 지역일수록 구비문화나 민간신앙적 측면을 다른 지역보다 비교적 잘 간직하고 있다는 특성을 보이고 있었는데, 한 가지 예로 홍천에서도 가장 산이 높고 골짜기가 깊은 내면은 아직도 민속신앙을 많이 간직하고 있었고 외부문화에 가장 흔들림이 적었다. 이곳에서는 '권대감'이라는 독특한 인물을 산신으로 섬기고 있는데, 〈권대감설화〉는 지리 역사적 배경과 지역민의 의식구조 속에서 내면 주민의 오랜 자존심이며 결속 대상물이라는 원형성(archetype)을 함유하고 있었다. 이는 설화와 신앙의 교섭 양상이 보이는 경우로서 현재까지도 일부 주민들에게 삶의 원천으로 작용하고 있다. 이를테면 '권대감 제당'을 지키고자 서울에서 살다가 아버지가 돌아가시자 7살짜리 아들을 데리고 귀향한 윤준섭 씨의 경우가 여기에 해당된다. 준산간 지역인 내촌면에서는 아기장수의 설화, 부자 망한 설화, 전씨네와 관련된 일련의 설화, 서곡대사의 설화 등이 전해지고, 두촌면에서는 가리산 한천자 등의 설화가 전해지고 있었다. 산간 지역의 설화는 인물담이 주류를 이루고 있었는데 대부분 실존했다고 알려진 인물과 깊은 관계를 맺고 있었다. 그러나 화촌면, 두촌면 등에서는 설화가 거의 채록되지 않았는데 이는 6·25 전쟁의 직접적인 영향과 새마을운동의 활성화 등으로 구비문학, 전통신앙, 세시풍속 등이 거의 맥을 잇지 못했기 때문이다.

또한 홍천 산간 지역은 논이 적은 까닭으로 밭과 관련된 문화가 발달했고 〈논매는소리〉는 거의 발견되지 않았다. 이와 달리 토질이 척박하고 비탈이 심한 밭이 많은 산간 지역 특성으로 겨리소 및 겨리쟁기가 사용되었고 〈소모는소리〉가 발달하였다. 〈소모는소리〉의 독특성은 개별적 노동요의 특성보다는 경작지 상황과 경작 방식을 반영하고 있다는 점이다. 또한 〈소모는소리〉의 차이성은 단순지시어와 일반사설보다는 경작지와 경작 방식의 특성과 가장 밀접하게 연관을 맺고 있는 복합지시어에서 잘 드러난다. 〈소모는소리〉는 소와 소 그리고 사람을 잇고, 이 둘이 서로의 호흡을 맞추며 거칠고 험한 땅을 일구게 한 삶의 산물이었음을 알 수 있었다. 겨리쟁기는 논밭갈이 도구를 넘어 지역 문화의 총체물이며, 겨리에는 강원도 산간 지역의 자연, 지형, 지질, 소의 생활, 소와 인간의 소통 방식, 사회관계, 주민들의 삶, 세계관이 담겨 있었다.

이들 지역은 산간 지역의 특색답게 광산이나 금광, 산판이 발달하였다. 따라서 금광이나 철광 등의 채굴 현장에서 향유되고 불리던 〈곱새치기〉 노래를 두촌면, 내촌면 지역에서 채록할 수 있었다. 〈곱새치기〉는 '유희적 내용'을 지닌 놀이로서 주로 광산 막사에서 이루어지기에 현실적인 문제의식이 배제된 채 진행된다는 사실도 밝힐 수 있었다. 또한 1989년 자료에 따르면, 내면에서는 〈논매는소리〉가 채록되지 않았으나, 이번 조사에서는 내면 지역에서도 〈논매는소리〉가 채록되었다. 이로써 앞으로 홍천과 인접한 지역의 민요 교섭 양상을 새롭게 살필 수 있을 것으로 기대한다. 산간 지역의 70대 이후 세대 사이에서는 그 지역의 동물과 관계된 자연물 상대 유희요가 많이 전승되고 있으며 더욱이, 아이들 사이에서는 손뼉치기하면서 부르는 놀이요가 활발하게 불리고 있었다.

매스미디어는 산간 지역일수록 늦게 전파되었다. 라디오나 텔레비전의 직접 소유는 말할 것 없고, 최초 경험 역시 방송의 개국과 전국적인 확산 속도에 비추어 상당히 지연되어 나타났다. 이러한 데에는 전기 보급이 중요한 원인으로 작용한다. 내면에서는 전기가 70년대에야 들어왔으며 전기가 보급된 뒤에 비로소 본격적인 매스미디어 경험이 생겨나기 시작한다. 산간 지역의 전통문화 향유와 매스미디어의 관계를 더 구체적으로 살펴보고자 내촌 지역에 거주하는 한 여성의 가정 및 개인적 차원의 경험, 역사적, 사회적 차원의 경험, 매스미디어 경험, 노래 경험 등 다양한 내용의 인터뷰가 실시되었다.

연구팀은 사회문화적 토대에 기반을 둔 현지연구 및 현재 소통되고 있는 구비물을 채록하고 이를 기존 구비문학물과 대비하면서 이들을 정리, 파악, 연구하여 통학문적인 결론에 도달할 수 있었다. 곧 설화, 민요, 놀이, 매스미디어 이용, 생산 방식과 조직, 신앙 등 각 주제들은 사회문화적 토대 아래에서 분석될 때 각각의 의미들이 좀 더 풍부하게 살아나며, 모든 것이 산간 지역의 특성이라는 범주로 수렴되고 있다는 값진 결론을 얻을 수 있었다.

또한 이러한 시점에서 더욱이 기대되는 것은 '홍천 산간 지역의 구비물 및 구비문화'가 과연 '강촌 지역'과 '평야 지대'와 어떤 변별력이 있는가, 어떤 공유점이 있는가를 밝히는 일이다. 이와 관련된 연구물의 후속 출간을 기대한다.

이 책에 수록된 각 논문들의 출처와 원래 제목은 다음과 같다.

김세건, 〈'겨리연장'의 사용과 '소모는소리'의 특성: 강원도 홍천군 북부지역
   을 중심으로〉,《민속학연구》31호, 국립민속박물관, 2012.

유명희, 〈홍천 산간 지역의 〈논매는소리〉 교섭 양상- 홍천군 내면의 〈논매는
   소리〉를 중심으로〉,《역사민속학》41호, 한국역사민속학회, 2013.

박관수, 〈홍천 지역 〈곱새치기〉의 유희 지향〉,《한국민요학》34집, 한국민요
   학회, 2012.

이영식, 〈홍천군 산간 지역 유희요의 세대별 존재 양상- 다리뽑기하는소리,
   고무줄하는소리, 말꼬리잇는소리를 중심으로〉,《한국민요학》37집,
   한국민요학회, 2013.

강명혜, 〈산간 지역 주민의 의식구조적 특성- 홍천군 산간 지역 설화를 중심
   으로〉,《온지논총》32집, 온지학회, 2012.

최명환, 〈홍천군 산간 지역 인물설화의 지역적 특징〉,《동아시아고대학》29
   집, 동아시아고대학회, 2012.

이학주, 〈공동체를 위한 동신(洞神)의 수용과 변화에 관한 연구- 홍천군 내면
   에 전승하는 '권대감신'을 중심으로〉,《인문과학연구》38집, 강원대
   학교 인문과학연구소, 2013.

김세은, 〈언론학 연구방법론으로서의 구술사에 대하여: 현장에서 길을 잃은
   한 연구자의 질문과 출구 찾기〉,《커뮤니케이션이론》9집, 한국언론
   학회, 2013.

제1부
소리와 민요

1. '겨리연장'의 사용과 〈소모는소리〉의 특성

김 세 건(강원대학교 문화인류학과)

신臣이 일찍이 산협을 가던 중에 안개가 자욱이 퍼진 골에 머문 일이 있었는데, 소를 꾸짖는 소리가 들려왔습니다. 그 소리는 하늘 위에서 나오는 듯했는데, 정녕 간절하고 진심 어린 것이 마치 어린 아이를 훈계하는 말과 같았습니다. 늦은 안개가 걷힐 무렵 비로소 보니 양쪽의 산과 준엄한 벼랑이 하늘에 꽂힌 듯한데, 농부가 두 마리 소를 나란히 매어 아직도 흰 구름을 두른 높은 곳에서 쟁기질을 하고 있었습니다. 일망하니 아득하여 나도 몰래 몸이 떨리고 마음이 서늘해지는 위태로운 곳이었습니다.

-(박지원,《課農小抄》,〈田制〉, 四十一, 1799)

I. 들어가는 말

한국 농촌에서 구전되고 있는 구비문화, 더욱이 민요에서 가장 풍요로운 영역은 노동요이다. 이는 기본적으로 농민들의 생계활동이 농업을 중심으로 이루어졌기 때문이다. 이처럼 구비문화는 지역 주민들의 생산 양식과 밀접한 연관을 가지고 발전해 왔다. 더욱이 우경牛耕, 이른바 소를 이용하여 논밭을 가는 과정에서 불린 〈소모는소리〉('소소리'라고도 부른다)는 강원도 노동요 가운데 대표적인 것이라고 할 수 있다. 김진순이 지적하듯이, "〈소모는소리〉는 강원도에서 집중적으로 가창되는, 이 지역의 특성이 반영되어 있는 민요이다. 즉 강원도 이외의 지역에서는 강원도의 접경 지역인 경기도 양평이나 가평, 포천, 여주 등과 충북 제천 등의 일부 지역에서 겨리소를 모는 소리가 있고, 제주도에 〈밭가는소리〉와 〈논삶는소리〉가 드물게 나타나고 있으며 경상도, 황해도 지역에서도 〈소모는소리〉가 있다. 그러나 밭이나 논을 갈면서 하는 소리가 가장 많이 불리는 지역은 강원도라고 할 수 있다."[1]

한국의 남부 논농사 지대에서 흔히 보이는 집단노동요가 크게 발달하지 않은 강원도에서는, 논밭을 '연장'[2]으로 갈면서 부르는 〈소모는소리〉가 노동요 가운데 가장 대표적인 소리로 자리매김되었다. 따라서 〈소모는소리〉는 강원도 민요 조사에서 빠지지 않는 주제였다. 그렇지만 〈소모는소리〉가 강원도 민요 연구에서도 중심이 된 것은 아니었다. 강원도 민요 연구는 아라리, 미나리, 오독떼기, 유희요 등의 개별 민요와 강릉, 삼척을 포함한 영동지역의 민요를 중심으로 이루어졌고, 〈소모는소리〉는 아주 드물게 채록되는 수준에 머물렀다.[3] 그러다 소를 이용하여 논밭을 가는 작업이 거의 사라진 1990년대 들어 〈소모는소리〉에 대한 지역별 채

---

1) 김진순, 〈강원도 지역 〈소모는소리〉의 현장론적 연구〉, 관동대학교 국어국문학과 석사학위논문, 1995, 20쪽.
2) 강원도 홍천, 춘천, 인제, 횡성 등의 지역에서는 소를 이용하여 논밭갈이를 할 때 사용하는 농기구인 쟁기를 '연장'이라 부르고, 쇠스랑, 괭이 등의 농기구를 총칭하여 '쟁기'라고 한다. 이 글에서는 논밭갈이용 농기구를 가리키는 '연장'과 쟁기라는 용어를 같이 사용하였다.
3) 김진순, 앞의 글, 7~8쪽 참조.

록이 풍부해졌다. 이런 노력의 산물 가운데 하나가 《강원의 민요》(2001)이다. 그러나 〈소모는소리〉에 대한 학술적 분석과 연구는 채록에 견주어 크게 이루어지지 못했다.[4] 〈소모는소리〉에 대한 초기 선구적인 연구로는 임석재(1977, 1986)와 이보형(1977)을 들 수 있다.

"전답을 쟁기질할 때 소를 모는 소리는 영동지역에는 없는 것 같은데 영서지역에는 각지에 퍼져 있다. …… 영서지역의 민요 중 특이한 것은 아마도 전답을 쟁기질할 때 소를 몰며 부르는 소리일 것이다. 지방에 따라 곡조와 가사에 소소한 차이가 있기는 하지만 대체적으로 같은 것이라고 하였다. 곡조는 그렇게 기교적인 것이 못되고 일종의 넋두리 같은 것이라고 할까? 가사에 흔히 쓰이는 용구(用句)가 몇 가지 있기는 하나 대부분은 즉흥적으로 꾸며서 부르는 것 같다. 즉 작업의 난이, 정황 등의 사정에 따라 자유로이 작사되는 것 같다. 이러한 부정형적 노래나 이것을 통해서 쟁기를 끄는 두 마리의 소의 행동을 조정하게 되고, 고된 노동고(勞動苦)를 잊게 하는데 큰 도움을 주는 모양이다."[5]

---

4) 〈소모는소리〉의 연구에 견주어 〈소모는소리〉가 구연되는 논밭갈이를 위한 핵심 도구인 쟁기에 대한 연구는 상대적으로 많이 이루어졌다. 대표적인 연구로는 정시경(1960, 1961), 김광언(1969, 2010), 정연학(2003), 박호석(1988), 이준석(1998) 등이 있다. 더욱이 2010년에 발간된 김광언의 《쟁기연구》는 기존 연구 문헌의 정리뿐만 아니라 한국 나아가 중국, 일본 등지에서 실제로 사용되는 쟁기의 구조와 특성 그리고 쟁기를 이용한 작업 방식 등에 대한 현지연구의 결과까지 망라한 기념비적 연구라고 할 수 있다.
5) 임석재, 〈구비전승〉, 《한국민속종합조사보고서》 제8권 강원도편, 문화공보국 문화재관리국, 1977, 670~671쪽.

"강원도에서 〈논가는소리〉와 〈밭가는소리〉의 구분이 없으며 쟁기나 극쟁이나 따비의 구분이 없고 밭가는 쟁기질소리(로) 통한다. 〈논밭가는소리〉는 소 한 마리로 가는 〈홀리소리〉와 두 마리로 가는 〈쌍겨리소리〉가 사설이 달라서 서로 구분된다. 〈논밭가는소리〉는 영서지방에서 주로 불리워지며 춘천, 홍천, 횡성, 원성 지방의 〈쌍겨리소리〉가 유명하다. 횡성 지방 〈쌍겨리소리〉는 전형적인 〈쌍겨리소리〉로 쌍겨리에 쓰이는 말이 노래 사설에 그대로 나온다. ……〈쌍겨리소리〉는 일정한 장단도 없이 통절형식(通節形式)으로 자유(自由)리듬으로 쭉쭉 가락을 빼어 부른다. …… 이 사설은 일정한 것이 아니고 밭을 가는 상황에 따라 소에게 내리는 말로 소리하는 것이다. 〈쌍겨리소리〉의 선율은 구성음이 Mi La do re mi이고 Mi La do가 주요음이고 Mi 혹은 La로 마치는 메나리목으로 되어 있다. 길게 빼는 목이 처량하게 들리나 종일 혼자 쟁기질하는 외로움을 달래고 피로를 잊게 한다."[6]

임석재와 이보형은 문화공보부 문화재관리국에서 1975~1976년에 실시한 한국민속종합조사에 참여하여 강원도 여러 지역의 민요를 채록하는 과정에서 〈소모는소리〉에 관심을 가지게 되었다. 그렇지만 이들의 관심이 본격적인 〈소모는소리〉의 분석으로는 나아가지 않았다. 이들은 〈소모는소리〉는 영동지역보다는 영서지역에서 주로 불리고, 소리의 장단과 사설도 일정한 형식이 없이 자유롭다고 보았다. 이들은 쟁기의 차이와 경작지 특성, 곧 화전, 논, 밭에 따른 〈소모는소리〉의 차이에는 크게 주목하지 않았고,

---

6) 이보형, 〈민속예술〉, 《한국민속종합조사보고서》 제8권 강원도편, 문화공보국 문화재관리국, 1977, 544쪽.

다만 이보형만이 〈호리소리〉와 〈겨리소리〉는 사설이 달라 구분된
다고 하였다. 나아가 음악적 특성을 분석한 이보형은 〈소모는소
리〉를 강원도 민요의 기본형인 메나리토리의 유형으로 범주화하
였다.[7] 이들의 연구 이후 〈소모는소리〉의 개별성과 즉흥성은 강
원도, 더욱이 영서지역 노동요의 특징이 되었다.

　〈소모는소리〉에 대한 구체적이고 심층적인 연구는 김진순
(1995)에 의해 처음으로 이루어졌다.[8] 그녀는 1994년부터 1995년
에 걸쳐 1년 남짓 진행된 서울 문화방송의 〈한국민요대전-강원
도편〉의 답사에 참가하여 강원도 16개 시·군 100개 마을에서 249
곡의 〈소모는소리〉를 채록하였다. 그녀는 전체 채록된 〈소모는소
리〉 가운데에서 지역, 기능, 사설 등을 기준으로 선별된 40곡을
대상으로 〈소모는소리〉의 현지 명칭, 소모는 일의 기능과 습속,
자연적 또는 인위적 연행 조건에 따른 구연 양상, 사설의 특징을
살펴보았다. 그녀는 겨리연장을 사용하는 '연행조건', 곧 경작지
의 특성과 기능에 따른 〈소모는소리〉의 특징을 다음과 같이 정리
하였다. "〈소모는소리〉가 일정하게 정형화되어 있는 민요가 아니
고 또한 현장 상황에 따라 항상 자유롭게 사설이 구성되기 때문

---

7) "메나리가 강원도 민요의 기본형이라는데 조사자에게는 그렇지 않는 것 같다(구
체적으로 설명할 힘이 없는 것이 유감이다). 강릉 삼척 지방의 메나리 곡조는 혹시
강원도 민요의 기본형일지는 모르겠다. 그렇다고 하면 메나리라는 민요의 이름은
같아도 지역에 따라서 그 곡조와 양상이 다른 것일까?(임석재, 앞의 글, 672쪽)"
8) 최근에 이한길(2009)이 《강원의 민요》에 수록된 양양군의 〈소모는소리〉의 사
설을 분석하여, 〈소모는소리〉의 사설은 소와 인간의 합일과 갈등을 전제로 하여
논밭의 하루라는 시공을 풀어내고 있다고 하였다. 그런데 이한길은 사설 그 자체
에만 초점을 맞춰 〈논가는소리〉, 〈밭가는소리〉, 〈논삶는소리〉로 구분하였는데,
그의 구분과 해석은 상당히 자의적이다.

에 자료에 뚜렷한 변별성은 나타나지 않는다. 다만 〈겨리소모는 소리〉와 〈호리소모는소리〉를 우선 구분할 수 있고, 다음은 밭에 서 쟁기질하는 소리와 논에서 써레질하는 소리가 구분되고 있다. 그리고 일부 지시 내용으로 평지밭에서 쟁기질하는 소리와 산 에 있는 비탈밭이나 화전밭에서 쟁기질하는 소리를 구분할 수 있 다."[9] 김진순은 이러한 차이가 기본적으로 경작지 특성이 다른 까 닭에서 말미암은 것으로 보았다. 그녀는 경작지 특성에 따른 〈소 모는소리〉의 차이점을 구체적으로 드러냄으로써 〈소모는소리〉 연구의 지평을 한 단계 올려 놓았다고 할 수 있다. 그러나 김진순 은 경작지 특성이 어떻게 소리에 반영되어 차이를 보이는지에 대 한 분석으로는 나아가지 않고 있다. 아마 이는 그녀가 〈소모는소 리〉를 민요의 관점에서 바라보고 있기 때문일 것이다. 곧 김진순 의 연구는 〈소모는소리〉가 구연되는 농작업 과정이 아니라 〈소모 는소리〉의 사설에서 출발하여 그 차이점을 도출해 내고 있다.

그런데 강원도의 〈소모는소리〉는, 더욱이 겨리연장을 이용하 여 경작지의 특성이 다른 논밭을 일구면서 두 마리 소가 협력하 여 작업하도록 하고자 내리는 지시명령어에 가락을 얹고 다양한 사설까지 넣으면서 민요화한 것이다. 따라서 〈소모는소리〉는 소 와 쟁기질꾼 사이의 의사소통의 수단으로 경작지 특성과 경작 과 정 등에 따라 다양하게 나타난다. 이런 점들을 고려한다면, 〈소모 는소리〉의 분석을 심화하려면 우선 〈소모는소리〉가 소와 쟁기질 꾼 사이에 이루어지는 의사소통의 수단으로서 어떤 특징을 가지 고 있는가를 살펴볼 필요가 있다. 다음으로 경작지와 경작 작물 에 따라 달라지는 논밭을 가는 작업 과정의 특징을 살펴보고, 이

9) 김진순, 앞의 글, 18쪽.

특징들이 〈소모는소리〉에 어떻게 반영되는지를 고찰할 필요가 있다. 이러한 고찰로써 강원도를 대표하는 노동요, 〈소모는소리〉의 특성이 잘 드러날 것이다.

이 연구는 홍천군에서 채록된 〈소모는소리〉의 기존 자료, 더욱이 《강원의 민요》(2001)와 2011년 9월부터 2012년 4월까지 진행한 홍천군 북부지역, 곧 내면, 내촌면, 두촌면 지역의 현지연구 자료에 바탕을 두었다.

II. 겨리연장과 강원도 그리고 홍천군

1970년대 농촌 근대화와 함께 경운기 등의 농기계 보급으로 우경은 서서히 자취를 감추었지만, 아직까지 강원도 등의 일부 산간 지역에서 이루어지고 있다. 쟁기는 인력 외의 동력을 농업에 이용한 최초의 도구였다. 농업은 인간의 기본 관심사였다. 오늘날 세상이 제조업 중심으로 바뀌었다고 해도, 우리는 농산물, 이른바 먹거리가 없다면 살 수 없다. 이 먹거리는 기본적으로 땅에서 나온다. 인간이 땅과 소통하는 생산도구 가운데 으뜸은 쟁기였다. "쟁기의 발견은 연작을 가능하게 해 주었다는 점에서 가히 혁명적이다. 쟁기갈이[犁耕]는 흙을 부드럽게 함으로써 수분과 공기의 유통을 원활하게 하여 싹이 잘 자라게 해 준다. 또한 흙밥의 반전으로 표면층 토양을 비옥하게 하고, 표면에 있던 나무뿌리나 잡풀, 잎 등의 유기물을 땅속으로 들어가게 함으로써 토양을 기름지게 만든다."[10] 이처럼 쟁기에 따라 가능하게 된 노동 절약, 배수의 개량, 비옥한 토지의 개간 등이 결합해서 생산량이 증가하

---

10) 정연학, 《한중농기구 비교연구: 따비에서 쟁기까지》, 민속원, 2004, 60쪽.

고 잉여 식량이 생겼다. 이것은 인구 증가·분업·도시화·여가 증가의 전제 조건이었다.[11]

한국에서 쟁기를 다룬 문헌은 《삼국유사》가 최초이다. 유리왕儒理王(기원후 24~57년)조에 "쟁기를 처음으로 만들었다[始制犁耜及藏氷庫]"는 기록이 보인다. 지증왕智證王 3년(502년)에는 "주군에 우경이 시작되었다[分命州郡勤農始用牛耕]"고 적고 있다. 이에 따르면 한국에서 1세기 중반에 처음으로 쟁기가 만들어졌고 6세기 초까지는 쟁기를 사람이 끌었다는 것을 알 수 있다. 그러나 함경북도 회령군을 비롯한 청동기 유적지에서 나온 소뼈와 보습, 평북 염주군에서 발견된 나무쟁기[木犁, 철기 초기], 황해도 안악 고분벽화(357년)와 평남 강서 고분벽화(408년)에 코뚜레 건 소가 보이는 점으로 미루어, 기원후 1~2세기에는 우경이 시작되었을 것이다. 그리고 6세기 초는 우리나라에서 우경이 보편화된 시기로 보는 것이 타당할 것이다. 또한 염주군의 나무쟁기와 만주 일대에서 출토된 고구려 보습 등의 크기로 미루어 보면 두 마리 소가 견인하는 겨리쟁기일 가능성이 높다.[12]

쟁기를 소 한 마리에 거는 것을 호리[胡犁], 두 마리에 거는 것을 겨리[結犁]라고 한다. 겨리는 맺을 결結이 연음된 것으로 두 마리 소를 결합한다는 의미이다. 호리쟁기와 겨리쟁기는 그 형태에 있어 차이가 있다. 호리쟁기는 성에가 짧거나 두 가닥이다. 겨리쟁기는 성에가 길고 두 마리 소를 하나의 멍에에 연결하는 '쌍멍에'이다. 물론 호리 또는 겨리쟁기라고 하여도 지역마다 방식이

---

11) 화이트 주니어, 《중세의 기술과 사회변화: 등자와 쟁기가 바꾼 유럽의 역사》, 강일휴 역, 지식의풍경, 2005, 63쪽.
12) 정연학, 앞의 책, 269~270쪽.

조금씩 다르다. 한국에서는 호리가 일반적이다. 두 마리 소가 쟁기를 끌어 논과 밭을 가는 모습은 특이한 것으로 받아들인다. 그렇지만 겨리는 강원도와 북한 지역에서 널리 사용되어 온 논밭갈이 방식이었고, 나아가 그 밖의 지역에서도 호리쟁기 이전에 많이 이용되던 방식이다.

강원도는 호리와 겨리쟁기가 공존하는 지역이다. 따라서 강원도 안에서도 호리와 겨리쟁기를 사용하는 지역이 다르게 나타난다. 겨리쟁기는 영동지역보다는 주로 영서지역에서 많이 사용된다. 좀 더 연구가 필요하지만, 홍천군의 남쪽에 인접한 횡성군 중남부지역에서 겨리연장과 호리연장을 동시에 사용한 것으로 보인다. 이와 달리 홍천군에서는 겨리연장이 논밭갈이의 핵심이었다.

강원도의 중심에 위치한 홍천군은 동쪽에 태백산맥을 머리에 베고 서쪽으로 길쭉하게 누워 있는 듯한 산악 지대이다. 홍천읍과 9개 면, 곧 화촌면, 두촌면, 내촌면, 서석면, 동면, 남면, 서면, 북방면, 내면으로 이루어진 홍천군은 동쪽 끝인 내면 광원리에서 서쪽 끝인 서면 동막리까지 거리가 자그마치 110킬로미터쯤 된다. 이와 달리 남쪽 끝인 남면 시동리에서 북쪽 끝인 두촌면 장남리까지 폭은 고작 39킬로미터밖에 되지 않아 땅의 모양이 옆으로 길쭉하다. 그리고 동쪽이 높고 서쪽으로 갈수록 지대가 점차 낮아진다. 산의 높이에서도 동쪽에 있는 오대산, 방대산, 계방산, 개인산 등은 1,400미터가 넘는데 그보다 서쪽에 있는 소뿔산, 가리산 등은 1,000미터가 조금 넘고, 중간쯤에 있는 공작산, 대학산, 오음산 등은 1,000미터에 채 못 미치며 남서쪽에 있는 팔봉산, 매화산, 금학산들은 겨우 600~700미터밖에 되지 않는다. 홍천군은 한국의 군 가운데에서 인제군 다음으로 넓은 땅을 차지

화촌면에 거주하는 임은복 씨가 거리연장으로 밭갈이를 시연하고 있다. 소가 겨우내 갈이 일을 하지 않았기 때문에 소를 길들이고자 앞에서 한 사람이 소를 끌어 주고 있다.

하고 있는데, 전체 면적 1,786제곱킬로미터 가운데 약 86퍼센트가 산지이고 논밭은 전체의 10퍼센트인 179제곱킬로미터에 지나지 않는다. 그나마도 논보다는 밭이 곱절이나 넓다. 산의 골짜기에서 흘러내리는 개울은 그 언저리에 손바닥만 한 논밭을 군데군데에 끼고 대체로 서쪽으로 흘러서 마침내는 북한강의 상류 줄기인 화양강으로 흐른다. 화양강은 홍천군을 가로지르며 경기도 가평군에 있는 청평호로 흘러든다. 이러한 땅 모양 때문에 동쪽일수록 농경지가 좁고 논보다는 밭이 훨씬 더 넓다. 그래서 가장 동쪽에 있는 내면의 경우에는 논밭이 면 전체 넓이의 6퍼센트도 채못 되고 논은 밭의 3분의 1밖에 되지 않는다.[13] 밭농사에 의존도가 높은 점은 내촌면, 두촌면 등에서도 큰 차이가 없다.

강원도의 많은 지역에서 호리가 아니라 굳이 겨리농경으로 농경활동을 하는 것에는 나름대로의 이유가 있다. 겨리농경의 존재 배경에는 토질, 경사도, 깊이갈이의 정도, 고랑과 이랑 짓는 방법 등과 같은 생태·환경적, 기술적 측면이 복합적인 요인으로 작용하고 있다.[14] 돌이 많고 건조하고 척박한 토질의 경작지에서는 동일한 깊이로 갈더라도 당연히 더 많은 견인력이 필요하다. 산악지대는 날씨가 춥고 일조량이 적어 빠른 시간 안에 갈이와 파종을 끝내야 하므로 견인력이 큰 겨리가 호리보다 효율적이다. 산간 지역의 불규칙하고 밑으로 구를 염려가 있는 비탈진 경작지를

---

13) 김종호, 〈홍천군: 남궁억의 보리울 마을도 있는 고장〉, 《한국의발견: 강원도》, 뿌리깊은나무, 1992, 224쪽.

14) 이준석, 〈겨리농경의 기술적 의의와 노동조직의 양상〉, 안동대학교 민속학과 석사학위논문, 1998, 77~78쪽; 〈강원도의 겨리쟁기〉, 《생활문물연구》 3호, 국립민속박물관, 2001, 101쪽.

갈고자 할 땐 두 마리 소가 서로 의지하고 버티며 나아갈 수 있는 거리가 안정적이며 효과적이다. 더욱이 경작지의 경사도가 급할수록 토양의 침식이 심하므로 깊이갈이를 하여 이랑을 넓게 짓는 광묘를 해야 하고, 또한 동력농기계 사용이 거의 곤란하므로 겨리농경이 적절하다. 겨리농경은 산악 지대라는 자연환경에 적응하기 위한 농업기술체계인 것이다.

III. 소와의 소통 : 소와 소를 잇고 소통한다

"쟁기질은 아무 소나 할 수 있는 것이 아니다. 노련한 농부의 오랜 훈련 과정에서 숙련된 소라야 가능하다"는 말처럼 쟁기질의 능률은 일소와 쟁기질꾼[15] 사이의 관계에 달려 있다. 더욱이 두 마리의 소가 이끄는 겨리쟁기질에서 쟁기질꾼과 일소 사이의 소통이 쟁기질의 모든 것이라고 하여도 지나친 말이 아니다. 한마디로 쟁기질꾼의 실력은 단순히 쟁기를 잘 다루는 것을 넘어 일소와 얼마나 호흡을 잘 맞추느냐에 달려 있다고 하겠다. 그런데 쟁기질꾼과 일소의 소통은 하루아침에 이루어진 것이 아니다.

---

15) 홍천군 북부지역에서는 쟁기질꾼과 더불어 밭갈애비, 보잽이, 선군(성군) 등의 용어를 사용한다.

1. 일소 만들기

일소와 본격적인 소통은 보통소를 일소로 만들 때부터 시작된다. 일소를 만드는 방식은 지역적으로 차이가 있다. 대체적으로 소는 코뚜레 뚫기, 목 힘과 청력 키우기, 쟁기 끌 힘 키우기 등의 훈련 과정을 거쳐 일소로 거듭난다.

겨리쟁기는 두 마리의 소로 구성되는데, 쟁기질꾼이 소를 바라볼 때 왼쪽에 위치한 소를 '안소', 오른쪽에 위치한 소를 '마라소'라고 한다. 안소는 마라소보다 상대적으로 힘도 세고 잘 길들여져 일을 잘한다. 일반적으로 안소가 중심을 잡고 나아가야 논밭의 골이 곧게 타지고 쟁기질도 힘이 덜 든다. 겨리연장에서 힘이 좋은 소를 안소에 매는 까닭은 기본적으로 논갈이, 더욱이 '아이갈이(첫 갈이)'에서 비롯한다. 밭의 경우 흙밥이 좌우로 넘어가고 좌우로 방향을 돌며 갈이를 하기 때문에 안소와 마라소 가운데 어느 소가 굳이 더 많은 힘이 든다고 할 수 없다. 그런데 논갈이, 더욱이 아이갈이의 경우, 추수 뒤부터 굳어 있던 땅을 '생칼', 곧 생땅이 없도록 남김없이 갈아야 한다. 논갈이를 할 때는 밭갈이와 달리 보습 위에 볏을 달거나 보습을 왼쪽으로 엇비슷하게 기울여 흙밥을 왼쪽으로 넘긴다. 따라서 왼쪽에서 먼저 갈아엎어 울퉁불퉁한 땅을 밟으며 연장을 끌어야 하는 안소는 생땅을 밟고 가는 마라소보다 상대적으로 많은 힘이 든다. 안소와 마라소의 몫, 이른바 '안팎을 다할 수 있는' 소가 있지만, 한 번 안소 또는 마라소인 경우 죽을 때까지 서로 위치를 바꾸지 않는다. 이른바 '개마라'는 안소 자리에 한 번도 서 보지 못하고 평생 마라소 역할만 한다. 이런 역할 고정은 기본적으로 어려서부터 어떤 위치에서 일을 배우며 길들여졌는가에 달려 있다.

일소는 훈련시키기 나름이라고 하지만 어떤 소나 일소가 되는 것은 아니다. 좋은 일소는 "척 보면 안다"고 할 정도로 타고난 것인지도 모른다. 선택의 기준은 사람에 따라 다르고 때로는 상반되기도 하다. 그 기준은 오랫동안 소를 키우면서 얻어지는 것으로 사람마다 딱히 말로 정확하게 표현할 수는 없지만 자기 나름대로 보는 눈이 있다. 일소는 일단 목이 가늘어야 한다. 목이 굵은 소는 행동이 둔하다. 그리고 등뼈가 곧아야 한다. 등뼈와 꼬리가 붙은 선이 튀어나오지 않아야 한다. 또한 다리가 튼실하며, 그 가운데서도 발굽이 둥글어야 논밭에서 며칠을 일해도 쉽게 발굽이 갈라지지 않는다. 그러나 타고난 이 모든 것도 훈련이 없다면 소용이 없다.

보통 겨리소로는 암소를 선호한다. 암소는 수소에 견주어 쟁기를 끄는 힘은 떨어지지만 쟁기질꾼의 말을 잘 듣는 편이기 때문이다. 암소를 선호하는 이유 가운데 빼놓을 수 없는 또 다른 요소는 1년마다 낳는 송아지 때문이다. 1년 농사뿐만 아니라 자식 농사도 모두 소에 달렸다고 할 정도로 농촌에서 소는 집안의 가장 큰 살림 밑천이고, 또한 유일한 현금원이기도 하다. 한마디로 일을 잘하는 것은 물론이고 송아지도 잘 낳아야 '좋은 일소'인 셈이다.

소에 쟁기를 걸려면 일정 기간 동안 훈련이 필요하다. 우선 조정을 손쉽게 하기 위해 코뚜레를 끼워야 한다. 코뚜레는 송아지가 태어난 지 6개월에서 8개월이 되었을 때 양 코 사이의 연한 막에 나무 송곳으로 구멍을 뚫어 끼운다. 코뚜레를 잘못 뚫으면 고삐를 조그만 잡아당겨도 코가 아파서 일을 할 수 없다. 코뚜레로는 대체로 잔가시가 없는 노가지나무를 사용한다.

본격적으로 일소를 만드는 작업은 멍에를 질 수 있도록 목에 힘을 키우는 일부터 시작한다. 소는 보통 생후 2년이 되면 일을 배울 수 있다. 송아지의 목 부분의 등뼈가 연골일 때, 다시 말해 등뼈가 더 자라 딱딱해지기 전에 멍에로 등뼈를 눌러 주어야 한다. 등뼈가 다 자란 뒤에는 일소를 만들고 싶어도, 멍에에 눌린 등뼈가 아파 소가 날뛰기 때문에 일을 시킬 수가 없다.

　새로운 소 두 마리를 한꺼번에 일소 훈련을 시킬 때는 상당히 애를 먹는다. 따라서 쟁기를 끄는 데 익숙한 소와 새로운 소를 짝지어 가르친다. 처음에는 한 사람이 앞에서 소의 고삐를 잡고 끌어 주고, 뒤에서 쟁기질꾼이 쟁기의 탑손(손잡이)을 잡고 앞으로 나아간다. '머리가 좋은 소'는 몇 나절만 배우면 쟁기를 곧잘 끄는데, 그렇지 못한 소는 1년 내내 고생한다. 더욱이 내면과 내촌면 지역에서는 겨울철에 나무발구(썰매)를 끌게 하면, 목에 힘이 생겨 봄철에 쟁기를 끌 때 빨리 적응한다고 한다. 이 과정에서 소는 고삐에 따른 조정과 '이려', '워-후' 등의 지시명령어에 익숙해진다. 물론 한두 번의 훈련으로 능숙한 일소가 되는 것이 아니다. 논밭에서 일한 지 3~7년 정도가 되어야 숙달된 일소가 된다고 한다. 일 잘하는 소들은 스스로 알아서 일하고, 서투른 쟁기질꾼을 가지고 놀았다고 한다. 이에 대한 이야기이다.

　　소가 늘 밭 갈고 논 잘 가는 사람은 첫 탑손을 쥐면 알아. 초대는 아주 비호같이 알지. 처음으로 탑손 쥔 사람은, 그거 슬금히 돌려 잡는 게, 소가 사람을 얼마나 없이 보는데. (제가 아버님 대신해 탑손을 잡았다 그려면, 소가 "이려" 해도?) 흘끔흘끔 돌리다 보며 잘 안 가. 탑손 쥐고 잘 가는 사람을 쟁기질꾼이라 그랬지. 벌써 보면 소도 쟁기질꾼이 들어서, 이렇게 해 저렇게 해 "우겨서", "자빠져", 이래면 말 잘 듣는데, 초대가 가서 "엎어져", "자빠져" 해도 그 말 안 들어, 초대가 가서 그러면.[16]

쟁기질꾼이라고 해서 모두 똑같은 쟁기질꾼이 아니듯이, 일소라고 해도 모두 똑같은 일소가 아니다. 쟁기질꾼과 일소에도 이른바 '급'이 있다. 숙련된 일소는 쟁기질꾼의 몇 마디에 스스로 알아서 일을 한다. 또한 아무리 일 잘하는 소라도 소를 부릴 줄 모르는 쟁기질꾼을 만나면 일을 다 망친다고 한다. 쟁기질꾼은 보통 소를 훈련시켜 일소로 만들고, 해마다 일소와 함께 논밭을 갈며 때로는 채찍질하고 때로는 칭찬하며 서로 신뢰를 쌓아 간다. 그렇게 둘은 숙련된 일소와 쟁기질꾼이 된다.

2. 소와 소통하기: 채찍, 고삐 그리고 〈소모는소리〉

소는 성질이 온순하고 말을 잘 듣는다고 하지만, 그렇지 않은 경우도 많다. 말을 잘 듣지 않는 소는 일소를 만들 때부터 말썽을 피운다고 한다. 또한 일소를 만드는 과정에서 말을 잘 들은 소도 실제 논밭에서 일을 할 때 제자리에 서서 버티기도 하고, 제멋대로 다른 방향으로 나아가기도 한다. 게다가 한 마리도 아닌 두 마리를 한 쟁기에 걸어 부리는 일은 더욱 어렵다. 무엇보다 겨리쟁기질에서는 두 소가 서로 보조를 잘 맞추어 나아갈 수 있도록 해야 한다. 만약 한 소가 먼저 앞으로 나아가면 뒤따르는 다른 소는

16) 허주봉, 1932년생, 홍천군 내촌면 답풍리, 2012년 1월 28일 채록.

더 많은 힘을 받게 되어 나아가지 않고 물러서려고만 한다. 이러면 논밭의 골을 곧바르게 타지도 못할 뿐만 아니라 일의 속도도 늦어지고, 마침내는 서로 지쳐 제대로 일도 하지 못하고 하루해가 다 지나간다. 한마디로 겨리쟁기의 논밭갈이는 쟁기질꾼과 일소 사이에서 소통이 얼마나 잘 이루어지느냐에 달려 있다. 쟁기질꾼은 보통 채찍, 고삐 그리고 말로 일소와 소통한다.

채찍은 쟁기질꾼의 의사를 일소에게 가장 빠르게 전달하는 방식이다. 채찍은 주변에서 쉽게 구할 수 있는 1미터 정도 길이의 가느다란 나뭇가지를 사용하는데, 잘 부러지지 않는 물푸레나무(수청나무), 뽕나무 등이 좋다고 알려져 있다. 쟁기질꾼은 소가 말을 듣지 않고 제멋대로 물러서는 등의 행동을 할 때 채찍을 휘두른다. 채찍질이라고 하지만 힘껏 때리기보다는 보통 소 엉덩이를 한두 번 툭툭 치는 정도이다.

다음은 고삐이다. 고삐는 좌우로 방향 전환뿐만 아니라 사람이 의도한 대로 소를 움직이게 하는 가장 중요한 조정도구이다. 겨리연장인 경우, 쟁기질꾼은 고삐를 엇갈려 잡는다. 다시 말해서 안소의 고삐는 오른손으로 잡고, 마라소의 고삐는 왼손으로 잡아 고삐가 소의 몸통 위를 지나게 된다. 고삐가 소의 옆구리와 접촉하는 것보다 몸통 위를 지나는 것이 고삐와 소의 접촉을 감소시켜 소의 고통을 적게 하고 소가 걷는 데 방해가 되지 않는다.[17] 좌우로 방향 전환을 할 때에는 원하는 방향에 있는 한쪽 소의 고삐만을 잡아당기면, 고삐가 당겨진 소는 그 자리에 멈추게 되고 고삐를 잡아당기지 않은 소는 앞으로 나아가 방향 전환하는 쪽으로 움직이게 된다. 예를 들자면 왼쪽으로 방향을 전환하고자 하면

17) 정연학, 앞의 책, 281쪽.

오른손에 쥐고 있는 안소의 고삐만을 잡아당긴다. 그러면 안소는 제자리에 서게 되고, 마라소가 그대로 앞으로 나아가면서 자연스럽게 왼쪽으로 돌게 된다. 이처럼 고삐는 일소에게 크게 무리를 주지 않고 쟁기질꾼의 의사를 구체적으로 전달하는 방법이다. 따라서 고삐로 소를 얼마나 잘 다루느냐가 쟁기질꾼의 능력을 판단하는 가장 중요한 기준이 된다.

쟁기질꾼과 소 사이의 의사소통 수단으로 빼놓을 수 없는 것이 말[言]이다. 다시 말하면, 소에게 말로 직접적으로 지시하고 명령하는 것이다. 앞에서 말한 것처럼 강원도에서는 말에 음률이 더해져 이른바 노랫조의 '소리'가 되었다. 한국 남부지역의 논농사 지역을 중심으로 한 〈소모는소리〉가 없는 곳에서는 소를 몰 때 단순한 몇 가지의 지시 내용만을 회화체로 말한다. 따라서 이를 노래로 인식하지 않는다. 그러나 강원도에서는 소를 몰면서 구성진 가락에다 지시 내용뿐만 아니라 다양한 사설을 삽입하여 부르기 때문에 노래로 인식하고 있다고 할 수 있다. 그리고 〈소모는소리〉는 선후창으로 부르는 집단노동요보다는 개별적인 노동에 따른 독창이나 교환창으로 부르는 노래가 더 발달한 강원도의 지역적 특성을 반영하는 대표적 '개별적' 노동요로 자리매김하고 있다.[18] 그런데 사실 〈소모는소리〉를 한 쟁기질꾼 개인의 '노동요'로 분류하는 것은 〈소모는소리〉의 기능을 무시하는 측면이 있다. 곧 〈소모는소리〉는 다른 노동요와 달리 철저하게 쟁기질꾼과 일소 사이에서 벌어지는 의사소통의 산물이다. 한 농민의 이야기이다.

(모내기할 때 아버님이 써레질하면서 소리를 하면 모내기하는 사람

18) 김진순, 앞의 글, 20쪽 참조.

들이 소리를 받습니까?) 그건 안 받고. 소만 알아듣는 거지, 사람들은 못 알아듣고. (남쪽에 가면 노래를 하면 심는 사람들이 에헤야디야 뭐 그런 식으로 받잖아요?) 여기는 그런 게 없어. 소모는 사람은 그야말로 '소소리' 하지. 나머지 사람은 그냥 일만 하는 거야. (밭에서도요?) 그렇지 뭐. 괭이질하는 사람 있고, 씨 하는 사람 있고. 앞에 가면서 가는 거지. 뭐 혼자, 〈소모는소리〉는 그저 혼자 앞서 가며 그랬지. (김매기 할 때도요?) 김매기 할 때는 덮어놓고 일만 하지. 김매기 하는 거야 뭐. 그럼 소(만) 듣는 거지. 정작 옆에서 내가 먼저 밭을 갈잖아, 옆에 콩 심는 사람은 소한테다 무슨 소리 하는지 알지를 못해. 그저 '이러 마라 어쩌고' 해도 무슨 소리하는지 몰라. 탑손 쥐고 가는 사람은 '올라서라', '뒤로 가라', '밑으로 가거라', 이렇게 '여기는 비탈밭이고 돌이 있고' 그래서 소 가는 거지.[19]

〈소모는소리〉는 채찍, 고삐와 마찬가지로 소를 다루는 수단 가운데 하나이다. 노련한 소는 쟁기질꾼이 지시하는 말을 알아듣고 움직인다고 한다. 그런데 말은 채찍, 고삐와 독립적인 의사소통 수단은 아니다. 쟁기질꾼은 말로 소에게 어떤 행동을 명령할 때, 대부분은 채찍, 더욱이 고삐를 함께 조작한다. 예로 소를 고랑으로 내려서게 할 때는 고삐를 당기며 '내려서'라고 말하고, 소에 방향을 틀게 할 때도 '워-후'라고 말하며 원하는 방향의 고삐를 잡아당긴다. 이렇게 본다면, 쟁기질꾼의 의사를 소에게 전달하는 가장 중요한 수단은 고삐라고 할 수 있으며, 말은 고삐의 보조수단이라고 할 수 있다. 그렇지만 말은 결코 보조수단에만 머무르지는 않는다. 오히려 고삐가 담아내지 못하는 쟁기질꾼의 의사

19) 허주봉, 1932년생, 홍천군 내촌면 답풍리, 2012년 1월 28일 채록.

를 말로 충분히 풀어내는 것이다. 나아가 숙련된 일소는 굳이 고삐를 잡아당기지 않아도 쟁기질꾼의 말만 듣고 행동을 한다고 한다. 한마디로 말은 소와 쟁기질꾼 사이의 최고 의사소통수단이라고 표현해도 지나치지 않다.

그런데 쟁기질꾼이 의사 표현을 단순히 회화체로 하지 않고 말을 길게 또는 짧게 발음하고 음률까지 얹어서 하기 때문에 하나의 노랫가락, 이른바 '〈소모는소리〉'가 되는 것이다. 물론 회화체로만 지시하는 쟁기질꾼도 많고, 지역에서 이름난 쟁기질꾼이라도 소리를 잘하지 못하는 사람도 많다.

> 밭가는 소리요? 그거 뭐 이려, 이러면 가는 거죠. (한 번 길게 해 보십시오.) 길게요? "마라소야 안소야 돌아라" 뭐 그런 거 다 하면 되지 뭐, 그러면 되지 뭐. …… (제보자 부인: 이 아저씬 소린 진짜 못해요. 밭 갈 적에 그냥 소리만 하지, 자기 혼자 그냥 소만 듣게 하지, 다른 사람 듣게 안 해요.) 뭐 올라서라 내려서라 그거밖에 뭐 할게 뭐 있어요. 근데 소가 이제 말 안 들을 제만 이러는데. …… (제보자 부인: 우리 작은 시아버지가 그렇게 청승스럽게 소리를 아주 그냥 처량하게 한 거 보면 글쎄 머리가 딱딱 아프더라니깐요. 나 처음에 시집 와 가지고 이 밭을 소로 두 마리로 가는 것도 요 와 처음 보고. 옥수수로 밥 해 먹는 것도 처음 알았어요. 근데 우리 작은시아버지가 그렇게 봄이 됐는데, 밭을 가는데 그렇게 처량시럽게 밭을 갈으니 아유, 신경질이 나더라고요. 너무 청승스럽게 밭을 소리를 하면서.)[20]

20) 김완달, 1938년생, 홍천군 내면 광원리, 2012년 1월 12일 채록.

위 사람은 경작할 논을 거의 가지고 있지 않아 써레질을 하지 못했지만, 18세부터 겨리연장의 탑손을 잡고 화전과 '평밭(평지밭)'을 일구었다. 마을 사람들도 위 사람을 겨리연장을 잘 다루는 사람이라고 필자에게 추천해 주었다. 그러나 위 사람은 자신의 부인이 인정하듯이 소리다운 소리를 하지 못한다. 이런 면들을 볼 때, 〈소모는소리〉의 기본은 일을 원활하게 진행하고자 소에게 지시명령을 내리는 데 있다고 하겠다. 강원도의 〈소모는소리〉는 소를 다루는 지시명령어의 독특한 발전 유형이라고 할 수 있다. 무엇보다 〈소모는소리〉는 지역에 따라 그리고 개인에 따라 매우 다양하게 나타나 강원도 영서지역의 생산민요를 풍요롭게 하였다.

IV. 경작지별 〈소모는소리〉의 차이와 특징

1. 왜 강원도에는 〈소모는소리〉가 있을까?

소를 이용한 쟁기질은 모든 지역에서 이루어졌기에 〈소모는소리〉는 어느 지역이나 다 있을 수 있다. 그러나 강원도의 〈소모는소리〉는 다른 지역과 달리, 임석재가 지적한 바와 같이, 민요적 특성을 많이 지니고 있다.

> "강원도에서는 논이나 밭을 갈 때 …… 농부는 두 마리의 소를 일치협력하여 착오 없이 작업하기 위하여 지시명령을 내리는데 그 지시명령을 회화체로 하지 않고 음률을 붙여서 한다. …… 이러한 지시

명령에 말을 길게 짧게 발음하고 음률까지 얹어서 하기 때문에 이것은 일종의 민요구실을 하는 것으로 보여진다."[21]

　왜 강원도에는 다른 지역과 달리 특정한 〈소모는소리〉가 있을까? 이에 대하여 제보자 대부분은 "예부터 그렇게 해 왔다"고 말하지만, 대체로 두 마리 소를 동시에 다루고자 그런 것이라고 하였다. 여기에 덧붙여 사람뿐만 아니라 소도 노동의 피로를 잊게 하려는 것이라고 말한다. 소리를 하면 소도 사람도 피로를 잊고 즐겁게 일을 하여 능률도 오른다는 것이다. 이런 점은 굳이 〈소모는소리〉가 아니어도 노동요가 가져오는 일차적인 효과라고 할 수 있다. 따라서 강원도 〈소모는소리〉의 존재 이유는, 임석재가 언급한 바와 같이, 일차적으로 두 마리 소가 일치 협력하여 작업을 해야 하는 겨리연장의 구조적 특성에서 찾아야 할 것이다.
　물론 겨리쟁기를 몰 때만 〈소모는소리〉를 하는 것은 아니다. 강원도 영동지역에서는 호리로 소를 몰 때에도 소리를 한다. 따라서 겨리를 하기 때문에 소리가 있다고 할 수는 없을 것이다. 다시 말해 겨리쟁기를 모는 것 자체가 〈소모는소리〉를 존재케 하는 충분조건은 아니다. 그러나 겨리연장은 두 마리 소를 이끌어야 하기 때문에 호리보다 지시명령어가 더 복잡한 것은 사실이다. 이 점은 다음의 사례들[22]에서 추정할 수 있다.

---

21) 임석재, 〈강원도의 민속문화〉, 《강원민속학》 4권, 1986, 11~12쪽.
22) 김진순, 앞의 글, 42쪽, 51쪽.

(가) 자연적 연행 조건에서 〈호리밭가는소리〉	(나) 자연적 연행 조건에서 〈겨리밭가는소리〉
이러 이러 이러 너무 내려오지 말고 이러 이러 오호 천천히 어서 가자 이러 이러 이러 어서 어차 와 이러 이러 이러 내려서 오호 올라서게 이러 이러 이러 내려서 이러 어러 어 어 어이 어 이러 이러 어서 나가이 이러 어 올라서 이러 이러 어 어서 나가자 이러 이러 이러 이러 이 이러 이러 이러 이러 어 어 이러 이러 오 호 어디 이러 이러 어 올러서게 슬슬 나가자 어 어 이 어 이러 어 잘 나가자 오 호	이러 어디여 어 안소 비켜서라 이러 이건 안야 안야 제 곬에 안야 넘나 들지도 말고 어 이러 어치 안야만 당겨라 저 마라 저 안소 어후 어화 안야야 어디 밀고 돌아만 가자 저 마라 왜 저렇게 설레나 이러 어디 넘나들지도 말고 이러 어디 안야 안야 왜 이리 덤비나 밀고 돌아서거라 어디여 어 안소 안야 조금 더 당겨 당겨라 이건 당겨라 어 제 한곬을 당겨라 마라마마 마 어디여 어 안고 어디 어 허둥지둥 넘나드나 어 이러 덤성거린다 어치 어허이 어후호오 밀고 돌아야 가자 어디여 어 안소 마라마 안야 한발자국 더 나아가 마라마라 똑바로 가자 어이 어 저놈의 마라 어디여 이러 어디 덤성대지도 말고 어이 이 어치 마라야 저 마라 안소 마라가 어딜 넘어가나 안야야 똑바로 가자 안야 마 어후 우 안야 어디 저 마라 저건 어 왜 곬을 못 잡아 똑바로 가 엇서지 말고 제 한 곬에 슬슬이 마라마 어 저 마라 왜 저렇게 허둥지둥 막 가나 … 마라 어디여 어후 우 와하 아 와아 와!
김종환(66세, 양양군 현북면 법수처리, 1995년 4월 13일 채록)	이부길(68세, 양구군 방산면 금악리 간평, 1995년 4월 10일 채록)

(가)와 (나)는 자연적 연행조건에서 평밭을 갈면서 구연했다는 점과 쟁기질꾼과 소가 처음으로 일을 시작했다는 똑같은 상황에

서 채록된 소리이다. 다만 (가)는 호리, (나)는 겨리로 쟁기질을 한다는 점이 다르다. 두 〈소모는소리〉는 쟁기질꾼도 소도 처음으로 일을 시작하는 상황에서 쟁기질꾼이 자작 가사를 지어 부를 수 있는 여유가 없기 때문에 사설은 지시 내용을 중심으로 구성되고 있다. 그런데 〈호리소모는소리〉는 지시 내용이 복잡하지 않으며 음악적인 가락도 단순하다. 이와 달리 〈겨리소모는소리〉는 호리의 경우처럼 단순한 지시내용만으로 사설이 구성되어도 호리보다 복잡하며 음악적인 가락도 더 풍부해진다.[23]

결국 〈겨리소모는소리〉가 〈호리소모는소리〉에 견주어 좀 더 복잡하고 사설도 풍부해지는 것은 일차적으로 두 소가 협력해야만 일이 진행될 수 있는 겨리쟁기의 구조적 특성에서 비롯된다고 하겠다. 겨리쟁기질은 두 소가 발의 보조를 맞추어 함께 나가야 하는 것은 기본이고, 방향을 전환할 때 안소와 마라소가 각자 맡은 구실을 해야 일이 제대로 진행될 수 있다. 한 마리가 아닌 두 마리 소에게 적절한 지시명령을 하며 연장을 다루어야 하는 쟁기질꾼의 복잡하고 풍부한 지시명령어에 음률까지 더해진다면 그것은 하나의 노랫가락이 된다. 이런 측면에서 보면 겨리로 일을 하기 때문에 〈소모는소리〉가 나올 수밖에 없다고 해도 틀린 말은 아니다.

문제는 겨리연장을 사용하는 모든 지역에 강원도와 비슷한 〈소모는소리〉가 있는 것인가이다. 만약 그렇지 않다면, 겨리연장의 두 소에게 내리는 지시명령어가 강원도에서만 노랫가락으로 발전하게 된 이유는 무엇인지를 살펴보아야 한다. 이에 대해서는 더 많은 연구가 필요하다.

---

23) 김진순, 앞의 글, 49쪽, 50쪽 참조.

2. 〈소모는소리〉의 차이와 특징

홍천 지역의 〈소모는소리〉는 보통 지시명령어와 일반사설로 구성되어 있다. 김진순[24]은 전승가사인 지시내용(지시명령어)을 단어로 된 지시어(단순지시어)와 문장으로 된 지시어(복합지시어)로 하위 구분하고 있는데, 연구자도 그 구분을 따랐다.

단순지시어는 소에게 행위를 지시하는 말로 홍천군 모든 지역의 〈소모는소리〉에서 거의 필수적으로 쓰이고 있다. 단순지시어는 지역적으로 그리고 개인적으로도 차이가 있기는 하지만, 대체적으로 엇비슷하다. 대표적인 단순지시어는 "안야(안소)", "마라(마라소)", "밑에 소", "윗 소", "이러·이랴(앞으로 가라)", "와·와와(제자리에 서라)", "우·어-후·워-후(방향을 바꾸어라)", "어디·어디여·어더(주위를 환기시키는 의미가 강함)", "가자", "내려서(고랑으로 내려서라)", "올라서(이랑으로 올라서라)", "우겨서(안으로 들어서라)", "지어서(밖으로 나가라)", "덤성대지 마라", "넘나들지 마라", "물러물러(뒤로 물러서라)" 등이다.

복합지시어는 "제 한곬을 당겨라", "천천히 바우를 비켜라"라는 말처럼 단순지시어에 견주면 문장의 구조를 가지고 있다. 복합지시어는 기본적으로 주로 화전 등의 특수한 경작지나 또는 겨리라는 기능상의 필요에 따라 생긴 것[25]으로 경작지와 경작 과정의 특성을 반영하고 있다. 복합지시어도 단순지시어처럼 지역적으로나 개인적으로 차이가 존재한다. 그렇지만 겨리가 이루어지는 지역은 대체적으로 경작지 특성이 비슷하기 때문에 복합지시어에서도

---

24) 김진순, 앞의 글, 47쪽.
25) 김진순, 앞의 글, 48쪽.

상당 부분 유사성을 가지고 있다.

홍천군의 북부지역, 곧 내면, 내촌면, 두촌면, 화촌면 등의 경작지는 크게 화전, 평밭, 논으로 나눌 수 있다. 경작지의 특성은 쟁기의 구조에도 반영되어, 밭쟁기('밭칼이연장'이라고 부른다)와 논쟁기('논칼이연장')로 나뉜다. 거칠고 돌이 많은 토질의 땅을 갈아야 하는 밭쟁기는 대체적으로 논쟁기보다 연장을 구성하는 성에('성에대', '성에채'라고 부른다), 술('번데기', '가대기'라고 부른다) 등이 크고 무거운 편이다. 논밭연장의 가장 중요한 차이는 보습을 끼우는 술 끝 부분의 길이에 있다. 그 길이는 논연장의 경우 술의 모로리 구멍 아래로 약 한 뼘, 밭연장의 경우 한 뼘 반 정도이다. 이것은 보습의 크기와도 연관이 있다. 논쟁기의 보습은 작으며(소포), 흙밥을 왼쪽으로 넘기는 볏은 모로리에 끼워 보습 위에 붙인다. 평밭에 쓰는 밭쟁기의 보습은 대포, 비얄밭에서는 논쟁기의 보습보다 조금 큰 중포를 쓴다. 이처럼 보습의 크기가 다른 것은 경작지와 경작 방식의 차이에 따른 것이다. 예로 논쟁기에 큰 보습을 걸면 흙을 뒤집는 데 많은 힘이 들고, 또한 보습에 흙이 달라붙어 무겁기 때문에 연장을 들어 방향을 전환하기가 쉽지 않다. 그리고 멍에의 길이도 다르다. 화전갈이용 멍에는 보통 9~10자라면, 밭갈이 연장의 멍에는 대략 9자에 가깝고, 논갈이용은 6자 정도이다. 이처럼 경작지와 경작 방식의 차이는 논밭쟁기의 구조에 반영되어 나타나고, 이 점은 〈소모는소리〉에도 마찬가지이다.

앞에서 언급한 것처럼 〈소모는소리〉의 단순지시어는 모든 경작지와 경작 과정에서 크게 다르지 않다. 그러나 복합지시어는 경작지와 경작 과정의 특성에 따라 조금씩 다르게 나타난다. 곧 복

합지시어는 화전과 평밭갈이, 그리고 논의 아이갈이·거슬리기와
써레질에 따라 차이가 있는데, 이 점을 구체적으로 살펴보겠다.

먼저 화전의 경우이다. 다음은 화전갈이를 할 때 하는 〈소모는
소리〉이다.

> 이러 가자 어후 가자 안소는 올라서고
>
> 마라소는 곬으로 나가세 어 슬슬 나가세
>
> 어허 방댕이(나무 그루터기)를 비켜라 돌을 비켜라
>
> 슬슬 나가세 슬슬 나갔으니 슬슬 밀고 돌아서라
>
> 어허 돌아서 천천히 바우를 비켜라
>
> 슬슬 밀고 돌아서 서라 어허 돌아서 슬슬
>
> 돌아섰으면 나가세 나가 어 안소
>
> 마라소가 올라서고 안소는 골로 나가
>
> 슬슬 언덕밭에 조심해서 슬슬 나가자
>
> 이러 웃소는 잡아댕기고 밑에 소는 곬으로 나가
>
> 어둘을 둘을 서로 힘을 써서 나가라
>
> 나갔으면 슬슬 밀고 돌아서라 마라소는 물러서고
>
> 안소는 올라서라 돌아섰으면 나가자
>
> 마라소는 밭고랑 지고 안소는 찍어 당겨
>
> 언덕밭이야 언덕밭이야 조심해
>
> 슬슬 밀고 나가져라
>
> 내가 밭갈아 대고 너는 잡아댕겨야 돼
>
> 또 나갔어요 슬슬 밀고 돌아서라[26]

---

26) 홍용화, 79세, 홍천군 두촌면 장남1리, 2001년 7월 8일 채록. 강원도편,《강
원의 민요》, 2001, 1027쪽 재인용.

화전농업은 자연과 인간의 관계 특수성을 전형적으로 보여 주는 생업방식이다. 화전농사를 지으려면 먼저 나무와 식물들을 벌채하여 불을 놓아 개간지를 정지한 다음, 그곳에 작물을 단기간 재배한다. 그리고 일정 정도의 휴한 기간을 거친 뒤 지력이 회복된 토지를 다시 이용한다. 화전농업은 이러한 순환적인 농업을 말한다.[27] 한국에서도 조선 후기와 일제강점기를 거치면서 전국적으로 화전농업이 활발하게 이루어졌다. 그러다 〈화전정리에 관한 특별조치법〉(1966년 4월 23일)에 의거하여 1972년부터 강원도를 시작으로 화전민 이주사업이 본격화되면서 화전농업은 점차 사라졌다. 대부분이 산간 지역인 강원도에서는 화전농업이 가장 활발하게 이루어졌는데, 홍천군도 예외는 아니었다. 처음 화전을 만들 경우, 음력 7월경 또는 그해 초에 나무와 식물들을 베어 불을 놓을 곳에 넓게 펴 놓는다. 다음 해 초봄에 겨울 동안 마른 나무와 식물에 불을 지르는데, 이때 밭의 둘레에 구덩이를 파서 불이 퍼지는 것을 방지한다. 불이 타고 남은 재는 '7월비 肥'라고 부를 만큼 좋은 거름이 된다. 그리고 씨, 더욱이 첫해에는 조를 뿌리고 겨리연장으로 흙을 덮고자 밭을 얕게 간다. 경사가 심한 경우에는 겨리연장으로도 갈 수가 없기 때문에 괭이로만 곡식을 심는다. 화전에는 돌은 말할 필요도 없고, 불로 태웠지만 여전히 그루터기와 나무뿌리가 많이 남아 있다. 게다가 화전은 대부분 경사가 심해서 굴러떨어질 염려가 많기 때문에, 이곳에서 쟁기질을 할 수 있는 사람은 많지 않았다고 한다. 경사가 심한 밭, 이른바 비알밭은 기본적으로 아래에서부터 위로 치오

---

27) 민병근, 〈화전민의 생업관행 연구〉, 안동대학교 민속학과 석사학위논문, 1995, 1쪽 참조.

르며 쟁기로 골을 탄다. 홍천군과 인접한 인제군 상남면 한 농민의 이야기이다.

> (정선에서는 골을 위에서 타면서 내려온다고 하자) "아니야, 괭이로 타면 그렇지. 소는 올려 타야지 내려 못 타요. 아무리 잘하는 밭갈애비두, 나두 평생 농사꾼이지만, 내리 타진 못해요. 올라타야지. 소 다 굴르라구. 소 가주구는 항상 올라 붙어야지. 괭이루 이랑을 타는 거는 내리 지야 돼. 골두 겨리소루 타야지, 외바리 가준 심들어."[28]

일반적으로 네 발의 소가 끄는 쟁기로 골을 타면서 위에서 아래로 내려오는 것은 소가 밑으로 구를 위험이 커서 거의 불가능하다. 따라서 쟁기질은 대부분 아래에서 위로 치올라간다. 이와 달리 두 발을 가진 사람이 하는 괭이질은 위에서 아래로 타고 내려오며 골을 낼 수 있다. 사실 괭이농경이 발달한 일본에서는 위에서 아래로 내려오며 경사가 심한 밭을 가는 것과 달리 쟁기농경이 발달한 한국에서는 아래에서 위로 치올라가며 비얄밭을 간다. 이때 고랑으로 가는 소, 곧 '밑에소' 또는 '아랫소'가 제 고랑에 들어서서 나아가야 아래로 구르지 않는다. 또한 비얄밭에는 '아랫소'가 '윗소'보다 한 발 정도 빨리 걸어야 밑으로 구르지 않고 제대로 나아가며 골도 곧게 탈 수 있다. 만약 윗소가 아랫소보다 빨리 나가면 아랫소가 힘을 제대로 쓰지도 못하고 아래로 자꾸 내려가게 되어 골도 곧지 않고 구를 위험이 크다. 비얄밭에서는 두 소가 서로 자유롭게 힘을 쓸 수 있도록 길게는 열두 자에 이르는

---

28) 박후종, 79세, 인제군 상남면 하남리 가산동. 김광언, 《쟁기연구》, 민속원, 2010, 325쪽 재인용.

멍에를 사용한다. 이처럼 화전에서는 두 소가 제 위치를 지키면 서 나아가도록 하는 것이 중요하다. 또한 쟁기질꾼도 밑으로 구르지 않고자 아랫소와 같이 고랑에 서서 쟁기의 탑손을 잡고 보습을 눕혀서 앞으로 나아간다. 쟁기질꾼이 탑손을 뒤에서 정면으로 잡고 보습을 눌러 줄 수 없기 때문에 보습이 쉽게 땅에서 튕겨 나가 골도 깊이 갈 수가 없다. 따라서 위의 사례에서 보면, 안소와 마라소라는 지칭보다는 '밑에소' 또는 '꼭대기소'라는 지칭이 사용되기도 한다. 더욱이 경사도가 40도 정도 되는 비얄밭에서 갈이의 방향을 바꾸는 일은 매우 힘들다. 경사도가 심한 경우에는 방향을 바꾸려고 윗소가 무릎을 꿇기도 한다. 따라서 화전에서 갈이를 할 때는 쟁기질꾼만 아니라 일소도 노련해야 한다. 물론 연장, 더욱이 보습도 좋아야 한다. 불을 처음 놓은 밭에는 살아 있는 나무뿌리가 많은데, 나무뿌리가 보습에 걸리면 빨리 연장을 들어 올리거나 보습을 비스듬하게 하여 나무뿌리를 잘라야 한다. 쟁기질꾼이 제때 나무뿌리나 돌에 걸린 쟁기를 잘 조절하지 못하면 소가 그대로 끌고 나가게 되어 보습이 깨지거나, 심한 경우에는 쟁기 자체가 부서지기도 한다. 이처럼 화전에는 나무그루터기(방댕이), 큰 바위 등의 장애물이 많아, 소에게 내리는 지시명령어에 장애물과 관련된 어휘가 많다.

둘째는 평밭의 경우이다. 평밭은 화전에 견주어 경사가 거의 없고, 대체로 오랫동안 농사를 지었기 때문에 토질의 상태가 상대적으로 좋은 편이다. 홍천군 북부지역에서는 보통 쟁기를 좌우로 왔다 갔다 하며 평밭을 간다. 이때는 흙밥이 좌우로 넘어가고, 안소와 마라소가 번갈아 가며 간 땅과 생땅을 밟고 가기 때문에 서로의 몫도 차이가 없다. 다음은 평밭을 갈면서 하는 〈소모는소리〉이다.

이러 어디야 안야 안야 어디 마라 이러

이러 힘들다 말고 끌고 나가자

이러 어이 해 지기 전에 빨리 갈고 가자

안야 안야 뒤로 올라서 이러 어 마라마마 어디를

이러 어어 이러 빨리 갈고 가자

힘들다 말고 잠깐 쉬어가자

와와[29]

평밭갈이는 갈이 가운데 가장 쉬우며, 소나 쟁기질꾼이 크게 능숙하지 않아도 상대적으로 쉽게 평밭을 갈 수 있다. 따라서 일소가 처음 연장을 메고 일을 배우는 곳도 평밭이고, 농민이 처음으로 탑손을 잡고 쟁기질을 시작하는 곳도 평밭이라고 한다. 이처럼 평밭은 화전에 견주어 경작지의 사정이 좋은 편이기 때문에, 위의 〈소모는소리〉에서 보이듯이, 소에 내리는 지시명령어도 단순지시어를 중심으로 이루어지고, 복합지시어는 간단한 편이다.

다음은 논의 경우이다. 논에서 소를 이용하여 하는 작업은 크게 논갈이와 써레질(이른바 논 삶기)로 나눌 수 있다. 논갈이는 다시 '아이갈이'·'거슬리기(두 번째 갈이)'로 나뉜다. 아이갈이와 거슬리기의 방식은 크게 차이가 없다. 단지 아이갈이는 생땅이 없도록 논바닥 전체를 뒤집는다. 홍천군 북부지역에서 아이갈이는 한식무렵에 시작한다. 아이갈이는 보통 논두렁 주변부터 가는데, 논의 안쪽으로 흙이 넘어가도록 논을 삥 둘러 돈다. 논쟁기의 보습위에는 볏이 달려 있어서, 흙밥은 무조건 왼쪽으로 넘어간다. 논

---

29) 함현기, 72세, 홍천군 두촌면 자은2리, 2001년 4월 19일 채록. 강원도 편,
앞의 책, 1022쪽 재인용.

두렁을 두를 때에는 성에의 마지막 '까막머리 구멍'에 멍에를 거는데, 이는 보습의 끝이 소의 발굽에 닿지 않고 두렁을 최대한으로 갈고자 소와 거리를 두기 위한 것이다. 그런데 소와 성에의 거리가 먼 만큼 소가 더 많은 힘이 들기 때문에 두렁을 두른 다음에는, 소의 멍에를 성에의 안쪽 '까막머리 구멍'에 메워 두렁을 두른 방향과는 반대 방향으로 하여 논바닥 전체를 갈아엎는다. 이때는 논의 바깥쪽에서 안쪽으로 나아가면서 흙밥이 두렁 쪽으로 넘어가도록 한다. 논 전체를 갈고 나면 논의 한가운데 골이 생기는데, 이를 '복골'이라고 한다. 아이갈이를 할 때는 흙밥이 안소가 있는 왼쪽으로 넘어가고 또한 안소는 계속적으로 갈아엎은 땅을 밟고 가기 때문에 생땅을 밟고 가는 마라소보다 힘이 많이 든다. 논갈이에서는 마라소가 안소보다 한 발 정도 앞서 나가야 흙덩이가 잘 넘어간다고 한다. 아이갈이는 논 전체의 흙을 갈아엎어야 하기 때문에 평밭갈이보다는 속도도 더디고 훨씬 힘든 작업이다.

아이갈이가 밖에서 안쪽으로 돌아가며 생땅 전체를 갈아엎는 것이라면, 거슬리기는 모 심을 무렵에 아이갈이와는 반대로 안에서 바깥으로 아이갈이 때 갈아엎은 땅을 다시 뒤집는다. 간 땅을 방향을 바꾸어 간다고 하여, 이를 '거슬른다' 또는 '거슬리기'라고 한다. 거슬리기는 아이갈이처럼 모든 땅을 갈아엎기도 하지만, 대부분은 물이 잘 들어갈 수 있을 정도로 듬성듬성 골을 타는 편이다. 따라서 거슬리기는 아이갈이보다 시간도 덜 걸리고 큰 어려움이 없는 편이다. 단지 1960년대까지는 비료가 없어 갈(잎)을 꺾어 논바닥에 넣었기 때문에 갈이 흙 속에 잘 묻힐 수 있도록 가는 것과 물속에서 일을 한다는 점이 어려운 점이었다고 한다.

오늘날 아이갈이와 거슬리기 때 부른 〈소모는소리〉를 채록하는 것은 쉽지 않다. 사실 논에서 겨리쟁기의 사용은 밭갈이와는 달리 1970년대 초반 경운기가 도입되면서 급격하게 사라졌기 때문에 논갈이를 하는 과정에서 부르는 〈소모는소리〉가 채록되어 있지 않다. 논과 관련된 용어가 들어 있는 〈소모는소리〉도 논을 가는 자연조건이 아닌 인위적 상황에서 채록되었기 때문에 화전, 밭갈이가 혼재되어 있다. 채록된 〈소모는소리〉가 대부분 밭가는 소리로 범주화된 것은 이것을 반영한다고 하겠다. 이 점은《강원의 민요》홍천군편에 채록된 소리 가운데 유일한 논갈이 〈소모는소리〉에서 보인다.

> 이러 어서 가세 이러 어디 물러거라 서거라 어디
> 안소 우겨를 서거라 어디 자 어서거라
> 저 덤불 밑으로 썩 돌아서거라
> 마라소 너무 덤성대지를 말아라
> 안소 우겨 서거라 어디 너무 힘들다 말고서
> 슬슬 우겨를 서거라 어디
> 어디여 지여 서거라 마라소 너머 나간다
> 안소 물러서 안소 물러서 이러 어디
> 저 바우 밑으로 썩 들어서 이러 어디
> 한마지기 논배미가 반달만큼 남았구나
> 이러 어서가자[30]

이 소리는 "한마지기 논배미가 반달만큼 남았구나"라는 사설로

---

30) 용석종, 68세, 홍천군 남면 시동3리, 2001년 4월 7일 채록. 강원도 편, 앞의 책, 979쪽 재인용.

논갈이 상황을 구연하는 것처럼 보인다. 그러나 "저 덤불 밑으로 썩 돌아서거라" 또는 "저 바우 밑으로 썩 들어서" 등의 사설은 위 〈소모는소리〉의 구연자인 용석종이 이 소리에 앞서 부른, 화전을 갈면서 부른 〈소모는소리〉에서도 비슷하게 들어 있다. 물론 이것은 '덤불' 또는 '바우'가 있는 홍천군 산간 지역 논의 지형을 반영한 것이라고 할 수도 있다. 그렇지만 직접 논갈이를 하지 않고 〈소모는소리〉만을 구연하는 인위적 상황으로 말미암아 복합지시어가 혼재되어 있다고 보는 것이 오히려 타당하다고 하겠다. 아이갈이와 거슬리기를 할 때는 논의 특성상 '두렁' 등의 용어가 들어가고, 안소와 마라소의 역할 분담이 뚜렷한 만큼 두 소의 적절한 위치를 독려하려는 지시명령어가 풍부할 것으로 생각된다.

논에서 소를 이용하는 작업 가운데 빼놓을 수 없는 것이 써레질이다. 써레질은 모를 심기 편하도록 흙을 잘게 부수는 일로, 보통 "논을 삶는다"고 말한다. 논을 삶은 뒤 땅이 다시 굳어지면 손으로 모내기를 하기 힘드므로 대부분 모내기를 하는 날에 써레질을 하였다. 따라서 써레질을 빠르게 잘 해야 뒤따르는 모내기꾼들이 흐름을 잃지 않고 모내기를 할 수 있다. 써레질은 다른 갈이보다 작업 속도가 빠르기 때문에 〈소모는소리〉의 리듬도 상대적으로 빠르다고 한다. 써레질의 핵심은 뭉친 흙을 고르게 깨면서 논 전체가 평평하도록 하는 것이다. 더욱이 비료가 나오기 전에는 갈을 꺾어 넣었기 때문에 갈이 한곳에 뭉치지 않고 골고루 흙 속에 잘 묻히도록 하느냐가 중요하다. 더욱이 토질에 따라 갈지자 모양(之)으로 왔다 갔다 하며 세 '마루'까지, 곧 세 번까지 써레질을 하였다. 여기에서 '마루'는 써레가 지나가는 길을 말한다. 써레질은 흙이 많이 없고 물이 많은 깊은 곳을 시작점으로 하여 한 마루를 건너뛰어 앞으로 나아갔다가 되돌아와서 건너뛴 마루를 찾아 들어가 써레질을 해야 하는데, 물이 차 있는 논바닥에서 제 마루를 찾는 일은 쉽지 않다. 쟁기질꾼은 제 마루를 찾으려고 발로 논두렁을 눌러서 표시를 하기도 하였다. 큰 논배미에는 두세 써레가 함께 들어가기도 했는데, 한 쟁기질꾼이 자신의 마루를 찾지 못하면 서로 마루가 엉클어져 논을 제대로 삶을 수 없었다. 이처럼 써레질은 갈이 작업 가운데 가장 높은 수준의 기술이 필요한 일이어서 쟁기질꾼이라고 해도 함부로 써레질을 할 수 없었다.

> 써레질은 그건 아무개나 하는 게 아니래요. 우린 써레질은 별로 안 했어요. (제보자 부인: 써레질 뭐 별거 하나, 다 그기 하면 다 되는 거지?) 아냐, 그 이 조그만 논배미는 막 돌아가야 되는데 큰 논배미는 참 그 마루를 찾아가야 돌아가지. 잘못하면. 아 그 소가 한 겨리만 하면 아무렇게나 댕겨도 되지만 여러 겨리가 돌아가는데 그걸 할 줄 알아야지 못해요. (큰 논배미에는) 세 겨리도 들어가거든 소가. 써레가 세 개가 들어가는데 그건 할 줄 알아야지 참 못해요 아무나.[31]

한 해 농사는 써레질에 달려 있다고 해도 지나친 말이 아니었다. 따라서 써레질을 잘하는 사람은 지역에 따라 '성군' 또는 '선군', '신일꾼'이라고 했으며, 성군은 다른 일꾼보다 더 좋은 대우를 받았다. 앞에서 언급한 것처럼 써레질을 할 때 일소가 각 '마루'에 들어가게 하는 것이 가장 중요하였다. 이에 써레질을 할 때

---

31) 김완달, 1938년생, 홍천군 내면 광원리, 2012년 1월 12일 채록.

는 복합지시어 가운데 골이 아니라 마루에 들어서라는 지시명령
어가 자주 등장하게 된다. 아래는 한 농민의 소리이다.

(써레질 할 때 노래 한 번 해 주세요.)
써레할 때 그거에요.

이놈의 소야 돌리면 돌리면
제 마루에 들어 와야지

저 뭐야, 논 삶을 때요, 노래 잘하는 사람 있으면 참 저 웃음소립니
다. 저 길에 가는 아가씨들이 못 가, 못 갑니다. 사실요, 저기 서서
봐요, 그럼요.[32]

밭갈이에 견주어 겨리쟁기를 이용하여 논갈이와 써레질을 하지
않는 것이 오래되어서, 이때 부르던 〈소모는소리〉를 재현하는 것
은 쉽지 않다. 게다가 논갈이, 더욱이 써레질할 때의 〈소모는소
리〉는 지금까지 온전하게 채록된 것이 거의 없다. 이런 상황에서
광암리에서 '성군'으로 이름이 있었다는 위의 농민도 써레질할 때
의 〈소모는소리〉를 해 달라고 부탁했을 때, 단 한 소절로 써레질
의 〈소모는소리〉를 재현하는 데 그쳤다. 그 한 소절에서 빠지지
않는 가장 중요한 어휘가 바로 '마루'였다.
  〈소모는소리〉 가운데 지시명령어 밖의 다른 부분은 일반사설이
다. 위에서 언급한 소리 가운데 "이 소야 오늘은 화전 밭이다 힘
좀 내고 잘 갈아 줘라 내가 저 잘 몰게", "해 지기 전에 빨리 갈고

---

32) 이기연, 1925년생, 홍천군 내촌면 광암리, 2012년 1월 28일 채록.

가자", "한 마지기 논배미가 반달만큼 남았구나"는 소에게 작업 명령을 내리는 지시명령어라기보다는 소와 함께 나누는 이야기라고 한다. 일종의 '넋두리'라고 할 수 있다. 일이 시작될 때에는 일을 빨리 진행하고자 소를 채근하는 단순지시어와 복합지시어가 〈소모는소리〉의 주를 이룬다. 일을 끝마쳐 가는 해질 무렵에, 게다가 일을 하면서 새참으로 마신 술의 기운이 올라오면 점차 쟁기질꾼의 넋두리가 많아진다고 한다. 이 넋두리의 내용은 쟁기질꾼에 따라 매우 다양하고 즉흥적이다. 물론 소리를 잘하지 못하는 사람들은 대부분 지시명령어만을 반복하는 것과 달리 소리를 잘하는 사람들은 일반사설이 풍부하다고 한다. 일반적으로 주민들은 목청이 좋고 무엇보다 넋두리가 풍부한 사람을 〈소모는소리〉를 잘하는 사람이라고 하였다. 넋두리의 내용은 소에게 일의 진행상황을 알리고, 일을 재촉하거나 소를 꾸짖는 이야기거나 때로는 소를 상대로 털어놓는 자신의 신세타령이다. 쟁기질꾼에게 소는 '짐승'을 넘어 서로의 심중을 가장 잘 아는 친구이기도 하다. 넋두리는 보통 화전을 갈 때 많이 한다고 하기도 하지만, 밭갈이와 논갈이에서 큰 차이는 없는 편이다.

결론적으로 〈소모는소리〉는 지시명령어에 음률을 얹은 것이다. 일반사설은 〈소모는소리〉를 노랫가락답게 하는 요소이지만, 〈소모는소리〉의 구성상 부차적인 특성이 강하다고 할 수 있다. 지시명령어, 그 가운데 복합지시어는 논밭의 지세와 경작 방식에 따라 조금씩 다르게 나타난다. 다시 말해서 〈소모는소리〉는 단순지시어나 일반사설보다는 경작지와 경작 과정의 특성을 잘 반영하고 있는 복합지시어에서 차이가 드러난다.

V. 나가는 말

이제까지 〈소모는소리〉가 구연되는 경작 과정에서 시작하여 〈소모는소리〉의 차이점을 도출해 내고자 하였다. 이는 〈소모는소리〉를 소와 쟁기질꾼 사이에 이루어지는 의사소통의 수단 가운데 하나로 자리매김하고, 그 지점에서 주로 민요의 측면에서 분석되었던 〈소모는소리〉를 재해석하고자 하는 시도라고 할 수 있다.

농업기계화의 영향으로 쟁기가 거의 사라진 지금에도 홍천군을 비롯한 강원도 산간 지역에서는 겨리연장으로 논밭을 가는 모습을 심심치 않게 볼 수 있다. 더욱이 경사진 비얄밭에서 쟁기질을 하는 모습은 경이롭기까지 하다. 경사가 심한 밭에서는 조금만 실수해도 소와 사람이 밑으로 굴러 사고가 날 수 있다. 요즘 경사가 약간만 심해도 경작하지 못하고 밭을 놀리는 것은 경운기나 트랙터가 쉽게 넘어지기 때문이다. 그러나 겨리연장으로 갈이를 하면 웬만한 비탈은 문제가 되지 않는다. 고랑에 들어서서 가는 아랫소와 생땅을 밟고 가는 윗소는 멍에로 서로가 넘어지지 않도록 버티어 주며 거친 땅을 갈아 나간다. 쟁기질꾼은 일소들이 제자리를 지키며 균형을 유지하도록 길을 지시하며 쟁기를 다루어야 한다. 이른바 이름난 쟁기질꾼의 실력은 단순히 쟁기를 잘 다루는 것을 넘어 일소들과 얼마나 의사소통을 잘 하느냐에 달려 있다고 하겠다.

쟁기질꾼은 어린 보통소를 일소로 훈련시키고, 일소와 함께 논밭을 일구며 채찍, 고삐 그리고 말, 이른바 '소리'로 서로 소통하였다. 의사소통 수단 가운데 가장 중요한 것은 고삐라고 할 수 있다. 생산 과정의 관점에서 보면, 소리는 기본적으로 소를 다루는 채찍, 고삐와 같은 의사소통의 수단이고, 무엇보다 고삐의 보조 수단이라는 성격이 강하다. 의사소통의 수단으로 소리는 지시명령어에 바탕을 두고 있으며, 이 지시명령어에 음률과 넋두리가 더해지면서 강원도만의 〈소모는소리〉로 발전하였다. 쟁기질꾼에 따라 매우 다양하게 즉흥적으로 불려지는 일반사설, 이른바 넋두리는 〈소모는소리〉를 노랫가락답게 하는 핵심 요소이지만, 의사소통수단의 측면에서 보면 없어도 되는 매우 부차적인 것이라고 할 수 있다. 지시명령어, 더욱이 복합지시어는 화전, 평밭, 논이라는 경작지의 특성과 밭갈이, 아이갈이, 거슬리기 그리고 써레질이라는 경작 방식의 차이를 반영하고 있다. 따라서 〈소모는소리〉의 차이성은 단순지시어와 일반사설보다는 경작지와 경작 방식의 특성과 가장 밀접하게 연관을 맺고 있는 복합지시어에서 잘 드러난다고 하겠다.

강원도 〈소모는소리〉의 독특성은 개별적 노동요라는 특성보다는 소와 소 그리고 사람을 잇고 서로의 호흡을 맞추며 거칠고 험한 땅을 일구어 온 노동의 산물이라는 점에 있다고 하겠다. 겨리연장은 논밭갈이 도구를 넘어 지역 문화의 총체로 강원도 산간지역의 자연, 지형, 지질, 소의 생활, 소와 인간의 소통 방식, 사회관계, 주민들의 세계관을 담고 있다.

참고문헌

강원도 편,《강원의 민요》, 2001.

김광언,《한국의 농기구》, 문화재관리국, 1969.

김광언,〈한국의 쟁기연구(1)〉,《한국문화인류학》21, 한국문화인류학회, 1980.

김광언,《쟁기연구》, 민속원, 2010.

김종호,〈홍천군: 남궁억의 보리울 마을도 있는 고장〉,《한국의 발견: 강원도》, 뿌리깊은나무, 1992.

김진순,〈강원도 지역〈소모는소리〉의 현장론적 연구〉, 관동대학교 국어국문학과 석사학위논문, 1995.

민병근,〈화전민의 생업관행 연구〉, 안동대학교 민속학과 석사학위논문, 1995.

박호석,〈동서양 쟁기의 기원과 발달〉, 충북대학교 농공학과 농업기계학 박사학위논문, 1988.

이보형,〈민속예술〉,《한국민속종합조사보고서》제8권 강원도편, 문화공보국 문화재관리국, 1977.

이준석,〈겨리농경의 기술적 의의와 노동조직의 양상〉, 안동대학교 민속학과 석사학위논문, 1998.

이준석,〈강원도의 겨리쟁기〉,《생활문물연구》3호, 국립민속박물관, 2001.

이한길,〈양양군의〈소모는소리〉고찰〉,《강원민속학》23, 강원도민속학회, 2009.

임석재, 〈구비전승〉, 《한국민속종합조사보고서》 제8권 강원도편, 문화공보국 문화재관리국, 1977.

임석재, 〈강원도의 민속문화〉, 《강원민속학》 4권, 1986.

정시경, 〈기경용 재래농기구의 유형과 그 분포〉, 《북한의 민속학: 재래농법과 농기구》, 주강현 편, 역사비평사, 1989.

정시경, 〈우리나라 재래농기구의 유형과 그 분포〉, 《북한의 민속학: 재래농법과 농기구》, 주강현 편, 역사비평사, 1989.

정연학, 《한중농기구 비교연구: 따비에서 쟁기까지》, 민속원, 2004(2003).

화이트 주니어(White Jr. Lynn), 《중세의 기술과 사회변화: 등자와 쟁기가 바꾼 유럽의 역사》, 강일휴 역, 지식의풍경, 2005.

2. 홍천 산간 지역의 〈논매는소리〉 교섭 양상
-내면의 〈논매는소리〉를 중심으로-

유 명 희(한림대학교)

Ⅰ. 머리말

홍천 지역은 강원도에서 지리적으로 정중앙에 자리하고 있다. 동서로 긴 장방형 모양이며 우리나라에서 가장 면적이 큰 군이다. 지리적으로 강원도의 중심에 있으므로 강원도 안에서 여러 문화권의 중심에 위치하고 있다고 할 수 있다. 기층문화는 지역의 민속문화를 알 수 있는 주요한 자료가 된다. 그 가운데서도 민요는 지역성과 민중성을 담보하여 다른 어떠한 장르보다 지역 사이의 변별력을 보여 준다. 더욱이 홍천 지역의 민요와 주변 민요의 분포 양상으로 홍천군과 경계 지역의 문화적 영향관계를 파악할 수 있을 것이다. 그런 이유로 홍천군과 주변 지역 민요의 교섭 양상을 살펴보고자 한다.

기존의 조사 자료에 따라 홍천 지역을 산지촌, 평야촌, 강촌 지역으로 나누고 그 주변 지역과 민요 교류, 전파 등을 사회지리적·인문지리적 관점에서 파악하고자 하였다. 하지만 주변 지역을 답사하기 전에 먼저 홍천 지역 민요와 다른 지역 민요를 비교하기 위한 선별 작업이 필요하다고 생각했다. 주변 지역과 교섭 양상을 비교하기 앞서 홍천 지역 민요의 특징을 면밀히 살피고 분류한 뒤 다른 지역과 상관성을 고찰하는 것이 순서이기 때문이다. 그러므로 홍천의 민요 개체요 가운데 〈논매는소리〉를 중심으로 홍천 지역 민요의 특징을 정리하고자 한다. 〈논매는소리〉는 지역별, 권역별 구분을 가능하게 하는 지표적 민요로서 기능하고 있다. 더욱이 홍천에서 산간 지역으로 꼽히는 내면 지역은 기존의 조사와 보고서에서 〈논매는소리〉가 보고된 적이 없는 곳이다. 하지만 이번 연구 결과 〈논매는소리〉가 내면에서도 불렸다는 것을 알 수 있었다. 그렇다면 홍천의 다른 지역과 산간 지역인 내면이 어떻게 다른 지리적 조건을 가졌으며, 그러한 조건이 농업 양식과 〈논매는소리〉에 어떻게 영향을 미쳤는지 파악할 수 있다.

　기존 자료와 이번 조사 자료에 대한 분석과 의미를 따져 보고 홍천 주변 지역과 연관성을 고찰할 수 있는 토대가 마련되기를 기대한다.

II. 홍천 지역 민요의 전승 현황

　강원도의 중심부에 위치한 홍천군은 교통의 중심지로 광활한 면적에 풍부한 자원을 보유하고 있다. 홍천군의 면적은 1,818.68 제곱킬로미터로 전국에서 가장 면적이 넓은 군이다. 면적이 넓은 만큼 여러 시·군과 경계를 이루고 있어 경기도와 강원도 2개 도의 8개 시·군과 인접하고 있다. 서쪽으로는 경기도 양평군과 가평군, 북쪽으로는 강원도의 춘천시와 인제군, 동쪽으로는 양양군과 강릉시, 남쪽으로는 평창군, 횡성군과 경계한다(60쪽의 관내도 참조). 홍천군의 동단은 내면 명개리이고 서단은 서면 동막리, 남단은 남면 시동리, 북단은 두촌면 장남리이다. 홍천군의 동서 사이 길이는 93킬로미터, 남북 사이의 길이는 39킬로미터로 동서가 긴 장방형의 모양으로 홍천읍, 화촌면, 두촌면, 내촌면, 서석면, 동면, 남면, 서면, 북방면, 내면 등의 1읍 9면으로 구성되어 있다.

홍천군의 지형은 태백산맥의 크고 작은 지맥에 둘러싸인 중산간 지역으로 기복이 심하고, 동부와 북부에는 1,000미터 이상의 높은 산들이 연이어 있어 산지가 전체 면적의 87퍼센트를 차지한다. 더욱이 내면 지역은 해발 600미터 이상의 고원지대로 이루어져 있다. 홍천읍 시가지로 관통하는 북한강의 지류인 홍천강은 태백 분수령에서 시작해 서쪽으로 흘러 경기도 가평군 설악면에서 북한강과 합류하고 있어 홍천군의 상징적인 강이다. 전형적인 동고서저東高西低의 지형으로 내면을 비롯한 산악 지역에서 홍천읍, 남면, 서면 지역으로 점차 경사가 완만해진다.[1]

홍천 지역 노동요의 특징 가운데 하나는 〈소모는소리〉가 매우 풍부하다는 것이다. 겨리소(저리소, 제리소)라 하여 두 마리 소를 이용하여 밭을 갈고, 논을 삶는 데 따른 소리가 홍천 전 지역에서 고르게 조사되었다. 산지 지형의 특징인 화전밭을 갈 때 겨리소는 유용하다. 〈소모는소리〉로는 〈화전밭가는소리〉, 〈밭가는소리〉, 〈논삶는소리〉, 〈써레질하는소리〉 등이 있다. 그러나 지역별로 거의 같은 소리와 노랫말을 가지고 있으므로 홍천 안에서 마을마다 비교하기에는 적당하지 않다. 오히려 기능에 따라서 곧,

1) 유명희, 〈홍천 지역 민요의 연행 양상〉, 한국구비문학회 세미나 발표 요지, 2009, 10쪽.

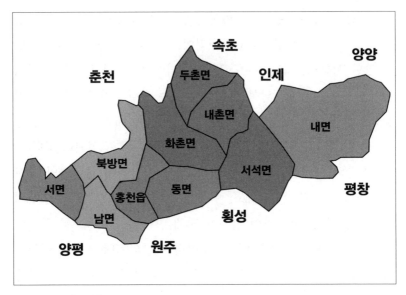

홍천군 관내도 약도

밭을 갈거나 논을 삶을 때에 따라 노랫말이 다르게 나타난다. 음
악적인 해석에 따라 차별점을 발견할 수도 있겠지만 글쓴이의 역
량으로는 불가능하다.

　또한 〈소모는소리〉는 홍천뿐만 아니라 강원도 민요의 특징이라
할 만큼 강원도에서는 많이 불려지며 거의 동일한 소리와 노랫말
로 나타난다. 이렇게 겨리소를 이용하여 〈소모는소리〉를 하는 경
우는 호리소 한 마리로 소를 몰 때 하는 소리와는 변별력이 있다.
호리소를 몰면서 하는 소리는 겨리소를 몰면서 하는 소리보다 노
랫말의 내용이 빈약한 편이다.

이 밖에 논농사와 관계된 소리로는 〈모심는소리〉와 〈논매는소리〉 등이 조사되었으며 〈밭을맬때하는소리〉, 〈나물뜯을때하는소리〉, 〈나무할때하는소리〉 등도 나타난다. 임산노동요인 〈목도하는소리〉도 홍천 지역의 넓은 임야를 대상으로 산판 작업 당시 많이 불렸던 소리이다.[2] 또한 〈풀써는소리〉인 〈우러리〉도 조사되었다. 가사노동요 가운데 〈아기어르는소리〉도 〈풀무소리〉, 〈둥게소리〉, 〈세상달강〉, 〈방아방아야〉, 〈세상마상〉 등이 다양하게 채록되었다.

의식요로는 〈운상하는소리〉, 〈묘다지는소리〉 등이 가장 많이 조사되었다. 이 가운데 〈운상하는소리〉인 〈어허넘차소리〉가 가장 폭넓게 분포되어 있는 것으로 조사되었다. 이는 홍천 지역에 고르게 나타나는 현상으로서 다른 지역과 견주어 별다른 특징을 보이는 것은 아니다.

유희요 역시 다양하게 조사되어 주목된다. 홍천은 동서로 긴 장방형으로 서쪽으로는 경기도와 경계를 이루고 있어 경기민요의 유입이 많은 편이다. 〈뱃노래〉, 〈창부타령〉, 〈노랫가락〉, 〈베틀가〉, 〈한강수타령〉, 〈경북궁타령〉, 〈돈타령〉, 〈양산도〉, 〈도라지타령〉, 〈방아타령〉, 〈흥타령〉, 〈백발가〉, 〈노들강변〉, 〈오봉산타령〉 등이 기존에 조사된 소리들이다. 경기민요가 경기 지역 밖에서 불리는 것이 전반적이고 전국적인 경향이라고 보더라도 홍천 지역의 유희요를 보면 경기민요가 많이 나오는 것을 알 수 있다. 요새는 제보자들이 책을 보고 노래하거나 직접 경기민요를 배우

---

2) 내면 원당에 사는 김연배 씨에 따르면 일제강점기 당시 원당에 매우 큰 제재소가 있었다고 한다. 아름드리나무를 케이블 등을 이용하여 운반하고 제무시(GMC)에 실어서 육로로 운반하였다고 한다.

러 다니는 사람들도 많이 있다고 한다. 평창에서도 그러한 일이 있는 것을 보면 보편적인 현상으로 이해해야 할 듯하다. 삶 속에서 일하면서 자연스럽게 익히는 것이 아니라 소비자로서 민요를 듣고 배우는 입장으로 바뀐 것이다. 아마도 사람들은 일하면서 부르는 노래는 촌스럽게 느끼고 경기민요는 세련된 것으로 생각하는 것으로 보인다.

III. 홍천 지역 〈논매는소리〉의 권역별 분포

〈논매는소리〉는 전국적인 분포를 보이며 같은 지역에서 여러 개의 소리가 함께 혼재되어 나타나기도 한다. 전국적인 분포를 보이기 때문에 지역 사이에 구분이 가능하므로 〈논매는소리〉는 민요의 권역 구분에 지표적 역할이 가능한 민요이다. 홍천은 강원도의 중앙에 위치하였으며 동서로 길어 서쪽은 경기도와, 동쪽은 강릉시와 맞닿아 있어 같은 홍천군 안에서 불리는 민요의 종류가 다를 수 있다고 생각한다.

1. 홍천 지역 〈논매는소리〉의 지역적 분포 양상

논농사는 노동집약적인 농사이다. 효율적인 논농사를 하려면 두레나 품앗이를 조직하여 마을 단위로 또는 마을 안에 여러 패를 나누어 조직하여야 한다. 이 조직 안에서 모를 심고 논을 매고 벼를 베어야 한다. 모를 심는 일부터 이 패를 통하여 일을 하는데 모를 먼저 심고 나중에 심는 일에 따라 보름 이상 차이가 나기 때문에 마을 사람들끼리 서로 먼저 심으려고 암투가 심했다고 한다. 모를 먼저 심는 것과 상관없이 논을 매는 일은 한꺼번에 한 방향으로 하기 때문에 모를 심는 시기가 중요하였다. 일단 하나의 두레패를 형성하면 1년 동안 그 패 안에서 농사를 짓게 된다. 그러므로 동네의 두레패들은 자기들끼리 통하는 소리가 있게 마련이다. 대부분의 노동요가 그렇듯이 이 〈논매는소리〉로 일의 효율성을 높이고 작업을 독려하는 것이 목적이다. 다음의 표는 홍천 지역의 〈논매는소리〉의 분포 양상을 나타낸 것이다.[3,4,5,6]

---

3) 한림대학교 인문대학 국어국문학과 편, 《강원구비문학전집》1 홍천군편, 한림대학교출판부, 1989(이하 같음). 이 자료집은 한림대학교 국어국문학과에서 1986년부터 1988년까지 3년에 걸쳐 홍천군 일대를 조사한 자료집으로서 설화와 민요가 실려 있다. 오랜 기간 여러 마을을 조사하여 자료의 양이 풍부하다.

4) 《강원의 민요》Ⅰ 홍천군편, 도서출판 산책, 2001(이하 같음). 이 자료집은 1년 동안 홍천군의 민요를 채록하여 정리한 것이다. 자료의 양은 위의 책보다 적으나 조사 당시의 상황이나 자료에 대한 해설이 실려 현장감이 살아 있는 것이 특징이다.

5) 〈한국구비문학대계〉 2차 사업 홍천군편 민요 자료, 2010(이하 같음). 이 조사는 필자가 참여한 프로젝트로 1년 동안 홍천군의 민요를 조사한 자료이다. 구연 상황이 구체적인 편이며 음원을 중심으로 녹음한 점이 특징이다. 그러므로 제시하는 자료의 양적인 면에서는 가장 적은 편이다.

6) 이 연구를 위하여 다닌 답사.

홍천 지역 〈논매는소리〉 분포 양상

		1989[3]	2001[4]	2010[5]	비고
	내면				
	내촌면			와야1리 〈상사소리〉	2011[6] 도관리 〈상사소리〉 (증언만)
	화촌면				
	두촌면		장남1리 〈단호리〉		2011 철정3리 〈상사소리〉 (증언만)
	북방면	하화계리 〈상사소리〉	노일리 〈방아소리〉 성동1리 〈방아소리〉 〈상사소리〉 성동2리 〈에헤이소리〉		성동2리의 경우 (증언만)
	홍천읍	삼마치리 〈뎅이소리〉			
	서면	갈곡리 〈농부가〉	팔봉리 〈방아소리〉		

동면	월운리 〈상사소리〉 좌운리 〈상사소리〉	속초리 〈어허어허야〉		
서석면	청량2리 〈상사소리〉 〈어항소리〉 검산2리 〈상사소리〉 생곡2리 〈상사소리〉 〈단허리〉		생곡1리 〈상사소리〉, 〈단허리〉 풍암1리 〈방아소리〉	
남면	유목정리 〈상사소리〉 명동리 〈단호리〉 시동3리 〈단호리〉 유치2리 〈단허리〉	시동3리 〈에헤야소리〉, 〈단허리〉	시동3리 〈에헤야소리〉, 〈단허리〉 유치2리 〈에헤야소리〉, 〈단허리〉	2011 용수리 〈상사소리〉, 〈단허리〉, 〈방아소리〉 (증언만)
〈논매는소리〉	〈상사소리〉, 〈어항소리〉, 〈뎅이소리〉, 〈단허리〉	〈어허어허야 소리〉, 〈에헤이소리〉, 〈상사소리〉, 〈방아소리〉, 〈단호리〉	〈에헤야소리〉, 〈상사소리〉, 〈단허리〉,〈방 아소리〉	

앞의 표를 보고 두 가지 사실을 알 수 있다. 첫째, 평야 지대인 서남쪽으로 갈수록 〈논매는소리〉의 종류와 빈도가 늘어난다. 둘째, 홍천 지역의 〈논매는소리〉는 〈상사소리〉, 〈단허리〉, 〈방아소리〉가 중심으로 나타나고 있다는 것을 알 수 있다. 재미있는 것은 〈방아소리〉인데, 1989년 자료에는 나타나지 않다가 2001년 자료에 나타난다. 〈논매는소리〉는 기계로 모를 심기 시작한 시기부터 급격히 쇠퇴했기 때문에 2001년에 새롭게 나타난 것으로 보기는 어렵다. 그러므로 이렇게 제시한 자료는 시점(시간)보다는 지점(공간)을 중심으로 보아야 한다.

〈방아소리〉가 나타난 지역은 북방면의 노일리, 성동1리, 서면의 팔봉리, 서석면의 풍암1리 등이다. 서석면을 제외한 북방면과 서면은 각각 춘천시와 경계를 이루고 있는 마을이다. 서석면은 홍천 지역 가운데 남면과 더불어 논농사가 발달한 곳이다. 서면 팔봉리와 인접한 춘천시 남면과 남산면에서 〈방아소리〉가 조사된 것은 이와 관련이 있는 것으로 생각할 수 있다.[7]

기존에 조사되었던 자료를 중심으로 홍천 지역을 산, 들, 내로 나누어 조사를 진행하고자 하였으나 현지인들의 증언과 〈논매는소리〉의 자료를 살펴볼 때 다른 기준이 필요하다고 생각한다. 홍천의 지리적 상황을 고려할 때 산지촌과 평야촌으로 나누는 것이 적절하다고 생각한다. 그런데 내면을 중심으로 하는 산악 지형에는 논이 많지 않다. 현재 내면에는 논이 없다고 한다. 예전에는 논농사를 지었지만 넓은 들에서 하듯이 대규모로 지을 수는 없었

---

7) 홍천과 인접한 면인 춘천시 남면에서 〈방아소리〉와 〈상사소리〉가 〈논매는소리〉로, 춘천시 남산면에서 〈방아소리〉, 〈상사소리〉, 미나리 등이 〈논매는소리〉로 각각 조사되었다. 홍천군 편, 《강원의 민요》, 2001, 737~739쪽 참조.

다. 산지 지형에는 논이 클 수가 없기 때문이다. 심지어 어떤 논의 경우는 논을 갈고자 소가 논에 들어가 돌 자리가 부족해 사람이 쟁기를 끌기도 했다고 한다. 기존의 조사에서 논농사요가 나오지 않는 것은 이러한 지리적 배경이 깔려 있다고 본다.

위의 표에는 〈단허리〉와 〈상사소리〉가 우세하고 〈방아소리〉도 함께 나타난다. 영서지역의 〈논매는소리〉 분포 양상은 영서지방의 〈미나리〉와 〈단허리〉의 분포 구도 위에 〈상사소리〉와 〈방아소리〉를 수용하여 형성되었다는 것이다.[8]

〈방아소리〉는 황해도의 연백평야, 또는 경기도의 김해평야 일대에 거점을 두고 동진, 또는 서진하면서 남쪽으로 그 세를 넓혀 나간 것으로 판단되며, 〈상사소리〉는 경기도의 김해평야, 또는 강원도의 영서지방—더욱이 홍천과 횡성 일대에 거점을 두고 동진, 또는 서진하면서 남쪽으로 그 세를 넓혀 간 것으로 판단된다.[9]

홍천은 위 논의에서 주목받은 지역은 아니나 홍천의 〈논매는소리〉의 분포 양상을 볼 때 〈단허리〉가 중심이 되고 〈상사소리〉와 〈방아소리〉가 혼재되어 있다는 말은 홍천 지역만을 두고 볼 때 정확히 맞는 말은 아니다. 이것은 평야 지역인 남면, 서면, 서석면의 경우에만 해당한다. 〈단허리〉의 경우 내면을 비롯한 산지

---

8) 〈상사소리〉가 〈방아소리〉보다 넓게 나타난다. 그런데 〈방아소리〉는 거의 대부분 〈상사소리〉의 분포범주 안에 자리하고 있다. 강등학, 〈〈모심는소리〉와 〈논매는소리〉의 전국적 판도 및 농요의 권역에 대한 연구〉, 《한국민속학》 38, 2003, 41쪽.
9) 현재의 판단으로는 〈상사소리〉와 〈방아소리〉는 경기도의 고유한 노래일 수도 있고, 인접한 황해도와 강원도로부터 각각 파급되어 온 노래일 수도 있는 가능성을 모두 가지고 있다고 할 수 있다. 강등학, 위의 글, 35쪽.

지역에는 나타나지 않기 때문이다. 이에 견주어 〈방아소리〉는 주로 서쪽에 인접한 춘천에서 발견된 것으로 보아 서쪽에서 동진해왔다는 설이 뒷받침된다.

또한 주목되는 또 하나의 〈논매는소리〉는 남면에서 불린 〈에헤야소리〉이다. 이 소리는 오와 에로 시작하며 논매는 일꾼이 두 패로 나누어 부르는 소리로 모음만 발성할 뿐 다른 노랫말은 존재하지 않는다. 홍천군과 인접한 남쪽의 횡성에서도 같은 노래를 부르고 있다고 제보자들이 주장하였다. 이 〈에헤야소리〉는 〈단허리〉, 〈상사소리〉, 〈방아소리〉 등과 달리 분포가 넓은 〈논매는소리〉가 아니므로 지역적인 분포 범위가 의미가 있을 것으로 생각한다. 앞으로 확인해 볼 문제이다.

기존의 연구에서는 홍천군이 하나의 커다란 논매는 권역에 속한다고 하고 있으나 위에서 보았듯이 세부적으로 그 안에서 권역별 영향 관계가 나타나고 있음을 알 수 있다. 이것은 이번 조사에서도 평야 지역을 빼고는 〈단허리〉가 나타나지 않았다는 것을 보아도 알 수 있다. 그러므로 필자가 앞으로 관심을 가지고 연구할 홍천군의 접경 지대와 상관관계를 염두에 둔다면 군 단위 안에서 권역 구분이 가능한 것인가가 관건이 될 수 있다. 홍천 지역이 매우 넓기 때문에 주변 지역의 다른 자료들과 비교·조사 연구를 시행하여 더욱 정확한 결론이 도출될 것으로 기대한다.

2. 홍천 산간 지역에서 조사된 〈논매는소리〉

이번 연구 조사에서 가장 주목되는 점은 기존 보고서에서 전혀 나타나지 않던 내면 지역에서의 〈논매는소리〉를 조사·채록한 것이다. 내면 지역은 예나 지금이나 논이 적고 밭이 많아 밭농사 위주로 농업을 진행했다. 그러므로 〈논매는소리〉가 없다는 것이 당연하게 받아들여졌다. 말할 것도 없이 논이 아주 없는 것은 아니었으므로 〈논매는소리〉가 있었을 가능성은 존재하지만 그것은 가능성으로 존재할 뿐 기존의 보고서에서는 이렇다 할 자료가 수록되어 있지 않았다.

이번 조사에서 보고된 내면 지역의 〈논매는소리〉는 다음과 같다. 이 가운데 직접적인 소리는 방내리에서만 들을 수 있었다.

원당(광원2리) – 〈모심을 때〉, 〈논맬 때 아라리〉
생둔(광원1리) – 〈논매는소리〉 없었다.
방내리 – 〈방아소리〉
창촌, 자운 – 〈논매는소리〉 없었다.

원당 마을에서 모를 심거나 논을 맬 때 아라리를 했다는 것은 아주 흥미롭다. 더욱이 모심을 때 하는 소리인 아라리는 자진아라리로 "심어 주게 심어 주게 심어 주게"로 시작한다. 이 〈모심는소리〉는 영동지역에서 〈모심는소리〉로 많이 불린다. 원당에서 56번 국도를 타면 명개리를 지나 구룡령(해발 1,200미터)을 넘어 바로 양양 땅으로 들어선다. 지리적인 위치의 접근성이 같은 소리를 부르게 된 원인일 것이다.

생둔과 광원, 창촌 등지에서 〈논매는소리〉가 없었다고 이야기한 이용선 씨는 생둔에서 태어나 살다가 현재 창촌에 살고 있는 내면 토박이이다. 한국전쟁 뒤로 내면을 전부 다녔지만 광원에서 창촌에 이르기까지 〈논매는소리〉를 듣지 못했다고 한다.

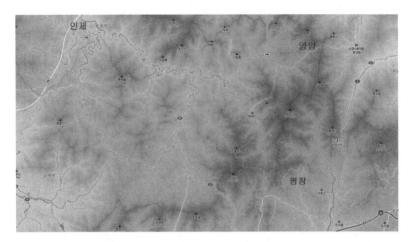

홍천군 내면

　이번에 내면 지역의 〈논매는소리〉를 조사하는 데 결정적 구실
을 한 곳이 방내리이다. 방내2리의 박주환 씨는 인제 미산에서
태어났으나 어릴 적 방내2리로 부모님을 따라 이주하였다. 미산
에 살면서는 소리를 하지 않았는데 이곳 방내2리에 와서 어릴 때
〈방아소리〉를 하면서 논을 맸다고 한다. 방내2리는 내린천 상류
가 돌아 나가는 지역에 비옥한 초승달 모양의 논을 가지고 있다.
그곳에서 예전에 논농사를 비교적 크게 지었다고 한다.

　이렇게 새롭게 제시된 내면 지역의 〈논매는소리〉는 여러 가지
의문점이 있다. 〈방아소리〉의 한계점이 어디일까? 방내리는 인제
와 인접하고 있는데 인제군 상남면의 〈논매는소리〉는 어떠할까?
방내리와 광원리는 인접하고 있는데 〈논매는소리〉와 논매는 방식
이 다르다고 하니 어떤 상관관계가 있을까? 자운과 창촌은 정말
〈논매는소리〉가 없었을까? 그렇다면 왜 그럴까? 이에 대한 의문
은 다음 장에서 자세히 다루고자 한다.

IV. 홍천 산간 지역과 주변 지역의 〈논매는소리〉

1. 해발고도에 따른 논매는 방식의 유무와 차이 변화

내면 지역은 대부분 산악 지형으로 해발고도가 평균 600미터 이상으로 고지대에 속한다.[10] 역사적으로 볼 때 내면은 강릉군에서 인제군을 거쳐 현재의 홍천군에 속하게 되었다.[11] 내면 지역의 특징은 면적이 가장 넓다는 점이다. 홍천군이 전국에서 가장 넓은 군이고, 내면은 전국에서 가장 넓은 면이다. 그렇지만 해발고도가 높고 산악 지형이 대부분이기 때문에 경작 면적은 매우 적은 편이며 그 가운데서도 논농사를 할 수 있는 논의 면적이 밭에 견주어 적다.

벼농사는 치수가 관건이다. 물을 어떻게 다루느냐에 따라 농사가 잘되고 못되기도 하고, 아예 농사 자체를 포기해야 할 수도 있다.[12] 우리나라와 같이 여름철에 강수량의 80퍼센트가 집중되는 경우에는 더욱 물 관리가 중요하다. 그리하여 예로부터 저수지와

10) 농경지는 전체 면적의 4.5퍼센트, 임야가 92.9퍼센트, 기타 2.6퍼센트(《홍천군지》, 1989, 188쪽) 홍천군 전체는 임야 84.6퍼센트, 전 5.8퍼센트, 답 3.3퍼센트, 하천 2.3퍼센트, 도로 1.0퍼센트, 대지 0.7퍼센트, 기타 2.3퍼센트이다. 내면은 홍천군 전체 평균보다 임야가 많고 경작지는 매우 적은 편이다.

11) 1906년 이전 강릉군에 속해 있다가 1895년에 내일면, 내산면으로 분할, 1906년 (광무 10년) 인제군에 이속, 1914년 다시 두 면을 병합하여 내면이라 하고 6개 리로 개편, 1945년 인제군의 대부분이 공산 치하로 들어가고 나머지는 모두 홍천현에 편입, 1951년 인제군 수복으로 홍천군 편입 지역이 다시 인제군에 복귀, 1973년 7월 1일 법정 6개 리, 행정 17개 리.

12) 내면의 경우 냉해를 입느냐 그렇지 않느냐에 따라서 한 해의 농사 성패가 좌우되었다고 한다. 잘되면 수확을 얻는 것이고 망치면 아예 수확을 포기했다고 한다.

보를 만드는 치수 사업에 많은 노동력이 투입되었다.[13]

농업수리農業水利는 용수원의 종류와 관개시설의 형태, 수리 관행, 수리 조직의 성격, 수리 공간의 배치, 용수의 과부족 등 여러 가지 지표를 사용하여 유형화할 수 있으며, 그 가운데 가장 중요시되는 것은 용수원의 종류로 보고 있다. 곧 용수원의 차이에 따라 관개시설의 형태와 구조, 관리 조직의 성격 등이 크게 달라지며, 관개 기능에서 본 농업지의 구조까지도 규정할 수 있다고 한다.[14]

논농사에서 일조량과 물 조절은 수확물에 영향을 미치는 가장 중요한 조건이다. 그런데 여기에서 일조량도 중요하지만 내면처럼 해발고도가 높은 경우는 물의 온도가 매우 중요하다. 곧 냉해를 입지 않게 관리하는 것이 관건이다. 산간 지역의 논은 다랭이 논이라 해서 계단식으로 논을 조성한다. 넓은 평야가 없으므로 산의 능사면을 이용하여 작은 논을 여러 층으로 나누어 조성하는 것이다. 이런 경우 산꼭대기의 용천수를 이용하여 관개하는데, 이 물의 온도가 매우 낮은 것이 문제이다. 이 경우 '물꼬져서 농사를 망친다'고 한다. '물꼬진다'는 것은 냉해를 입는 것인데 물이 가장 먼저 들어오는 맨 위 논에서 발생한다. 다시 말해서 맨 위의 논에 물이 들어오는 입구 부분의 벼는 대개 수확을 포기해야 한다는 것이다. 그 부분의 벼는 가을이 되어도 여물지 못해서 수그

---

13) 노중국, 〈한국고대의 수리시설과 농경에 대한 몇 가지 검토〉,《한국고대의 수전농업과 수리시설》, 한국고고환경연구소, 2010, 11쪽 참조.
14) 곽종철, 〈청동기시대~초기철기시대의 수리시설〉,《한국고대의 수전농업과 수리시설》, 한국고고환경연구소, 2010, 231쪽.

러들지 않고 뻣뻣하고 푸른색을 띤다.[15]

그러므로 물보다는 해발고도가 논농사에 미치는 영향이 매우 크다는 것을 알 수 있다. 그렇다면 내면 지역의 해발고도를 알아보자. 우선 내면에서 〈논매는소리〉가 나온 지역을 먼저 살피면 원당 해발 446미터, 생둔 해발 500미터, 방내 해발 600미터 등이다. 원당은 내면에서 논이 가장 많았던 지역이라 하고 생둔은 말 그대로 사람이 살 만한 둔덕이라는 뜻으로 산골짜기 사이에 비교적 넓은 들이 펼쳐져 있다. 방내2리의 박주환 제보자의 집 앞 논도 우뚝 솟은 산 사이에 움푹 파인 곳으로 내린천이 마을 주변을 흐르고 있다.

이에 견주어 창촌과 자운은 해발 700미터가 넘는다. 원당의 김연배 제보자에 따르면 창촌이나 자운은 원당보다 보름 정도 먼저 서리가 내렸다고 한다. 봄에도 마찬가지로 원당 쪽이 일찍 잎이 나고 꽃이 폈다.

이렇게 해발고도와 벼농사의 관계로써 〈논매는소리〉의 상관관계를 정리할 수 있다. 우선 해발고도가 가장 높은 자운과 창촌은 논이 있었지만 3~4평 정도 크기의 다락논을 계단식으로 형성하고 있어 〈논매는소리〉가 발달하지 못한 듯하다. 왜냐하면 논농사가 활성화되지 못하였고 논이 작아서 여러 사람이 한꺼번에 모를 심거나 논을 맬 수 있는 상황을 연출하기가 어려웠을 것이기 때문이다.

---

15) 홍천군 내면 창촌2리 이용선 씨 댁 이용선(남,75), 2012년 4월 13일 채록 - 살둔 출생으로 현재는 창촌에 거주한다. 살둔에는 아들이 이장을 맡고 있다. 일조량보다도 수온이 문제. 내면은 일조량은 적은 편이 아니나 한랭한 지역으로 수온이 매우 차서 벼농사의 경우 냉해를 입기 쉬웠다. 이 이야기는 원당의 김연배 제보자도 똑같이 하였다.

그 다음 원당이나, 살둔, 방내와 같이 비교적 해발고도가 낮은 지역에서는 벼농사를 좀 더 집약적으로 실시했을 것이다. 그러려면 낮은 해발고도와 함께 넓은 들이 형성되어 있어야 한다. 그래야지만 여러 사람이 모여서 집단노동이 가능하고 그에 따른 집단노동요가 발달할 수 있기 때문이다.

2. 홍천군 내면과 주변 지역의 〈논매는소리〉 교섭 양상

내면 지역 〈논매는소리〉와 주변 지역과 상관관계를 살펴보고자 한다. 홍천군 내면과 인접한 인제군 상남면으로 가는 길은 내린천을 따라 흘러내린 지방도 446번이다. 내면 원당에서 인제 미산을 지나 상남리에 들어선다. 그 길은 내린천이 아름답게 흘러내리면서 깊은 골짜기를 형성하여 논이 발달하기 어려운 지형이다. 그러므로 인제 미산은 현재 논이 거의 없으며 과거에도 논농사가 활발한 곳은 아니었다고 한다.[16] 그렇지만 상남면 면 소재지인 상남리에 들어서면 넓은 논이 펼쳐진다. 이곳은 해발 500미터가 채 안된다. 동시에 깊은 골짜기가 아니라 경사가 매우 완만한 구릉지이다. 미산 역시 해발고도는 거의 같지만 앞서 말했듯이 내린천이 흐르는 협곡에 가깝기 때문에 경작지가 펼쳐지지 못했다. 상남리에서는 〈모심는소리〉로는 〈아라리〉를, 〈논매는소리〉로는 〈상사소리〉를 불렀다고 한다.[17]

그렇다면 같은 홍천군에서 내면과 인접한 내촌면의 〈논매는소

---

16) 인제군 상남면 미산2리 마을회관, 송규혁 이장님, 2012년 3월 31일 채록.

17) 인제군 상남면 상남1리 경로당, 전광옥(남, 91), 2012년 3월 31일 채록 - 기린면 출생으로 70년 전인 21세에 이주하였다.

리〉를 살펴보자. 방내리에 사는 제보자들은 생활권을 어느 곳으로 두었냐는 질문에 홍천 내면이나 인제 쪽보다는 홍천 서석면과 자주 교류하였다고 한다. 서석을 지나서 서북쪽으로 도로를 따라가면 내촌면이 나온다. 지도상으로 보자면 내면 방내리와 인접하고 있는 내촌면의 마을은 와야리이다. 그리고 좀 더 서쪽으로 가면 내촌면 서곡리가 나온다. 이 두 지역은 모두 해발고도가 300미터로 내면에 견주면 매우 낮다. 또한 완만한 구릉지가 펼쳐져 있다. 그런데 와야리와 서곡리는 모두 〈논매는소리〉로 〈상사소리〉를 불렀다고 한다.[18] 이 와야리와 서곡리는 지방도 444번을 거쳐 인제군 상남면 상남리와 직접 통하고 있다.

방내리를 둘러싼 북쪽의 인제군 상남면 상남리와 서쪽의 내촌면 와야리 모두 〈상사소리〉를 불렀다고 하는데 방내리는 〈방아소리〉를 했다고 한다. 서석면으로 내려가면 홍천 지역의 곡창지대답게 대부분의 모든 〈논매는소리〉를 접할 수 있다. 그렇다면 교통이 막힌 서쪽보다는, 고개를 넘어가야 하는 인제보다는 생활권을 함께했던 서석면에서 〈방아소리〉가 유입된 것으로 짐작할 수 있을 것이다. 방내리에서 서석면을 들어서면 제일 먼저 만나는 수하리는 해발고도가 500미터이다.

내면 지역의 벼농사에서 관건이 되는 것은 수온이다. 수온이 중요한 것은 냉해로 말미암아 한 해 농사를 완전히 망칠 수 있기 때문이다. 이 냉해에 대한 염려는 논을 매는 방식에도 차이를 가져왔다. 원당을 제외한 나머지 모든 지역의 논매는 방식은 호미

---

18) 홍천군 내촌면 서곡리 안영환 씨 댁, 안영환(남,73), 2012년 4월 14일 채록-토박이. 모심을 때는 〈진아리〉(미나리?) 논맬 때는 〈상사소리〉를 했다고 하였다. 그러면서도 소리는 여러 가지가 많이 있었다고 한다.

를 써서−특히 아이맬 때−논바닥을 찍어 넘기는 방식이다. 그 이유에 대해 모든 사람들이 벼 뿌레기(벼 뿌리)를 끊어 주어야 벼가 잘 자라기 때문이라고 한다. 같은 이야기로 벼 뿌리가 닿을 정도로 호미를 깊게 넣어야 뿌리에 공기가 들어가고 그래야 뿌리가 잘 뻗어 나간다고 한다.

그런데 원당의 김연배 제보자는 반대로 위와 같은 이유 때문에 원당 지역에서는 호미를 쓰지 않았다고 한다. 호미를 쓰지 않는 이유 가운데 하나는 땅이 물러서 굳이 호미를 쓰지 않아도 흙이 부드러워서 손으로 김을 맬 수 있기 때문이다. 그렇지만 내면 지역의 땅은 부드럽지 않다. 그런데도 호미를 쓰지 않은 이유를 물으니 깊이 파서 공간이 생기면 냉해를 입을까 걱정되어 호미를 쓰지 않고 손으로만 맸다고 한다. 해발고도가 낮은 서석이나 남면 같은 지역에서는 벼 뿌리를 건드려 뿌리가 넓게 퍼져 나가면서 아장구(곁가지)를 치는 것을 선호한다고 한다. 그렇지만 이곳에서는 곁가지를 치지 못하게 해야 했기에 호미를 이용하여 깊게 매지 않았다고 한다.[19]

원당은 56번 도로와 연결되어 양양에서 넘어오면 만나는 두 번째 마을이다. 첫 번째는 명개리가 있는데 그곳은 논이 전혀 없고 해발고도도 좀 더 높다. 그러므로 이 원당 마을에서는 모심을 때나 논을 맬 때 〈아라리〉를 불렀다는 것이 이해가 된다. 이와 달리 다른 소리는 전혀 하지 않았다고 한다.

19) 남면이나 서석 같은 경우 7~8대궁이 자라도록 뿌리를 만져 주지만 이곳(원당)은 3~4대궁이 그대로 자라게 두어야 한다. 홍천군 내면 광원2리 김연배(남, 80), 2012년 4월 21일 채록− 횡성 공근 출생. 6세에 현 거주지로 이주. 그 뒤 40대에 28년 동안 외지 생활하다 7년 전 다시 돌아왔다.

이것은 인제군의 상남에서 모심을 때 〈아라리〉를 불렀다는 것과 맥락을 같이한다. 상남 지역은 동쪽에서는 〈모심는소리〉인 〈아라리〉를, 서쪽에서는 〈논매는소리〉인 〈상사소리〉를 받아들인 것으로 보인다. 또한 방내리의 〈방아소리〉는 서석면과 교류 때문에 가능하다고 생각한다.

V. 맺음말

이상의 논의를 요약하면 다음과 같다.

첫째, 홍천 지역의 인문지리적 특성으로 말미암아 민요의 존재 양상은 산간 지역과 들 지역으로 구분된다. 이와 같은 현상을 당연한 것으로 생각할 때 홍천과 인접한 다른 지역과 교섭 양상을 밝혀 홍천과 주변 지역의 민요 권역을 나눌 수 있다.

둘째, 그러기 위하여 〈논매는소리〉를 중심으로 홍천과 주변 지역의 교섭 양상을 살펴보았다. 〈논매는소리〉는 지역 구분의 지표가 되는 민요이기 때문이다. 또한 이번 연구 조사에서 기존에 조사되지 않았던 홍천군 내면 지역에서 〈논매는소리〉가 나왔기 때문에 홍천 산간 지역에서의 〈논매는소리〉의 양상도 살펴볼 수 있었다.

셋째, 홍천 산간 지역의 〈논매는소리〉는 〈방아소리〉, 〈아라리〉 등으로 나타났다. 주변 지역의 〈논매는소리〉 양상을 고려할 때 각 마을들은 가장 인접한 곳이나 생활권을 함께한 지역의 소리에 영향을 받았기 때문이다. 논농사에서 가장 중요한 농업용수의 온도가 해발고도와 밀접하게 관련 있다는 것으로 말미암아 홍천 산간 지역에 〈논매는소리〉가 있고 없음과 〈논매는소리〉의 분포 및 주변 지역과 소통 관계를 확인하였다. 다소 조사의 내용이 편협하거나 사례가 부족하다고 하더라도 〈논매는소리〉의 흔적과 해발 고도에 따른 논농사 양식의 변화와 관계하여 설명한 것 자체로도 의의가 있다 하겠다.

넷째, 그러므로 더 많은 자료집을 수집·분석해야 하며 기존 문헌에 나타나지 않은 마을들의 면밀한 조사가 필요하다. 이어서 홍천 지역을 벗어나 외곽 지역으로 조사 연구를 확장해야 할 것이다. 그렇다면 홍천 지역의 민요뿐만 아니라 강원도 전체의 민요 권역이 나올 수 있으며 이것으로 다른 여러 가지 문화지도도 가능할 것으로 기대한다.

참고문헌

1. 자료

강원도 편, 《강원의 민요》I 홍천군편, 2001.

문화방송, 《한국민요대전》 강원도편, 1996.

통계청, 《1999년도 통계년보》, 통계청, 1999.

〈한국구비문학대계〉 2차 사업 홍천군편 민요 자료, 2010. http://folk.aks.ac.kr/

한림대학교 국어국문학과, 《강원구비문학전집》 1 홍천군편, 한림대학교출판부, 1989.

2. 논문

강등학, 〈〈모심는소리〉와 〈논매는소리〉의 전국적 판도 및 농요의 권역에 대한 연구〉, 《한국민속학》 38, 2003.

곽종철, 〈청동기시대~초기철기시대의 수리시설〉, 《한국고대의 수전농업과 수리시설》, 한국고고환경연구소, 2010.

노중국, 〈한국고대의 수리시설과 농경에 대한 몇 가지 검토〉, 《한국고대의 수전농업과 수리시설》, 한국고고환경연구소, 2010.

유명희, 〈강원 지역 아라리의 분포 양상과 권역별 특징〉, 《한국민요학》 16, 한국민요학회, 2005.

유명희, 〈홍천 지역 민요의 연행 양상〉, 한국구비문학회 세미나 발표 요지, 2009.

3. 홍천 지역 〈곱새치기〉의 유희 지향

박 관 수(민족사관고등학교)

I. 머리말

〈곱새치기〉는 강원도, 경기도, 인천광역시 등에서 사설 위주로 채록되었고, 황해도나 평안도 등에서도 전승이 되었음을 확인할 수 있다.[1] 이처럼 〈곱새치기〉가 상당히 넓은 지역에서 전승되었고 사설이 채록되었음에도 불구하고, 그에 관한 논의가 축적되지는 않았다.

이처럼 논의가 축적되지 않은 이유의 하나로는 사설 자체의 특수성을 들 수 있다. 현장 채록이 사설 자체에만 집중되었음은 물론, 대다수의 사설이 지닌 의미가 불명확하다는 점에서 그렇다. 9자 불림에 "국궁다데기는 공구리판이라"라는 사설이 있는데, 이 사설이 지닌 정확한 의미를 알기 어렵다. 연구자는 물론 〈곱새치기〉를 즐기는 향유자들마저도 그 의미를 모른다. 향유자들이 아는 사설의 의미를 바탕으로 연구가 진행될 수도 있지만, 그마저

---

1) 이창식, 〈경합유희요의 현장론적 연구– 노름 민요의 구연양상을 중심으로〉, 《중앙민속학》 3, 중앙대 한국민속학연구소, 1991 참조.

도 가능하지 않은 것이다. 그러니까 근본적으로 사설만을 대상으로는 하는 연구는 불가능하다. 사정이 이렇기 때문에 〈곱새치기〉를 연구하기 위해서는 문학적인 관점보다는 사회문화적인 관점에서 접근할 필요가 있다.[2]

본고는, 일차적으로 향유자들이 생각하는 사설의 '향유 의미'에 대해 관심을 기울인다. 그 향유 의미가 연구자들이 생각하는 의미와 다르거나 같건 간에 그 의미는 나름대로 연구의 일차적인 토대가 되어야 한다고 생각한다. 〈곱새치기〉는 연구자들이 향유하는 대상이 아니라 가창자들이 향유하는 대상이기도 하지만, 현장 채록을 할 때 동일 사설에 대해 연구자들이 생각하는 의미와, 향유자들이 생각하는 향유 의미가 다른 경우가 많기 때문이다.

그 다음에는 〈곱새치기〉가 놓여 있는 사회문화적 환경에 관심을 기울이고자 한다. 그 이유는 무엇보다도 〈곱새치기〉가 여타의 민요가 놓여 있는 사회문화적 환경과는 유별나기 때문이다. 〈곱새치기〉가 전승되는 인적 환경과 지리적 환경은 여타의 민요와는 다르다. 즉, 〈곱새치기〉는 광산 지역에서 일하는 광산 노동자들을 중심으로 향유되고, 그 지역에 사는 일부 남자만이 향유한다. 이러한 외부적 환경에 대한 고려는 〈곱새치기〉에 대한 이해를 좀 더 정밀하게 할 수 있다.

물론, 이창식의 경우처럼 연구 지역의 범위를 강원도는 물론 경기도, 인천시 등으로 확장할 수 있고, 그 대상을 유사 놀이인 〈싸

---

2) 전봉관, 〈1930년대 금광 풍경과 '황금광시대'의 문학〉, 《한국현대문학연구》 제7집, 한국현대문학회, 1999. 전봉관은, 금광과 관련된 내용이 담긴, 일제강점기 때의 소설을 그 당시 금광을 개발하는 사회문화적 상황과 연관하여 분석하고 있다.

시랭이)로까지 확대할 수도 있다. 이처럼 경합유희요 전반을 대상으로 이들이 향유자들끼리의 동류의식과 더불어 친근감을 유발하는 기능을 지녔다[3]는 유의미한 결론을 도출할 수 있다. 그러나 이 논의에서는 그러한 놀이들이 처한 사회문화적 환경이 다르다는 점은 고려하지 않았다. 〈곱새치기〉의 경우 전승되는 구체적 환경이 다르다. 예를 들어, 강화도[4]나 교동[5] 지역에서는 〈곱새치기〉를 향유하는 향유자들의 폭이 넓다. 대부분의 마을 사람들이 〈곱새치기〉 놀이를 즐길 줄 안다. 그리고 향유자들 대부분은 농사를 짓는 사람들이다. 이에 비해, 강원도 홍천군 지역에서는 향유자들의 폭이 좁다. 이들은 광산에 근무를 했던 사람들[6]이거나 광산 인근 지역에 살면서 광산 노동자들로부터 배운 사람들[7]뿐이었다. 그러므로 양자들이 처한 사회문화적 환경에는 큰 차이가 있다.

---

3) 이창식, 앞의 책, 245쪽.

4) 함재식, 인천광역시 강화군 하정면 창후리, 2009년 1월 5일 채록.

5) 방형길, 인천광역시 강화군 교동면 동산리, 2009년 1월 25일 채록.

6) 이병호(남), 홍천군 내촌면 도관3리 큰골, 80세, 2011년 12월 22일 채록. 이병인(남), 홍천군 내촌면 도관3리 큰골, 70세, 2011년 12월 23일 채록. 황정봉(남), 홍천군 서석면 어룬1리, 91세, 2011년 11월 11일 채록. 황정봉은 20살 무렵에 도관3리에 살며 광산에 다니면서 〈곱새치기〉를 배웠다고 한다. 이병호, 이병인, 이병국은 같은 마을에 사는 친척들이다.

7) 이병국(남), 홍천군 내촌면 도관3리 큰골, 84세, 2007년 12월 4일. 허용봉(남), 홍천군 화촌면 성산리, 89세, 2012년 1월 28일 채록. 이병국은 타지에 나가서 산 50여 세 때까지 〈곱새치기〉를 할 줄 몰랐으나, 고향에 돌아와 살면서 이병호 등으로부터 배웠다고 했다. 허용봉은 광산에는 다니지 않았지만, 성산리 윗마을인 야시대리에 광산 노동자들이 많이 살아 그들로부터 〈곱새치기〉를 배웠다고 한다.

그리고 〈곱새치기〉나 〈싸시랭이〉가 그 놀이 방식이 유사하고 사설의 일부가 같더라도, 이들이 처한 사회문화적 환경도 여러 면에서 차이가 있다. 이들은 강원도 산간 지역에서 전승이 되지만, 〈곱새치기〉는 광산에 근무하는 사람들 이외에는 놀이를 할 줄 모른다. 이는, 〈곱새치기〉가 자생적으로 발생하지 않고 광산이 생긴 일제강점기부터나 해당 지역에 유입되어 전승한 민요임을 보여 준다. 반면에, 〈싸시랭이〉[8]는 삼척시 가곡면, 태백시 동점동, 봉화군 석포리 일대 전 지역에서 전승하면서, 광산 노동자는 물론 농부들도 놀이를 향유한다. 이는, 〈싸시랭이〉가 자생적으로 발생하여 언제부터 전승되었는지도 알 수 없는 민요임을 보여 준다. 그러므로 이들의 전승 환경은 크게 다르다고 할 수 있다.

민요의 경우, 전승 환경과 밀접한 연관이 없는 경우도 있고, 그렇지 않은 경우도 있다. 〈다리뽑기하는소리〉의 경우가 전자에 해당하고, 〈어러리〉의 경우는 후자에 해당한다. 전자의 경우는 전승 환경이 달라도 그 사설에 특별한 변화가 없지만, 후자의 경우는 다르다. 본고는, 〈곱새치기〉를 후자의 관점에서 연구를 할 경우 유의미한 결론을 도출할 수 있다는 관점에 서 있다. 다시 말하면, 유사한 놀이들이더라도 그 놀이들이 처한 사회문화적 환경이 다를 경우 그 사설들에 차이가 있고, 나아가 각 놀이들이 지향하는 바도 구별되어 논의될 수 있다는 데에 논의의 초점을 둔다.

본고는 이러한 논의 방향에 맞추어 연구의 지역적 범위를 홍천

---

8) 필자는 삼척시 기곡리와 신리와 풍곡리, 태백시 통리와 백산과 동점, 봉화군 석포리와 승부리 등 면산과 백병산을 중심으로 한 전 지역에서 5년여 동안 〈싸시랭이〉를 채록했다.

군 지역으로 한정하고자 한다. 위에서 향유자들이 생각하는, 사설의 향유 의미 파악이 일차 연구 목표라고 했는데, 그러기 위해서는 일정 지역에 있는 여러 가창자들이 생각하는 향유 의미를 파악해야 한다. 바로 옆집에 살면서 함께 놀이를 즐겼음에도 불구하고, 향유자들끼리의 향유 의미가 다르기 때문에 연구 지역이 넓으면, 물리적으로 한계가 따르게 된다. 그리고 동일 지역에 살면서도 향유하느냐 향유하지 않느냐가 선명히 구별되기 때문에 그러한 현상을 설명하기 위해서도 폭넓은 지역보다는 일정 지역에 대한 집중적 조사가 필요하다.

본고에서는 민요 이해에 '지향'이라는 단어를 도입하고자 한다. 민요는 시공간적으로 다양한 상황 속에서 존재하고, 향유자의 구성도 다양하다. 그렇기 때문에 특정 민요의 정체성을 확정적으로 구명하기 쉽지 않을뿐더러, 근본적으로 가능하지도 않다. 지향이라는 단어는 방향성을 의미한다. 시공간적, 인적 구성의 다양성 속에서도 특정 장르가 지향하고자 하는 바는 존재하기 마련이다. 즉, 일부의 이탈 속에서도 큰 흐름은 존재한다. '지향'의 의미는 그러한 큰 흐름을 파악하는 것과 밀접하게 연관된다.

이상에서와 같은 연구 방향 때문에 본고는 연구 범위를 강원도 홍천군 지역에서 전승되는 〈곱새치기〉에만 한정한다. 그리고 가창자들이 직접 말하는 〈곱새치기〉 사설의 향유 의미 및 사회 문화적 환경을 논의의 바탕으로 삼고자 한다.

II. 밀폐적 소통 지향

〈곱새치기〉는 화투[9] 놀이다. 1부터 4자까지는 3장씩, 5부터 10자까지는 2장씩 총 24장으로 4명이 승패를 겨루는 놀이를 한다. 자신이 들고 있는 화투를 내면서 그에 해당하는 '숫자 불림'과 '상황 불림'을 하고, 상대가 낸 패를 잡으면서도 상황 불림과 숫자 불림을 한다. 한 판은 1분 내외에 이루어진다.

〈곱새치기〉는 강원도 전 지역에서 채록된다.[10] 그렇다고 해서 〈어러리〉처럼 강원도 마을마을마다에서 채록되지는 않는다. 앞에 말한 바와 같이, 광산에 근무했던 사람들이나 광산이 있는 지역에 살면서 그들로부터 배운 사람들에게서만 채록됐다. 광산에 근무했더라도 〈곱새치기〉 놀이에 참여하지 않은 사람들은 〈곱새치기〉를 할 줄 모르고, 광산에서 조금 멀리 떨어진 지역에서 사는 사람들도 〈곱새치기〉를 전혀 할 줄을 모른다고 한다. 이러한 증언은 광산 지역에 사는 사람들뿐만 아니라, 여타 지역에 사는 사람들로부터도 확인된다.[11] 〈곱새치기〉는 광산에 근무하는 남자들만의 놀이였고, 놀이는 주로 광산의 막사에서 이루어졌고, 가끔 상갓집에서도 이루어졌다.

광산 노동자들은 지역 주민들만으로 구성되는 것은 아니다. 그들은 전국 각지에서 모여든다. 이들 대부분은 자신이 경작할 농

---

9) 화투가 나오기 전에는 투전목을 사용했다.

10) 강원도 편, 《강원의 민요》 I · II, 2001 참조.

11) 강환철(남), 홍천군 내촌면 물걸2리 장수원, 74세, 2011년 12월 30일 채록. 물걸리는 광산이 있었던 문현리와 수하리 사이에 위치해 있다. 양 지역과 인접해 있음에도 불구하고, 이곳에는 광산이 없어 〈곱새치기〉를 전혀 하지 않았다고 했다.

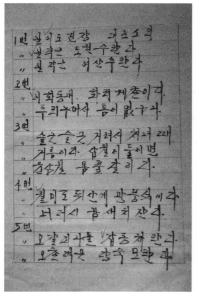

이병호 제보자가 필사한 〈곱새치기〉 사설

지가 없는 사람들이었다. 농업 생산이 주를 이루고 있던 1950년
경은 경작할 농지가 있으면서도 의도적으로 타지에 나가 다른 생
업에 종사하기가 쉬운 사회는 아니었다. 더구나 갱도가 무너져
언제 죽을지도 모르는 광산에 자발적으로 근무하는 것은 쉬운 선
택이 아니다. 일제강점기 때 광산 노동자의 10퍼센트 정도가 노
동 재해를 당하는 상황[12]에서, 광산에서 근무하는 삶은 막장 인생
에 다름이 아니다. 그럼에도 불구하고, 그들의 생활은 절제적이
지는 못했다. 품값 정도의 일당을 매일 받기 때문에 돈이 많아,
그들은 주막집이나, 여자들이 근무하는 '옥'에 모여 음주가무를

12) 강동진, 〈일제지배하의 한국노동자의 생활상〉, 《역사학보》 제43집, 역사학
회, 1970, 348~351쪽.

즐겼다.[13] 광산촌에 있는 술집은 이들 때문에 번성했고, 지역민들과는 구별되는 이들만의 문화가 형성될 수밖에 없었다. 〈곱새치기〉도 이들만이 즐긴 놀이 중의 하나였다.

〈곱새치기〉는 광산 노동자들만의 놀이였다. 광산 노동자는 전국에서 모여든 사람들이었기 때문에 놀이의 구성원도 지역 주민이 아니라 각지에서 온 사람들이다. 지역 주민도 일부 광산 노동자가 되어 놀이에 참여하기도 하였지만, 〈곱새치기〉는 지역에서 자생하는 것이 아니라, 일제강점기부터 해당 지역에 유입되어 전승하는 민요다. 이는 제보자들의 할아버지 세대들이 〈곱새치기〉를 몰랐다는 사실을 통해 단정할 수 있다. 〈곱새치기〉 놀이의 대부분이 광산의 막사에서 여가 시간을 소모하기 위해 놀이로 연행되었고, 상갓집에서 〈곱새치기〉를 할 줄 아는 사람끼리 밤을 새기 위해 노름이 아닌 '담배내기' 정도로 이루어졌다는 점도 시공간적으로 지역민들과는 다른 여건 속에서 놀이가 연행되었음을 보여 준다. 그렇기 때문에 지역민이더라도 광산 노동자로 평생을 산 사람의 경우는 농사와 관련된 일정 민요를 잘 부를 줄 모르는 경우도 있다. 그들은 〈곱새치기〉 사설의 대부분을 기억하지만, 대부분의 지역민들이 기억하는 〈풀써는소리〉의 사설을 거의 기억하지 못하는 것[14]도 이 때문이다.

이처럼 〈곱새치기〉가 지역 문화와 차단된 상황에서 연희된다는 특성은 사설을 통해서도 분석할 수 있다. 다음은 1자 불림의 사설들로, 가창자들이 그 사설에 대해 어떠한 향유 의미를 지니고 있는지를 조사해 채록한 것이다.

---

13) 제보자들 모두 이와 같은 제보를 했다.
14) 이병호나 이병인의 경우가 이에 해당한다.

1.1 일노도 전장 대포소리다
→ 이병국. 일본과 러시아의 전쟁을 말한다.
→ 이병호. 무슨 의미인지 모른다.
→ 이병인. 무슨 의미인지 모른다.
→ 허용봉. 일본과 한국이 벌인 전쟁을 말한다.

1.2 일천이 간장
→ 이병국. 무슨 의미인지 모른다.
→ 황정봉. 내 간장이 다 녹는다는 의미다.
→ 이병호. 무슨 의미인지 모른다.

1.3 송아지가 꼴만 달라는군
→ 이병국. 화투의 1자에는 소나무가 그려져 있어 이처럼 소리를 한다.
→ 이병호. 무슨 의미인지 모른다.
→ 이병인. 무슨 의미인지 모른다.

1.4 백낙천 권학문이로군
→ 이병국. 이 불림이 왜 1자와 연관이 있는지 모른다.
→ 황정봉. 이 불림이 왜 1자와 연관이 있는지 모른다.
→ 이병인. 이 불림이 왜 1자와 연관이 있는지 모른다.

1.5 일각은 여산추란다
→ 이병호. 무슨 의미인지 모른다.
→ 이병인. 무슨 의미인지 모른다. "일각은 처삼춘이라"라고 불림을
했으나, 무슨 의미인지 모른다.

→ 허용봉. "일각은 여감추다"라고 불림을 했다.

1.6 일월이 송송 해송송
→ 황정봉. 무슨 의미인지 모른다.
→ 이병호. 무슨 의미인지 모른다.
→ 이병인. 무슨 의미인지 모른다.
→ 허용봉. 무슨 의미인지 모른다.

1.7 일자무식 판무식이로구나

이상에서와 같이, 〈곱새치기〉 향유자들은 7개의 1자 불림 사설 중에서 그 향유 의미를 아는 불림은 "일자무식 판무식이로구나" 밖에 없다. 사설은 기호와 의미의 결합체다. 그러한 결합체는 여러 사람들로부터 공인을 받기 때문에 쉽사리 그 결합이 무너지지 않고 전승이 된다. 그런데 표면적 기호를 지지해 주는 것이 향유 의미인데, 그 향유 의미가 명확하지 않기 때문에 원래는 하나의 기호로 표기되었을 불림이 "일각은 여산추란다", "일각은 처삼춘이라", "일각은 여감추다" 등으로 달리 표기가 되는 사실을 알 수 있다. 이처럼 〈곱새치기〉 사설의 표현이 일정하지 않고 그 향유 의미를 명확하게 알지 못하는 상태에서도, 향유자들은 〈곱새치기〉를 즐긴다. 〈곱새치기〉에서는 사설의 표기가 정확하지 않거나 향유 의미를 모르더라도, 놀이에 큰 장애가 되지 않는다. 이보다는 어느 향유자가 불림들을 더 많이 알고 있는지, 누구의 불림 소리의 청이 좋은지, 최종적으로는 누가 이기게 되는지가 더 큰 관심거리다.

민요의 향유자들은 자신들이 소리로 즐기는 사설의 향유 의미를 모를 수 없다. 민요는 그들의 삶을 드러내는 장르이기 때문에 그들은 사설의 향유 의미를 알 수밖에 없다. 가창자들은 그 사설 및 향유 의미를 통해 직간접적인 체험을 공유하기 마련이다. 그런데 〈곱새치기〉에서는 여타의 민요와 달리 사설을 통한 체험의 공유가 전혀 이루어지지 않는다. 사설 자체의 향유 의미를 알지 못하기 때문에 사설을 매개로 향유자들끼리 체험을 공유할 수 없다.

2.1 오시락 바시락 담 넘어간다 나경동정 나경이 동정 오마던 님이 오셨네

2.2 나격이 동정이요 나격이 동정 오대산 신령님이로다

2.3 오촌댁이면 당숙모라지 꺾으니 오현발이로군 오신 님 가실 줄을 모르네

2.4 오갈피나물 잡동채란다

2.5 오현발 꺾지대로다

2.6 옥호산 신령님이다

향유자들은 1자 불림보다는 위와 같은 5자 불림의 향유 의미를 더 많이 안다. 〈곱새치기〉를 향유하는 사람이 아니더라도 그 의미를 어느 정도는 알 수 있다. 그렇지만 위의 사설은 향유자들이 살고 있는 특정 지역에서의 현실적 체험과는 직접적인 연관이 없다. 2.4의 "오갈피나물 잡동채란다"라는 사설이 지역적인 모습을 담고 있다고 하더라도, 앞에서 말한 1자 불림과 연계지어 〈곱새치기〉 사설의 전체적인 국면을 파악할 때 사설의 지향이 지역민

들의 현실적 체험을 담아내는 것이라고는 말할 수 없다.

〈곱새치기〉향유자는 전국 각지에서 온 사람들이다. 그들이 놀이로 즐기는 〈곱새치기〉사설에 특정 지역의 지역적 현실이 담기는 것보다는 지역적 현실과 무관한 내용이 담긴 사설을 불림으로 활용해야 그들끼리의 공유의 폭이 넓어진다. 그리고 홍천군의 지역적 현실이 담긴 사설을 개발할 시간적 여유도 없었고, 그럴 필요도 없었던 것이다. 광산이 개발된 일제강점기 때부터 유입된, 홍천군 지역의 〈곱새치기〉불림은 지역에서 자생적으로 형성된 것이 아니라 외지에서 형성된 사설을 단순 차용하고 있을 뿐이다.

사설의 내용이 지역적 현실과 무관함은 놀이 장소가 주로 광산 입구의 막사에서 이루어지는 것과 연관지어 해석할 수 있다. 막사는 지역민들이 기거하고 활동하는 장소와 차단되어 있다. 그리고 향유자들이 부르는 불림의 선율도 지역민들이 부르는 소리의 선율과 차별된다. 이처럼 폐쇄된 장소에서 지역민들이 들어도 알 수 없는 사설이나 선율로 이루어지는 〈곱새치기〉는 향유자들을 지역민들과 차단된 상태로 만들고, 이를 바탕으로 향유자들을 그 놀이에만 몰두하게 한다. 이렇기 때문에 〈곱새치기〉를 하는 순간에는 과거에 중시하던 풍속인 연장자에 대한 예우마저도 잊게 한다. 〈곱새치기〉를 하는 동안에는 욕설이 담긴 불림이 안 나올 수가 없는데, 연장자와 함께 〈곱새치기〉를 즐길 경우에는 욕설·불림이 그리 큰 실례는 아니라고 하는 증언[15]을 통해서도 이를 확인할 수 있다. 이러한 실례는 지역의 실제 삶에서 금기시되지만, 〈곱새치기〉현장에서는 그리 큰 문제가 아닌 것이다.

15) 각주 4)와 같음.

이처럼 광산 노동자들은 〈곱새치기〉라는 게임을 통해 그들만이 창출한 질서를 즐긴다. 그들은 이러한 질서에 몰두함으로써 광산 근무를 통해 심리적으로 압박을 받는 상황을 순간적으로나마 잊는다. 앞에 제시된 통계를 통해 알 수 있듯이, 광산 노동자들은 광산에 들어가면 언제 발생할지 모르는 사고를 걱정한다. 도망갈 수도 없는 밀폐된 갱도에 들어가기 직전에는 사고에 대한 정신적 압박이 더 클 수밖에 없는데, 〈곱새치기〉에 몰두를 하면 그러한 공포로부터 잠시 벗어나게 된다. 광산 근무자들끼리만 벌이는 이러한 놀이의 효과는 갱도 입구에 있는 막사에서 벌어지기 때문에 그 효과가 배가된다.

III. 단순 유희 지향

〈곱새치기〉의 사설 구성은 향유자들이 지닌 체험적 현실이나 인간사를 드러내고자 하는 지향이 담겨 있지 않다고 했다. 나아가 향유자들은 그 사설들이 지닌 향유 의미를 거의 모른다고 했다. 이러한 사실은 그 사설들이 놀이에서 부수적인 역할만 한다는 것을 말한다. 즉, 가창자들은 사설을 통해 일정한 의미를 공유하면서 놀이를 즐기지 않는다. 즉, 사설의 내용은 놀이와 직접적 연관이 없다.

〈곱새치기〉가 단순 유희를 지향하고 있음은 놀이의 모습을 통해 확인할 수도 있지만, 사설 구성을 통해서도 확인할 수 있다.

3.1 오동통통 살찐 보지 좆내맞고 나래친다

3.2 오라버니 사정에 속곳 벗고 담넘어가다 시내낭구 가시에 꼭 찔려 색금초란다

3.3 앞남산에 딱따구리는 생나무구녕도 파는데

우리집 저멍텅구리는 뚫버진구멍도 못파네[16]

3.4 아자씨 망한건 꼴두바우 아저씨

맛보라고 한번줬더니 볼때마둥 달라네[17]

　3.1과 3.2는 〈곱새치기〉의 5자 숫자 불림이다. 그리고 3.3과 3.4는 〈어러리〉 사설이다. 〈곱새치기〉 사설이나 〈어러리〉 사설을 모두 음란성 사설이라고 평가할 만하다. 그러나 양자는 각 사설이 담고 있는 현실성의 여부에 따라 평가를 달리할 수 있다. 3.3과 3.4는 현실 사회에서 얼마든지 일어날 수 있는 상황을 드러냈다. 즉, 음란성 자체만을 드러내기 위해서라기보다는 그 이면에 담긴 개인적 아픔이나 사회적 상황과 연관되어 있는 성적 문제를 드러내고 있다고 할 수 있다. 그렇지만 3.1과 3.2에서는 그러한 모습을 찾아볼 수 없다. 단순히 음란성 자체만을 드러낼 뿐이다.

　이러한 해석은 〈곱새치기〉와 〈어러리〉가 불리는 전승 상황과 연계할 때 더 분명해진다. 3.3이나 3.4는 〈어러리〉 전승 현장에서 항상 들을 수 있는 소리가 아니다. 간혹 들을 수 있다. 이 소리가 시도 때도 없이 아무 장소에서나 반복될 때와 그렇지 않을 때 그 사설이 지닌 의미는 차이가 날 수 있다. 〈어러리〉의 각 편 하나하

---

16) 박관수, 《어러리의 이해》, 민속원, 2004, 250쪽.

17) 위의 책, 290쪽.

나에는 나름대로의 주제가 담겨 있다. 그리고 그 주제는 현실적인 문제와 연관이 된다. 수많은 각 편이 불리면, 수많은 현실적인 문제가 노래로 제시된다고 볼 수 있다. 그렇기 때문에 수많은 각 편이 불리는 상황에서 어쩌다 한 번씩 3.3이나 3.4가 불린다면, 그 내용은 수많은 삶의 모습 중에서 하나로 제시되는 결과를 낳는다. 즉, 성적인 문제이더라도, 이는 단순 성적인 유희가 아니라, 수많은 인간사 중의 한 모습으로 자리를 잡는다. 이에 비해, 3.1이나 3.2의 경우는 다르다. 이 사설은 〈곱새치기〉 현장에서 자주 반복된다. 1부터 10자까지 제한된 숫자 불림을 반복하는 상황에서 그 불림들은 반복되지 않을 수 없다. 이럴 때 그러한 불림을 생활의 다양한 모습 중에서 그 일부인 성적인 모습을 드러내는 것이라고 판단하기에는 곤란하다. 이는 단순 성적 유희에 그치게 된다. 그래서 대부분의 〈곱새치기〉 제보자들이 〈곱새치기〉는 아주머니들 앞에서는 부를 수 없는 '잡소리'라고 한다. 이는 〈어러리〉 남녀 가창자들이 3.3이나 3.4를 부르고, 이를 잡소리라고 하지 않는 상황과 견주어 볼 수 있다. 다시 말하면, 3.3나 3.4에는 현실적인 목소리가 담겨 있지만, 3.1이나 3.2에는 그러한 모습을 찾을 수 없고 오로지 음란성 자체만을 발견할 수 있을 뿐이다. 즉, 3.1이나 3.2 사설들은 여자들을 배제한 채 남자들끼리 모여 음란성을 즐기려는 단순 유희를 지향하고 있을 뿐이다.

〈곱새치기〉가 단순 유희를 지향하고 있음은 사설의 내용적 측면 이외에 형식적 측면에서도 드러난다. 2.3은 "오촌댁이면 당숙모다", "꺾으니 오연발이로다", "오신 님은 가실 줄을 모르네" 등의 세 개의 독립된 불림들로 구성되었다. 이들은 각각 한 개의 불림으로 독립적으로 불릴 수 있는데, 가창자는 세 개의 독립된 사설들을 합하여 하나의 5자 불림을 완성하였다. 그런데 이 세 개의 불림이 하나의 불림으로 통합이 되기는 하였지만, 각각의 사설들이 지닌 의미들이 하나로 통합된 것은 아니다. 가창자가 단지 화투를 치면서 특정 상황에 따라 불림을 길게 하기 위한 수단이거나 가창자가 자신이 많은 사설을 구비하고 있다는 능력을 보여주는 정도로 개별 사설을 통합하여 활용하였다.

이처럼 여러 개의 독립된 불림이 하나의 불림으로 결합되기도 하지만, 다음과 같은 불림들은 서로 연관이 없는 내용을 지닌 여러 개의 사설들이 결합되어 하나의 불림이 되기도 한다.

4.1 팔폭바지 내리바지 치바지 홑태바지 언덕바지
4.2 진봉 짜른봉 개미허리 짤룩봉 강건네 무수봉 금전꾼이면 망치봉 촌사람 괴봉이란다
4.3 이리칠 저리칠 개대가리 똥칠 하이칼라 찌꼬칠 어른보지 피칠 애보지 밥칠

위의 불림들은 언어유희를 활용한 사설 구성이다. 하지만, 이들의 사설 구성은 언어 유희만을 활용했지, 내용적으로는 어떤 통일된 맥락을 지닌 채 사설이 구성되지 못했다. 4.1의 사설은 의복의 종류를 열거하다가 갑자기 의복과 연관이 없는 '언덕바지'라는 사설이 결합된다. 4.2나 4.3에서도 각각의 언어유희 사설들을 결합하는 어떤 통일성이 존재하지 않는다. 일상생활에서 이와 같은 방식으로 무질서하게 언어 구사를 하면, 정상적인 의사소통을 할 수 없다. 이러한 사설 구성은 단순한 유희를 지향하기 때문에 가능한 것이다.

일반적으로 민요의 사설은 표현 대상이 존재한다. 그 표현 대

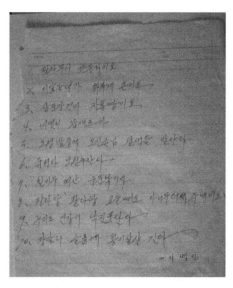

이병인 제보자가 필사한 〈곱새치기〉 사설

상은 대체로 현실적인 삶과 관련된다. 그러나 〈곱새치기〉의 숫자 불림 사설들의 표현 대상은 3.1이나 3.2처럼 구체적이지 못하고 관념적이다. 그뿐만 아니라, 4처럼 대상이 명확하게 설정되어 있지도 않다. 이러한 현상은 불림이 숫자만을 드러내기 때문이라고만 말할 수 없다. 숫자만을 드러내는 언어유희이더라도, 그 구체적 사설은 얼마든지 현실적 삶과 연결 지을 수 있기 때문이다.

〈곱새치기〉의 사설은 〈곱새치기〉에서만 유통되는 언어 구사를 한다. 그렇지만 그 언어 구사는 일상적이지 못하다.[18] 일상적이지 못한 언어 구사는 일상생활로부터의 차단을 의미한다. 이처럼 숫자 불림의 사설들은 이 놀이가 일상생활과는 무관한 상황 속에서

18) 강등학, 《정선 아라리의 연구》, 집문당, 1993, 188쪽. 강등학은 〈엮음 어러리〉의 사설 구성의 특성을 논의했다.

이루어짐을 보여 준다.

이처럼 숫자 불림의 사설들이 지역적, 현실적 삶과 무관하듯이, 상황 불림들의 사설들도 마찬가지다.

5.1 개소리 말어라 범의 소리 나간다
5.2 선대 불림이 곡성 났네
5.3 새댁은 뜸이나 보시오
5.4 무슨 복력에 둘씩 왔나

위의 상황 불림들은 숫자 불림 앞뒤에서 부르는 사설들이다. 이들은 〈곱새치기〉가 진행되는 상황을 설명하는 사설들인데, 5.1과 5.2는 상대방이 낸 패를 잡으며 상대보다 '내가 더 잘한다'는 내용을 담은 사설이고, 5.3과 5.4는 자신의 패가 너무 잘 들어와 기분이 좋다는 의미의 사설이다. 이러한 상황 불림들도 숫자 불림들과 마찬가지도 사람들이 살아가는 현실적 모습을 전혀 담고 있지 않다. 단지 승패를 가르면서 자신이 우월하고 상대는 그렇지 못하다는 내용만을 담고 있다. 이처럼 상황 불림의 사설들은 놀이적 상황을 고취시키는 내용만을 담고 있다. 이처럼 〈곱새치기〉의 숫자 불림이나 상황 불림의 사설들은 그 표현 대상이 일반적인 민요와는 구별된다. 즉, 지역적 현실을 표현 대상으로 삼고 있지 않다. 단지 유희성만을 담고 있다고 할 수 있다.

〈곱새치기〉의 사설이 단순 유희만을 지향하고 있듯이, 〈곱새치기〉 놀이 방식도 놀이 자체만을 지향하고 있다. 〈곱새치기〉는 담배내기 정도를 승부로 건다고 했다. 이는 〈곱새치기〉가 노름이 아니라 단순 놀이임을 드러낸다. 〈곱새치기〉가 돈을 잃고 따는 노름이라면, 현실적 삶과 분리될 수 없다. 돈은 현실적 삶과 밀접하게 관련이 있기 때문에 놀이에서 돈이 오가면 현실적 삶에 영향을 미치지 않을 수 없다. 그렇지만 〈곱새치기〉는 노름이 아니기 때문에 현실적 삶과 구별이 되는, 자체적인 즐거움에 몰두할 수 있다. 노름에서 돈을 잃으면 현실적 고통이 수반되지만, 담배 내기에서 담배를 잃는다고 해서 현실적 고통으로 연결된다고 할 수는 없다. 그리고 일정한 규칙대로 게임을 진행하면서 1분 내외의 시간 단위로 이기고 지는 상황이 반복되는 것도 〈곱새치기〉 참여자들에게 즐거움을 제공하고 스트레스를 해소하게 하는 데 긍정적인 역할을 한다는 방향으로 해석할 수 있다. 이러한 해석을 가능하게 하는 것은 위에서 말한 바와 같이 〈곱새치기〉는 돈을 잃고 따는 노름이 아니라, 심심풀이로 진행되는 단순 유희이기 때문이다. 담배를 잃어도 놀이에 참여하는 사람에게는 부담이 되지 않는다. 즉, 게임에서 지더라도 불쾌감이나 걱정에 빠지게 하지 않는다. 반면에, 승리를 한 사람인 경우에는 자신의 놀이 능력을 과시하며 승리의 기분에 젖을 수 있다. 그러니까 게임이 진행되면서 승리와 패배가 연속되기 마련이지만, 〈곱새치기〉 놀이 현장은 패배감보다는 승리감이 더 우월하게 존재하기 마련이다. 이러한 승리감의 지속은 그 참여자들의 심리 상태를 편하게 만든다. 다시 말하면, 〈곱새치기〉는 단순 유희를 지향하기 때문에 그 참여자들로 하여금 광산 근무에서 오는 긴장감을 일시적으로나마 해소하게 한다.

IV. 결론

〈곱새치기〉놀이는 주로 광산 막사에서 이루어진다. 그리고 그 구성원도 지역민들이 아니고 팔도에서 모인 사람이다. 이러한 놀이의 특성은 그 지향성을 결정한다.

〈곱새치기〉는 단순 유희를 지향한다. 이 유희는 현실적인 문제의식이 배제된 채 진행된다. 그러기 위해서는 놀이도 일상적인 생활공간으로부터 차단된 곳에서 이루어지고, 사설도 일상의 문제의식을 배제하고 단순히 유희만을 지향하는 방식으로 구성된다. 이와 같은 놀이의 특성은 그 참여자들로 하여금 일시적으로나마 광산 근무에서 오는 심리적 긴장을 해소하게 한다.

〈곱새치기〉와 거의 유사한 형태의 놀이가 〈싸시랭이〉[19]다. 이 놀이는 태백시와 삼척시와 봉화군이 만나는 인근 지역에서 전승한다. 즉, 두 놀이는 강원도의 산간 지역에서 전승된다. 그렇지만 그 성격이 사뭇 다르다. 양자를 비교하면, 유사 놀이이더라도 지역문화와 어떤 연관을 맺느냐에 따라, 그 지향이 달라짐을 파악할 수 있다. 그리고 지역적 환경이 전혀 다른, 평야 지대인 경기도나 인천광역시에서 전승되는 〈곱새치기〉와 비교하는 작업을 통해서도 사회문화적인 환경이 다름에 따라 그 지향들이 어떻게 달라지는지도 파악할 수 있다. 이에 대한 구체적인 논의는 다음으로 미룬다.

---

19) 박관수, 〈〈싸시랭이〉의 지역성〉, 《한국민요학》 제22집, 한국민요학회, 2008. 4. 참조.

참고문헌

1. 대담 자료

강환철(남), 홍천군 내촌면 물걸2리 장수원, 74세, 2011년 12월 30일 채록.

방형길(남), 인천광역시 강화군 교동면 동산리, 2009년 1월 25일 채록.

이병국(남), 홍천군 내촌면 도관3리 큰골, 84세, 2007년 12월 4일 채록.

이병인(남), 홍천군 내촌면 도관3리 큰골, 70세, 2011년 12월 23일 채록.

이병호(남), 홍천군 내촌면 도관3리 큰골, 80세, 2011년 12월 22일 채록.

함재식(남), 인천광역시 강화군 하정면 창후리, 2009년 1월 5일 채록.

허용봉(남), 홍천군 화촌면 성산리, 89세, 2012년 1월 28일 채록.

황정봉(남), 홍천군 서석면 어룬1리, 91세, 2011년 11월 11일 채록.

2. 문헌 자료

강원도 편, 《강원의 민요》 I·Ⅱ, 2001.

강등학, 《정선 아라리의 연구》, 집문당, 1993.

강동진, 〈일제지배하의 한국노동자의 생활상〉, 《역사학보》 제43집, 역사학회, 1970.

박관수, 《어러리의 이해》, 민속원, 2004.

박관수, 〈〈싸시랭이〉의 지역성〉, 《한국민요학》 제22집, 한국민요학회, 2008. 4.

이창식, 〈경합유희요의 현장론적 연구— 노름 민요의 구연양상을 중심으로〉, 《중앙민속학》 3, 중앙대 한국민속학연구소, 1991.

전봉관, 〈1930년대 금광 풍경과 '황금광시대'의 문학〉, 《한국현대문학연구》 제7집, 한국현대문학회, 1999.

4. 홍천군 산간 지역 유희요의 세대별 존재 양상

−〈다리뽑기하는소리〉, 〈고무줄하는소리〉, 〈말꼬리잇는소리〉를 중심으로−

이 영 식(강릉원주대학교)

Ⅰ. 머리말

홍천군은 전국의 시·군 가운데 가장 넓은 면적을 차지하고 있으며, 홍천읍 시가지를 관통하는 북한강 지류인 홍천강이 태백 산맥의 분수령으로부터 서쪽으로 흘러 경기도 가평군 설악면에서 북한강과 합류하고 있어 그 유역에 작은 평야를 이루고 있다. 동북쪽으로 인제군과 양양군, 강릉시, 남쪽으로 횡성군과 평창군, 서쪽으로는 경기도 양평군과 북쪽으로 춘천시와 접하고 있다.

일반적으로 산간 지역은 평지가 적고 산이 많은 곳을 이른다. 그리하여 대부분의 산간 지역은 평야 지역보다 교통도 불편하고 인구도 적다. 이러한 사정은 홍천군도 다르지 않다. 홍천군의 전체 면적은 1,818.89제곱킬로미터인데, 이 가운데 밭이 105.38제곱킬로미터, 논이 61.67제곱킬로미터, 임야가 1,539.51제곱킬로미터이다. 이들의 지목별 비율은 임야가 84.6퍼센트이고, 밭은

5.8퍼센트, 논이 3.4퍼센트이다. 따라서 홍천군 전체를 산간 지역이라 해도 큰 무리가 없을 것이다. 하지만 홍천군의 임야 비율을 읍·면별로 살펴보면, 홍천읍이 78.14퍼센트, 화촌면이 85.43퍼센트, 두촌면이 85.6퍼센트, 내촌면이 79.3퍼센트, 서석면이 88.10퍼센트, 동면이 81.92퍼센트, 남면이 76.87퍼센트, 서면이 77.9퍼센트, 북방면이 81.37퍼센트, 내면이 91.75퍼센트가 임야이다. 이상을 참고하면 홍천군에서 임야의 백분율이 가장 낮은 곳은 남면이고, 가장 높은 곳이 내면이다. 따라서 임야의 백분율만을 따진다면 홍천군에서는 내면이 가장 산간 지역의 속성을 지니고 있다고 하겠다.[1]

내면은 강릉시와 인제군에 차례로 속했다가 1945년 홍천군에 편입되었는데, 내면 명개리의 경우는 양양군에 속했다가 1973년에 홍천군에 편입되었다. 내면은 양양군, 강릉시, 인제군, 평창군 등 4개 시·군과 접해 있다. 이렇듯 여러 시·군과 인접해 있는 내면은 홍천군 전체 면적의 24.6퍼센트인 447.93제곱킬로미터를 차지하고 있는데, 이는 면 단위면적으로는 전국에서 가장 넓은 것이다. 2012년 4월 30일 기준으로 내면은 1,550세대에 3,434명이 거주하고 있으며, 마을 대부분이 해발 600미터 이상에 위치하고 있다.[2] 이러한 고지대의 지형조건으로 말미암아 내면에서는 주로 고랭지 채소 및 감자를 재배한다.[3]

---

1) 물론 산간 지역의 속성은 논밭의 분포, 인구밀도, 생산물, 마을의 해발고도 등 여러 곳에서 찾을 수 있는데, 임야 비율의 높낮음은 그 가운데 하나이다. 임야 비율이 높다는 것은 그만큼 경작지가 적다는 것을 의미한다. 따라서 지역의 임야 비율이 높을수록 산간 지역의 특징을 더 갖고 있다고 해도 큰 무리가 없을 것이다.
2) http://www.hongcheon.gangwon.kr/2009/town/naemyeon/
3) 내면 대부분의 마을에서는 1980년대까지 벼농사를 지었으나, 지금은 거의 모

구비문학의 속성이 그러하듯이 민요 또한 시대에 따라 생성과 확산 그리고 소멸의 과정을 겪는다. 예를 들어 노동요의 경우, 벼 농사 때 볍씨를 직파한다면 모찌기나 모심기를 하지 않게 되므로 〈모찌는소리〉, 〈모심는소리〉는 부르지 않았고, 이앙을 하게 되면 서 사람이 모를 직접 찌고 심게 되므로 그에 맞는 〈모찌는소리〉, 〈모심는소리〉가 생성되었을 것이다. 하지만 산업 기술의 발달로 사람이 아닌 모판과 이앙기가 그 일을 대신하게 됨으로써 두 노 래는 불리지 않게 되었다. 이처럼 두 노래는 필요에 따라 생성되 어 널리 불리다가 기계의 등장으로 이제는 불리지 않게 되어 자 연스럽게 소멸의 길을 가고 있다.[4]

이러한 까닭에 현재 자연조건에서 불리는 노동요와 의식요를 현장에서 듣기란 쉽지 않다. 하지만 유희요 가운데 할아버지 할 머니들이 부르던 노래가 부모를 거쳐 자녀에까지 이르고 있는가 하면, 어른들은 전혀 모르는 노래를 아이들이 부르며 놀기도 한 다. 그뿐만 아니라 지금도 아이들 사이에서는 새로운 놀이가 개 발되어 그에 따른 노래가 만들어지고, 그 노래가 확산되어 불리 고 있다. 이처럼 유희요 가운데에는 조부모 세대를 지나 부모 세 대를 거쳐 자녀 세대에 이르기까지 전승되는 노래가 있는가 하 면, 조부모 세대에서만 불리는 노래가 있고, 부모 세대까지 불리 는 노래가 자녀 세대에선 불리지 않는 경우도 있다. 이와 같이 조

든 논을 밭으로 전환하였다. 이처럼 논을 밭으로 전환한 이유는 밭이 수익성이 더 높기 때문이다. 내면은 긴 겨울과 서늘한 기온 그리고 차가운 물로 말미암아 벼농 사가 적당한 곳이 아니다. 명개리와 방내2리에서는 1마지기가 100평이며, 광원리 에서는 120평이라 한다.

4) 물론 정부 및 지자체에서는 몇몇 노동요 및 의식요를 무형문화재로 지정하여 전승시키고 있지만, 이는 인위적인 것일 뿐 자연조건에서 불리는 노래는 아니다.

부모 세대에서부터 자녀 세대에 이르기까지 전승되는 노래가 세대에 따라 차이가 있음은 익히 알고 있는 사항이다. 그러나 어떤 노래가 어느 세대까지 전승되고, 어떤 노래가 전승이 되지 않았는지, 그리고 윗대에서는 부르지 않던 노래가 다음 세대에 와서 널리 불리는 노래에는 어떤 것이 있는지 등 세대 사이의 노래 차이에 대해서는 관심을 두지 않았다.

놀이는 고정된 시간과 공간의 한계 안에서 수행되는 까닭에 일상생활과는 다른 것으로,[5] 자유롭고 자발적인 활동이며 즐거움과 재미의 원천이다.[6] 이렇듯 즐거움과 재미를 줄 수 있는 놀이는 지역, 시대, 환경, 공간에 따라 여러 종류가 있다. 그리고 놀이와 밀접한 관계에 있는 유희요는 놀이, 또는 놀이의 진행을 돕기 위하여 부르는 노래인 까닭에 놀이의 종류만큼이나 다양한 노래가 존재한다. 이들 노래는 놀이 도구, 놀이 방법, 놀이 대상 등에 따라 동작유희요, 도구유희요, 언어유희요, 놀림유희요, 자연물 상대유희요, 신비체험유희요, 생활유희요, 조형유희요, 가창유희요 등과 같이 크게 9가지로 구분한다.[7]

유희요는 어릴 때 놀면서 부르던 전래동요가 다수를 차지한다. 이들 노래는 방, 마당, 들, 냇가 등에서 다리뽑기놀이, 가락지놀이, 고무줄놀이, 줄넘기 등을 하거나 메뚜기·잠자리·물고기·가재 등을 잡으면서 불렀다. 이러한 사정은 내면 지역의 주민들도 다

---

5) J·호이징하, 《호모 루덴스》, 김윤수 옮김, 도서출판 까치, 1991, 43쪽.

6) 로제 카이와, 《놀이와 인간》, 이상률 옮김, 문예출판사, 1994, 29쪽.

7) 강등학, 〈민요의 이해〉, 《한국 구비문학의 이해》, 도서출판 월인, 2002, 255~262쪽. 이후 논의되는 유희요의 분류에 있어서는 강등학의 분류 기준에 따라 정리한다.

르지 않아 지역에 많은 전래동요가 전승되고 있다. 그런데 이들 노래 가운데 조부모 세대나, 부모 세대에만 머무는 노래가 있다. 다시 말해서 전승력이 뛰어난 유희요라도 자녀 세대에까지 전승이 되는 노래가 흔치 않다. 이 글은 이와 같이 조부모 세대, 부모 세대를 거쳐 자녀 세대에까지 전승되는 노래에는 어떤 것이 있을까 하는 궁금증에서 시작하였다.

홍천군은 전국의 시·군 가운데 가장 넓은 면적을, 내면 또한 전국의 면에서 가장 넓은 면적을 갖고 있다. 따라서 내면의 모든 마을 및 주민을 대상으로 하는 것은 현재로서는 필자의 능력 밖의 일이다. 이에 이 글에서는 내면 광원리 마을로 제한하여 조부모 세대, 부모 세대, 자녀 세대 등 3대에 걸쳐 비교적 활발하게 전승되는 노래 가운데 방과 마당에서 놀이를 하며 불렀던 〈다리뽑기하는소리〉와 〈고무줄하는소리〉, 그리고 특별히 장소에 구애받지 않고 부르던 〈말꼬리잇는소리〉에 대해 알아보고자 한다. 이로써 우리는 세대 사이 노래의 흐름, 곧 조부모, 부모, 자녀 등 3 세대에 걸쳐 전승되는 노래의 닮음과 다름에 대해 알 수 있을 것이다.

II. 〈다리뽑기하는소리〉

다리뽑기는 두 명 이상이 서로 마주보고 앉아서 발을 사이사이에 끼워 노래를 부르며, 손으로는 다리를 차례로 짚어 가다가 노래가 끝나는 순간에 손이 닿게 되는 다리를 오므린다. 같은 방법으로 두 다리가 모두 오므려질 때까지 놀이는 계속되는데, 마지막까지 다리를 오므리지 못한 사람은 먼저 오므린 사람의 벌칙을 받는다. 이렇듯 서로의 다리를 사이사이에 끼워 놀면서 부르는 노래를 〈다리뽑기하는소리〉라 한다.

이 놀이가 언제부터 시작되었는지 알 수는 없지만, 기존에 발행된 홍천군 민요의 자료집에는 〈다리뽑기하는소리〉가 정리되어 있지 않다.[8] 따라서 이전의 노래와 필자가 채록한 〈다리뽑기하는소리〉의 노랫말을 비교할 수 없으나, 현재 전승되고 있는 노래를 중심으로 세대 사이 노래의 차이를 살필 수 있다.

> 1-a) 코카콜라 맛있어
> 맛있으면 또 먹어
> 또 먹으면 배탈 나
> 배탈 나면 주사 맞어
> 척척박사님 가르쳐 주세요
> 딩 동 뎅 동(임○○, 임○○)[9]

---

8) 김소운, 《언문 조선구전민요집》, 동경 : 제일서방, 1933; 한림대학교 인문대학 국어국문학과 편, 《강원구비문학전집》, 한림대학교출판부, 1989; 문화방송 편, 《한국민요대전: 강원도민요해설집》, 주식회사 문화방송, 1996; 강원도 편, 《강원의 민요》Ⅰ, 2001; 이소라, 《한국의 농요》3집, 현암사, 1989; 《홍천의 민요와 노래》, 홍천문화원, 2002.

9) 임○○(여, 내면 광원리 토박이, 내면중학교 1년, 원당초등학교 졸업); 임○○(여, 내면 광원리 토박이, 내면고등학교 2년, 원당초등학교 졸업) 이들은 사촌 사이다(2012년 3월 3일 필자 채록). 이후 동일한 이름은 같은 날 정리된 것이므로 번거로움을 피해 이름만 명시하겠다.

1-b) 고모네 집에 갔더니 암탉 수탉 잡아서

기름이 둥둥 뜨는 걸 나 한술 안 주구

우리 엄마 생신 때 수수팥떡 주나 봐라(임○○)

1-c) 고모네 집에 갔더니 암탉 수탉 잡아서

기름이 동동 뜨는 걸 나 한 숟가락 안 주고

우리 집에 왔단 봐라 대가리 폭삭 깨 논다(손○○)[10]

1-d) 고모네 집에 갔더니 암탉 수탉 잡아서

기름이 동동 뜨는 걸 나 한 숟갈 안주고

자기네끼리 다 먹었네(안○○)[11]

1-e) 앵기땡기 가락지 석주 올라가다 가매 꼭지 닭애 똥(안○○)

1-f) 한거리두거리 각거리

돈치 망근 도망근 이태 왔나 팔래 왔나 오도리 뽕(강○○)[12]

---

10) 손○○(여, 41세, 내면 광원2리 태생, 23세에 광원3리로 시집옴, 원당초등학교 졸업, 2012년 3월 2일 필자 채록) 손○○은 다리뽑기놀이를 '오고리 도고리'라 표현했다. 어렸을 때 '다리뽑기놀이'를 할 때는 '오고리 도고리 하자'며 놀았다고 한다. 이에 필자가 '오고리 도고리' 노래를 부탁하자 모른다고 했다.

11) 안○○(여, 72세, 고성군 공현진리 태생으로 7세에 내면 창촌리로 이주. 21세에 광원리로 시집왔다. 임○○, 임○○의 할머니이다. 창촌초등학교 졸업, 2012년 4월 21일 필자 채록)

12) 강○○(여, 79세, 내면 창촌리 태생으로 19세에 광원3리로 시집왔다. 결혼을 해서 잠시 야학에 다녔다. 2012년 3월 3일 필자 채록)

위의 노래는 모두 내면 광원리에서 채록한 〈다리뽑기하는소리〉
인데, 이들 가운데 1-a)와 1-b)를 부른 임○○과 임○○은 사촌
사이로 동일초등학교를 졸업하고 각각 중학교와 고등학교에 다니
고 있다. 1-b)의 노래는 임○○이 불렀으나, 임○○ 또한 이 노
래를 알고 있으며 엄마에게서 배웠다고 한다.[13] 그런데 1-b)의 노
래는 1-c), 1-d)의 밑줄 친 것과 같이 노랫말에서 차이가 난다.
1-c)를 부른 손○○은 임○○의 친구 엄마이고, 1-d)를 부른 안
○○는 임○○, 임○○의 할머니이다. 따라서 1-b, 1-c, 1-d는
자녀 세대와 부모 세대 그리고 조부모 세대 등이 각각 부른 노래
이며,[14] 광원리에서 전승되는 〈고모네집에갔더니〉는 세대에 따라
밑줄 친 것과 같이 뒷부분의 노랫말이 달라졌음을 알 수 있다. 이
처럼 〈고모네집에갔더니〉의 뒷부분이 다른 것은 내면 광원리에서
뿐만 아니다. 광원리와 이웃한 명개리에서 채록한 〈고모네집에갔
더니〉 또한 아래와 같이 내용이 달랐다.

---

13) 임○○의 어머니는 40대 중반으로 평창 태생이다.

14) 자녀 세대, 부모 세대, 조부모 세대는 제보자에 따라 나이의 차이는 유동적이
다. 따라서 세대를 구분하는 명칭으로는 적절하지 않다. 이러한 까닭에 물질문화
를 기준으로 '컴퓨터 세대, 텔레비전 세대, 라디오 세대' 등으로 구분하려 했으나
이 또한 간단하지 않다. 예를 들어, 일반적으로 컴퓨터 세대라 함은 어려서부터 컴
퓨터를 사용한 30~40대를, 인터넷 세대는 10~20대를 가리키는데, 인터넷, 텔레
비전, 라디오 등이 산간 마을에 언제 들어왔나를 생각하면 이러한 기준 또한 쉽지
않다. 명개리에는 1986년, 광원리에는 1980년대 초에 전기가 들어왔다고 한다.
그렇다면 마을분들은 텔레비전을 이때부터 시청하였을 것인데, 이는 1990년대부
터 본격적으로 시작한 컴퓨터 보급과 시기적으로 차이가 별로 없어 텔레비전 세대
와 컴퓨터 세대의 구분이 모호해진다. 이에 이 글에서는 세대를 자녀 세대, 부모
세대, 조부모 세대로 구분하고자 한다.

1-g) 고모네 집에 갔더니 암탉 수탉 잡아서

지름이 둥둥 뜨는 걸 나 한 숟갈 안 주구

우리 집에 왔다 봐라(임○○)[15]

　위의 노래는 다른 지역에서도 "고모네 집에 갔더니 암탉 수탉 잡아서 지름에 둥둥 뜨는 걸 나 한 점을 안주고 우리 집에 와 봐라 수수팥떡 안 준다"[16], "고모네 집에 갔더니 암탉 수탉 잡아서 나 한 수갈 안 주고 자기네만 먹더라 우리 집에 와 봐라 꽁보리밥도 안 준다"[17], "인다리 인다리 개천개 이모네 집에 갔더니 암탉 수탉 잡아서 나 한술 안 주고 우리 집에 와 봐라 국물 한 적 안 준다"[18] 등과 같이 사설을 구성하고 있다. 그리하여 〈고모네집에갔더니〉는 '우리 집에 와 봐라 ○○○○ 안 준다'와 같이 노랫말을 구성하여 마무리하고 있는 까닭에 사설 구성 방식 및 의미는 지역에 따라 다르지 않음을 알 수 있다.[19]

---

15) 임○○(여, 78세, 여주 태생으로, 10세에 명개리로 이주하였다. 부모가 양부모인 까닭에 14세인 이른 나이에 같은 마을로 시집갔다. 2012년 3월 1일 필자 채록)

16) 강원도 편, 《강원의 민요》, 2001, 1271쪽.

17) 김순제·박준교·양진모, 〈어린이의 놀이와 노래에 대한 조사 연구-경기도를 중심으로〉, 《교육논총》 8, 인천교육대학교 초등교육연구소, 1977, 27쪽.

18) 좌혜경, 《제주 전승동요》, 집문당, 1993, 139쪽. 이 노래는 다른 각 편에 없는 '인다리 인다리 개천개'가 추가로 구성된 것과 '고모네 집'이 아닌 '이모네 집'으로 노랫말을 구성한 것 외에는 다르지 않다.

19) 좌혜경이 정리한 노래에서는 '자기네만 먹더라'의 내용을 더 구성해야 옳지만, 이러한 차이는 구비문학의 일반적인 속성이며, 전체적 의미를 이해하는 데에는 어려움이 없다. 하지만 '고모네 집'이 '이모네 집'으로 구성된 것은 이와 다른 상황이

그럼에도 광원리의 〈고모네집에갔더니〉는 세대 사이에 차이가 있음이 확인된다. 조부모 세대에서는 서운함 또는 원망의 노랫말로 마무리하지만 부모 세대에 이르러서는 원망을 넘어선 분노를 폭력으로 응징하겠다는 보복의 노랫말로 구성하고 있다. 그리고 자녀 세대에서는 부모 세대의 노래보다 앙갚음의 정도가 약하지만, 자기에게 먹을 것을 안 주었으니 자기도 똑같이 먹을 것을 주지 않겠다는 대갚음의 표현을 하였다. 그리하여 조부모 세대의 노랫말보다 상대에 대한 응징의 의식이 강함을 알 수 있다. 이처럼 단순히 서운함의 표현으로 시작된 조부모 세대의 노래가 후대에 오면서 더 과격해지고 폭력적인 응징의 의식이 드러나는 점이 주목된다.

> 1-h) 꿩아꿩아 어데로 가니
> 새끼 치러 간다
> 몇 마리 깠니
> 세 마리 깠다
> 나 한 마리 다와
> 찌저 먹고 볶아 먹고 다 먹었다(임ㅇㅇ)

위 노래는 앞의 1-g)를 부른 임ㅇㅇ의 또 다른 〈다리뽑기하는 소리〉인데, 명개리에서 태어나고 자란 임ㅇㅇ[20] 또한 이 노래를

므로 더 따져 봐야 할 일이다.
20) 임ㅇㅇ(여, 43세, 내면 명개리 토박이로 초등학교 3년 때까지 명개리에서 학교를 다니다가 이후 속초에서 학교를 다녔다. 명개리 이장 일을 봤다. 2012년 3월 1일 필자 채록)

다리뽑기놀이를 하면서 불렀다고 한다.[21] 따라서 〈꿩아꿩아어디로가니〉는 2대째 명개리에서 전승되는 〈다리뽑기하는소리〉라 하겠다.[22]

한편 〈앵기땡기〉, 〈한거리두거리〉는 광원리의 조부모 세대인 안○○, 강○○ 두 분이 각각 불렀을 뿐 부모 세대와 자녀 세대에서는 이 노래를 모른다고 했다. 따라서 광원리에서는 이 노래가 다음 세대로 전승되지 않고 조부모 세대에만 머무르고 있다고 하겠다.[23]

〈코카콜라맛있다〉 또한 주로 청소년이 다리뽑기놀이 할 때 부르는 노래로 알려져 있는데, 이 노래는 홍천 지역뿐만 아니라 강

---

21) "꿩아꿩아어디로가니, 새끼치러 간다."

22) 명개리에서는 자녀 세대의 아이들을 만날 수 없어서 노래를 채록하지 못했다. 따라서 광원리에서처럼 자녀 세대에서도 이 노래가 불릴 개연성은 있다. 광원리에서 이 노래를 채록하려고 제보자에게 일일이 물었으나 알고 있는 분이 없었다.

23) 명개리에서는 〈한거리두거리〉와 같은 유형의 노래인 "이거리 저거리 각거리 인사 만사 두만사 두부김치 장두칼 장단개 엿단개 술단지 꽃바꿍"(이○○, 남, 72세, 예산 태생으로 1999년에 명개리로 이주하였다. 2012년 3월 1일 필자 채록), "한갈래 두갈래 세갈래 연차 만차 주머니 똥 똘똘 말아 장두칼 허연 광목 꽃잎이 딱딱 먹어 홀짝 말짝 전기 땡"(임○○, 여, 75세, 평택 태생으로 26세에 결혼하여 13년 전에 명개리로 이주하였다. 2012년 3월 1일 필자 채록) 등이 정리되었으나, 이 노래를 부른 두 가창자는 13년 전에 명개리로 이주한 분들이다. 그리고 명개리 토박이나 다름없는 임○○는 이 노래를 모른다고 하였다. 따라서 이 노래를 명개리 지역에 전승하는 노래라고 하기에는 곤란하다. 아울러 이들은 〈앵기땡기〉를 모른다고 했다.

원도 영동지역[24] 나아가 전국적으로 널리 불리고 있다.[25] 하지만 광원리와 명개리의 부모 세대와 조부모 세대는 이 노래를 모른다. 이러한 사정이 내면의 두 마을에서만 국한된 것인지, 아니면 전국적으로 그러한지 현재로서는 확인할 수 없다. 다만 〈코카콜라맛있다〉는 홍천군 내면뿐만 아니라 홍천군의 화촌면[26], 홍천읍[27] 지역 청소년들도 다리뽑기놀이 할 때 이 노래를 부른다는 사실이다.[28]

홍천읍에 거주하는 이○○, 강○○은 이 노래를 다른 쓰임에서도 부르고 있는데, 가운데 많은 물건을 놓아 두고 좋은 물건을 고를 때 물건을 하나씩 짚으며 〈코카콜라맛있다〉를 부르다가 노래

24) "코카콜라맛있다 맛있으면 또먹지/ 또먹으면 배탈나 배탈나면 병원가/ 병원가면 주사맞어 주사맞으면 아프지." 이 노래는 1995년 당시 강릉대학교 국문학과에 재학 중인 남지희, 안순란, 김재욱이 강등학 교수가 담당한 '구비문학개론' 과제물로 제출한 보고서에 정리되어 있는데, 가창자는 속초초등학교 6학년 여학생이고, 조사일은 1995년 11월 19일이다.
25) 홍양자, 《빼앗긴 정서 빼앗긴 문화》, 도서출판 다림, 1997, 69쪽; 김헌선·시지은, 〈어린이들의 생활문화와 민요−현대 구전동요 연구 시론〉, 《구비문학연구》 25집(서울 : 한국구비문학회), 2007, 149∼153쪽.
26) "코카콜라맛있다 맛있으면 또먹어 또먹으면 배탈나 배탈나면 병원가 딩동댕동"(최○○, 화촌초등학교 6학년; 서○○, 화촌초등학교 6학년, 2012년 1월 17일 필자 채록)
27) "코카콜라맛있다 맛있으면 또먹어 또먹으면 배탈나 척척박사님 아르켜주세요 딩동댕동", "코카콜라맛있다 맛있으면 또먹어 또먹으면 배탈나면 병원가 척척박사님 아르켜주세요 딩동댕동", "코카콜라맛있다. 맛있으면 또먹어 또먹으면 배탈나면 병원가 병원가면 주사맞어 척척박사님 아르켜주세요 딩동댕동" 등과 같이 세 버전이 있는데, 아이들에 따라 조금씩 다르게 부른다고 한다(이○○, 홍천여중 2학년; 강○○, 홍천여중 2학년, 2012년 2월 1일 필자 채록).
28) 하지만 이들 청소년들은 〈고모네집에갔더니〉, 〈이거리저거리각거리〉, 〈앵기땡기〉, 〈한알대두알대〉 등의 노래를 모른다.

가 끝나는 곳에 손이 닿은 물건을 가져온다. 또 시험 볼 때 모르는 문제가 나오면 〈코카콜라맛있다〉를 부르며 답을 선택한다.[29] 이러한 까닭에 〈코카콜라맛있다〉는 〈다리뽑기하는소리〉로만 불리던 유희요가 좋은 물건과 정답을 선택할 수 있는 주술적 힘을 얻고자 할 때 부르는 의식요로까지 그 기능이 확대되고 있다고 하겠다.

이상 채록한 광원리 〈다리뽑기하는소리〉의 세대별 노래를 정리하면 다음과 같다.

내면 광원리 〈다리뽑기하는소리〉 전승 현황

세대 \ 장르	전래동요 및 구전동요
자녀 세대	〈고모네집에갔더니〉, 〈코카콜라맛있다〉
부모 세대	〈고모네집에갔더니〉
조부모 세대	〈고모네집에갔더니〉, 〈앵기땡기〉, 〈한거리두거리〉

위의 표로 알 수 있듯이, 광원리의 〈다리뽑기하는소리〉는 조부모 세대에 〈고모네집에갔더니〉, 〈앵기땡기〉, 〈한거리두거리〉 등

---

29) 이 노래를 부르며 답을 찍는 경우는 횡성군에서도 확인된다. 필자의 딸인 이○○은 횡성읍 소재의 대동여자중학교 2학년인데, 이 노래를 다리뽑기놀이 할 때도 부르지만 시험에 모르거나 아리송한 객관식 문제가 나오면 마음속으로 이 노래를 부르면서 답을 고른다고 한다. 아마도 노랫말에 '척척박사님 가르쳐 주세요'처럼 무슨 일이든 해결해 줄 수 있는 '척척박사'에게 선택의 어려움을 해결해 달라고 청하는 것으로 이해할 수 있다.

의 세 유형, 부모 세대에서는 〈고모네집에갔더니〉한 유형, 자녀
세대에서는 〈고모네집에갔더니〉, 〈코카콜라맛있다〉두 유형의
〈다리뽑기하는소리〉가 각각 전승되고 있음을 확인한다. 따라서
단순히 수치로만 생각하면 조부모 세대에 가장 많은 유형이 전승
되고 있다고 하겠다.[30]

III. 〈고무줄하는소리〉

〈고무줄하는소리〉는 고무줄놀이를 하면서 부르는 노래이다. 당
연히 고무줄놀이를 하려면 고무줄이 있어야 하는데, 우리나라에
서 고무줄놀이가 언제부터 시작되었는지는 정확히 알 수 없다.
다만 우리나라에서는 1920년대에 본격적으로 고무줄을 생산하기

---

30) 그런데 자녀 세대에 전승되는 노래 〈코카콜라맛있다〉는 전래동요라고 지칭하
기에는 여러 가지로 어려움이 있다. 콜라가 의미하는 바도 그렇지만 이 노래의 노
랫말은 물론 음악적으로도 '전래동요'라고 하기에는 곤란하다. 아울러 '전래동요'
와 '구전동요'의 구분은 시대성에 주목할 수 있는데, 시기적으로 비교적 최근에 등
장하거나 상업적 상품명이 개입된 노래는 '구전동요'라 할 수 있을 것이다(〈코카
콜라맛있다〉는 자녀 세대에서만 불리는 노래임을 생각할 필요가 있다). 이에 대
한 자세한 논의는 음악적 도움을 받으며 함께 논의되어야 할 부분이기에 뒤로 미
루면서, 여기에서는 학계에서 보통 쓰는 '구전가요'의 용어를 빌려 '창작동요'는 아
니지만 그렇다고 '전래동요'의 범주에 넣기 어려운 동요를 '구전동요'라 하겠다. 따
라서 〈코카콜라맛있다〉를 제외한 세 노래는 '전래동요'로 구분한다. 한편 기존의
익숙한 곡에 새로운 노랫말을 붙이는 아이들의 노래를 '개사동요'라 하는데,(권오
경, 〈개사 동요와 아동의 의식세계〉, 《한국민요학》 5집, 한국민요학회, 1997,
18~20쪽) 〈코카콜라맛있다〉는 기존의 곡을 활용한 노래가 아니므로 '개사동요'
로 구분하기에는 어려움이 따른다.

시작하였다고 하니, 이때부터 이 놀이를 하지 않았을까 추측한다.[31] 그러므로 〈고무줄하는소리〉 또한 1920년대에 불렀을 것이라 생각한다.

> 둥근 고무줄을 약 2미터 정도 되게 묶어서 두 사람으로 하여금 양쪽 끝을 잡고 있게 하고, 고무줄을 뛰는 사람이 한 명씩 "하나부터 일본, 셋부터 시베리아, 다섯부터 러시아, 일곱부터 할빈, 아홉부터 열까지 그리고 열하나부터 스물까지"의 노래를 부르면서 고무줄을 뛰어넘어서 마지막 스물까지 계속 뛰어넘으면 한 번 이기게 된다. <u>서울 지역에서 전해졌다.</u>[32]

위 내용은 고무줄놀이에 대한 설명인데, 하나부터 스물까지 헤아리면서 한 명씩 고무줄을 뛰어넘는다고 한 것으로 보아, 초기

---

31) 조성미, 〈고무줄놀이가 유아의 기초체력과 신체적 자아개념에 미치는 영향〉, 건국대 석사학위논문, 2009, 11쪽. 한편 고무줄놀이에 쓰인 검정고무줄은 고무공장에서 재료를 배합해서 새롭게 생산하는 것이 아니라 자동차 타이어튜브를 이용하여 만든 것이라 한다. 이러한 제보는 횡성장, 원주장, 대화장 등을 다니며 책과 가정에서 필요한 연장, 고무줄 등을 파는 김○○(남, 76세, 안동 태생, 1973년부터 안동 근방의 장을 다니며 장사를 하다가 1980년에 원주로 이주하였다)으로부터 들은 것인데, 검정고무줄은 자동차 타이어튜브에서 가늘고 길게 오려 만든다고 한다. 그래서 지금 검정고무줄을 자세히 살펴보면 어떤 곳에는 펑크를 때운 부분이 그대로 남아 있고, 굵기도 일정치 않다. 이러한 까닭에 자동차 타이어튜브가 없어지면 검정고무줄의 생산은 중단될 것이라 하는데, 김○○은 검정고무줄을 서울 신설동 근처에 있는 고무줄공장에서 구입해 온다고 한다. 사정이 이와 같아서, 검정고무줄의 생산은 자동차 타이어튜브와 밀접한 관계가 있으며, 우리나라 검정고무줄의 역사 또한 자동차 타이어튜브의 역사와 다르지 않다고 하겠다.
32) 무라야마 지준, 《조선의 향토오락》, 박전열 역, 집문당, 1992, 389쪽.

에는 지금처럼 발로 여러 가지 기교를 부려 가며 노는 것보다는 단순하게 줄만 넘었던 것으로 이해된다. 이 자료는 《조선의 향토오락》에 소개되어 있는 강원도 평창군 지역의 놀이 가운데 고무줄놀이에 대한 설명이다.[33] 따라서 평창군에서는 늦어도 이 책이 정리된 1936년에 이미 〈고무줄하는소리〉가 불리었음을 확인할 수 있다. 아울러 밑줄의 내용처럼 〈고무줄하는소리〉가 서울 지역에서 전해졌다는 점을 고려할 때 홍천군도 이와 크게 다르지 않을 것이다.

광원리에서 조사된 〈고무줄하는소리〉는 다양한데, 먼저 중학생인 임○○은 초등학교 다닐 때 학교에서 〈신데렐라는어려서〉를 부르며 고무줄을 했고, 고등학생인 전○○[34]는 초등학교 때 〈이슬비내리는이른아침에〉, 전○○의 친구인 이○○[35]은 〈신데렐라는어려서〉, 〈무찌르자공산당〉, 〈나리나리개나리〉, 〈이슬비내리는이른아침에〉 등을 불렀다고 한다. 따라서 자녀 세대인 이들은 〈신데렐라는어려서〉, 〈무찌르자공산당〉, 〈나리나리개나리〉, 〈이슬비내리는이른아침에〉 등 총 4곡의 노래를 바탕으로 고무줄놀이를 한 것으로 파악된다.

부모 세대인 손○○은 〈저산저멀리저언덕에는〉, 〈나리나리개나리〉, 〈하얀눈위에구두발자국〉, 〈전우의시체를넘고넘어〉 등을 비

---

33) 이 책의 머리말에서 편집자인 무라야마는 "이 책은 1936년 각 도지사에게 조회하여 전국 각지에서 행해지고 있는 향토오락을 조사, 정리한 자료이다"라 하였다. 따라서 이 책의 내용물은 1936년 당시의 놀이를 정리한 것으로 이해한다.

34) 전○○(여, 내면 광원리 토박이, 내면고등학교 2년, 원당초등학교 졸업, 2012년 3월 3일 필자 채록)

35) 이○○(여, 내면 광원리 토박이, 춘천 유봉여고 2년, 원당초등학교 졸업, 2012년 3월 3일 필자 채록)

롯하여 "빨간 똥그라미 하나가 전차에 깔려서 납작코 그걸 보고 있던 작은아버지 배꼽을 움켜쥐고 아하하"를 불렀다.[36] 손○○은 초등학교 다닐 때 학교에 고무줄을 가지고 다니면서 고무줄놀이를 했고, 학급에서 고무줄놀이를 가장 잘했다고 한다. 부모 세대에서는 고무줄놀이를 할 때 이들 5곡이 중심이 되어 노래했음을 알 수 있다.[37]

조부모 세대인 안○○는 고무줄놀이를 초등학교 다닐 때 학교에서 주로 했던 것으로 기억하는데, 〈퐁당퐁당돌을던지자〉, 〈아가야나오너라달마중가자〉, 〈백두산뻗어내려반도삼천리〉 등과 "어머니 이 아기를 어떻게 합니까/ 버드나무 밑에다 내버립시다/ 내버리고 보면은 불쌍하기로/ 세 살이 먹어도 한 판이요"[38]를 불렀다고 한다. 이로써 조부모 세대 또한 4곡이 불린 것으로 정리되었다.

그런데 자녀 세대의 노래는 임○○, 전○○, 이○○ 등 세 명이 부른 것을 모은 것이고, 부모 세대와 조부모 세대는 각각 한 명이 부른 노래이다. 따라서 조부모 세대와 부모 세대는 〈고무줄하는 소리〉를 더 많이 기억하고 있고, 반대로 자녀 세대는 그렇지 않았

---

36) 이 노래는 제주도에서도 고무줄 할 때 "빨간 동그라미 하나가 전차에 부딪혀서 납작코 그것을 보고 있던 어머니 땅바닥 두들기며 엉엉엉"과 같이 불렀다(좌혜경, 앞의 책, 160쪽).

37) 이 조사는 글쓴이가 제3자를 통하여 '어렸을 때 놀면서 부르던 노래'에 대해 질문하러 간다고 제보자에게 미리 알린 후 이뤄진 것이다. 그럼에도 고무줄놀이를 하면서 부르던 노래가 더 있는데 기억이 잘 나지 않는다고 한다.

38) 이 노래는 제주도에서도 고무줄 할 때 "어머니 이 아이를 어찌할까요/ 수양버들 나무밑에 내뿌립시다/ 내버리면 불쌍하지 않습니까/ 이럭저럭 한살이 되었습니다"와 같이 불렀다(좌혜경, 앞의 책, 164쪽).

음을 의미한다. 이렇듯 부모 세대보다 자녀 세대에서 고무줄놀이에 대한 추억이 약한 것은 그만큼 그 놀이에 집중해서 놀 기회가 많지 않았기 때문이다. 이러한 사정은 임○○과 두 살 터울인 동생 임○○을 통해 알 수 있는데, 초등학교 5학년인 임○○은 학교에서 수업 시간에 줄넘기는 했어도 고무줄은 한 번도 해 보지 않았다고 한다. 그러한 까닭에 임○○은 고무줄놀이를 할 때 부르는 노래를 전혀 모른다.[39]

언니가 알고 있는 고무줄놀이를 두 살 터울의 동생이 모르는 것은 마을에서 행해지던 또래의 놀이가 진행되지 않았기 때문이다. 예전에는 지금처럼 컴퓨터, 게임기 등 개인적으로 놀 수 있는 놀이 도구가 없는 까닭에 특별한 일이 아니면 아이들은 어울려 놀았다. 그리고 이러한 마을의 놀이 모임을 통하여 아이들은 고무줄놀이, 줄넘기놀이 등도 배우고 노래도 익힌다. 그런데 지금의 산간 마을에는 방과 후 집에서 함께 놀 친구가 없다.[40] 몇 명 되지도 않는 친구도 집이 멀리 떨어져 있어 쉽게 찾아갈 수 없었다. 그리하여 산간 마을의 학교는 비록 학생 수가 적더라도 여러 친구들과 어울려 놀 수 있는 유일한 공간이다.[41] 따라서 임○○은

---

39) 임○○(여, 내면 광원리 토박이, 원당초등학교 5학년, 2012년 3월 3일 필자 채록)

40) 이러한 사정은 학생이 많은 도시라고 해서 다르지 않을 것이다. 아이들은 학교가 끝나면 바로 집에 오는 것이 아니라, 학원 여러 곳을 거쳐서 집에 오는 까닭에 방과 후에 동네에서 만나서 어울릴 수 있는 시간적 여유가 없다.

41) 학교의 통폐합으로 멀리 명개리에 거주하는 학생은 학교 통학버스를 타고 등하교를 한다. 따라서 방과 후에는 정해진 시간에 버스를 타야 하기 때문에 친구 집을 방문하는 일은 쉽지 않다. 임○○이 다니는 원당초등학교에는 2012년 5월 현재 1학년 1명, 2학년 2명, 3학년 0명, 4학년 7명, 5학년 4명, 6학년 8명 등 총

마을과 학교에서 고무줄놀이를 배우지 못한 까닭에 〈고무줄하는
소리〉를 몰랐을 것이며, 이러한 사정은 임○○의 친구들도 크게
다르지 않을 것이다.[42]

  사정이 이와 같아서, 자녀 세대는 고무줄놀이를 마을보다는 학
교에서 더 적극적으로 배웠고,[43] 조부모 세대의 경우 학교에 다
녔던 분들은 지금 〈고무줄하는소리〉를 제대로 부르지 못하더라
도 고무줄놀이를 한 경험이 있으나,[44] 학교에 다니지 못한 분들은
'너무 산골에 살았던 까닭에(강○○)', '너무 어려서 시집을 간 까
닭에(임○○)' 등으로 고무줄놀이를 해 볼 기회가 없었다고 설명
한다. 따라서 산간 지역에서 고무줄놀이는 마을보다 주로 학교의
또래 친구들을 중심으로 하여 전승되었다고 할 수 있다.

22명이 재학 중이다. http://hcwondang.es.kr/

42) 다른 지역이지만 화촌면의 최○○(여, 화촌초등학교 6학년)은 초등학교 1학년
때 학교에서 고무줄놀이를 했으나, 노래는 부르지 않았고, 화촌초등학교를 졸업
하고 홍천여자중학교에 다니는 윤○○(여, 화촌초교 졸업, 홍천여중 2학년), 이○
○(여, 화촌초교 졸업, 홍천여중 2학년), 박○○(여, 화촌초교 졸업, 홍천여중 2학
년) 학생들은 줄넘기놀이를 학교에서 했으나 고무줄놀이는 하지 않기 때문에 고
무줄놀이 방법을 모른다고 한다. (2012년 1월 17일 필자 채록)

43) 임○○은 초등학교 입학해서 고무줄을 배웠고, 임○○, 전○○, 이○○ 학생
들도 초등학교 때 고무줄을 배웠다. 전○○는 내면중학교에 진학했는데, 내면 소
재지에 있는 창촌초등학교 출신들이 고무줄놀이를 못해 가르쳐 주면서 놀았다고
한다.

44) '초등학교 3학년 때 해방이 되었는데, 그 당시 고무줄, 줄넘기를 할 때 일본
노래를 했지만 지금은 기억이 안 난다'(전○○, 여, 79세, 광원3리 토박이) (2012
년 3월 3일 필자 채록).

내면 광원리 〈고무줄하는소리〉 전승 현황

세대 ＼ 장르	창작동요 및 창작가요	구전동요 및 구전가요	군가
자녀 세대	〈이슬비내리는〉, 〈나리나리개나리〉	〈신데렐라〉	〈무찌르자〉
부모 세대	〈나리나리개나리〉, 〈저산저멀리〉, 〈하얀눈위에구두발자국〉	〈빨간동그라미〉	〈전우의시체를〉
조부모 세대	〈퐁당퐁당〉, 〈아가야나오너라〉	〈어머니이야기를〉	〈백두산뻗어내려〉

위의 표를 보면 세대에 따라 4~5곡의 노래가 불리었는데, 창작동요·창작가요가 2~3곡씩, 구전동요·구전가요가 1곡, 군가가 1곡이다. 그리고 〈나리나리개나리〉는 자녀 세대와 부모 세대 등 2세대에 걸쳐 불렀다. 따라서 〈나리나리개나리〉를 제외하면 세대마다 노래가 달랐음을 확인할 수 있으며, 이들은 당시 고무줄놀이를 즐겨하던 세대 사이에서는 유행하던 노래일 것이라 짐작한다.

고무줄놀이는 노래에 따라서 동작이 다르고, 배운 곳이 다르면 동작 또한 달라지는 것이 보통이다.[45] 그리고 어려서는 쉬운 동작을 하다가 성장하면서 차츰 난이도가 높은 동작에 도전하게 되

45) 손○○은 어렸을 때 인천에서 살던 친구가 놀러 와 함께 고무줄을 한 적이 있는데, 같은 노래라도 놀이 방법이 달랐다고 한다.

며,[46] 놀이 공간은 실내보다는 마당에서 하는 것이 일반적이다. 광원리에서는 고무줄놀이를 할 때 1줄로만 했고, 높이만 무릎, 허리, 가슴, 머리 등으로 조절했다. 높이가 다르다고 노래가 달라지지 않으며, 한 노래를 시작하면 낮은 곳에서부터 시작하여 한 단계씩 높이며 놀이를 하였다.[47]

예나 지금이나 고무줄놀이는 학교에서 하는 경우가 많고, 세대에 따라 부르는 노래가 다르다. 하지만 요즘에 와서 자녀 세대는 아래 학년으로 내려갈수록 고무줄놀이를 경험하지 못한 경우가 있다. 이는 자녀 세대인 요즘 학생들이 운동장에서 뛰어놀기보다는 교실에서 노는 것을 더 선호하기 때문이다. 곧 조부모 세대와 부모 세대 때는 학교에서 쉬는 시간에 주로 하던 놀이가 줄넘기놀이, 고무줄놀이, 비사치기놀이, 공기놀이 등이었으나, 지금의 자녀 세대에서는 교실에서 할 수 있는 새로운 놀이를 텔레비전이나 인터넷으로 배워서 하고 있다.[48] 이러한 까닭에 밖에서 하는 고무줄놀이는 멀어지게 되고, 다음 세대에게 전승이 되지 않는 것으로 파악한다.

---

46) 이○○의 경우, 〈나라나리개나리〉는 동작이 쉽지만 여러 번 반복해서 돌기 때문에 어지럽고, 〈신데렐라는어려서〉가 가장 어려웠다고 한다.

47) 이는 부모 세대의 손○○, 자녀 세대인 이○○, 전○○의 설명.

48) 현재 청소년들이 즐겨하는 놀이는 많이 있으나, 광원리에서 정리한 유희요 가운데 가위바위보나 손뼉치기를 하면서 부르는 노래를 몇 개 소개하면 다음과 같다. 〈감자에싹이나서〉, 〈영심이〉, 〈아이엠그라운드〉, 〈쥐를잡자쥐를잡자〉, 〈ABC〉, 〈아침바람찬바람에〉, 〈푸른하늘은하수〉, 〈번데기〉, 〈우물가에올챙이한마리〉, 〈흰눈사이로썰매를타고〉 등을 부르며 노는데, 이들은 친구에게서 배우기도 하지만 텔레비전이나 인터넷으로 익히는 경우가 많다. 특히 텔레비전 방송국의 각종 오락 프로그램으로 소개된 놀이노래는 청소년들이 많이 알고 있다.

IV. 〈말꼬리잇는소리〉

〈말꼬리잇는소리〉는 어떤 도구를 가지고 놀이를 하면서 부르는 것이 아니라, 앞 구절의 끝이 뒤 구절의 첫마디에 오도록 노랫말을 엮어 나가는 노래이다. 따라서 노랫말은 단순하지만, 앞에 구성한 노랫말에서 연상되는 단어를 재구성하고 리듬을 넣어 길게 이어 가며 노래하는 데 묘미가 있다.

〈말꼬리잇는소리〉는 〈심도시다〉,[49] 〈원숭이엉덩이는빨개〉 등의 노래가 전국적으로 전승되고 있으나, 광원리에서는 "원숭이 엉덩이는 빨개/ 빨개면 사과/ 사과는 맛있어/ 맛있으면 빠나나/ 빠나나는 길어/ 길으면 기차/ 기차는 빨라/ 빠르면 비행기/ 비행기는 높아/ 높으면 백두산(임○○)"의 노래가 채록되었다. 하지만 이 노래는 가창자에 따라서는 '높으면 백두산' 이후의 노랫말을 보태어 구성하는 경우가 많다. 실제로 이 노래는 '높으면 백두산'으로 끝내지 않고, 〈대한의노래〉인 '백두산 뻗어 내려 반도 삼천리'를 이어 가는 것이 보통이다.[50]

3-a) 원숭이 엉덩이는 빨개

---

49) "저건너 새포기 심도시다/ 심도시믄 센할애비지/ 센할애비는 등이굽지/ 등이 굽으면 지르매까지지/ 지르매까지믄 홍기너이지/ 홍기너이믄 동실기지/ 동실기믄 검지/ 꺼므믄 까마구지/ 까마구믄 뜨지/ 뜨믄 무당이지/ 무당이믄 뚜드리지/ 두드리믄 대장이지/ 대장이믄"(강원도 편, 《강원의 민요》1, 2001, 1268쪽)

50) 〈대한의노래〉는 원래 〈조선의 노래〉라는 제목으로 이은상이 글을 쓰고 현제명이 곡을 붙인 것인데, 해방 뒤에 시대에 맞게 제목과 노랫말의 일부를 바꿨다고 한다(한용희, 《한국동요음악사》, 세광음악출판사, 1988, 101쪽 참고; 한용희, 《동요 70년사 한국의 동요》, 세광음악출판사, 1994, 98쪽 참고).

빨가면 사과

사과는 맛있어

맛있으면 빠나나

빠나나는 길어

길으면 기차

기차는 빨라

빠르면 비행기

비행기는 높아

높으면 백두산

백두산은 뽀족해

뽀족하면 바늘

바늘은 아파

아프면 주사기(이○○)

3-b) 원숭이 똥구멍은 빨개

빨간 건 사과

사과는 맛있어

맛있는 건 빠나나

빠나나는 길어

길은 건 기차

기차는 빨라

빠른 것은 비행기

비행기는 높아

높은 건 백두산

백두산은 파래

파란 건 바다

바다는 짜가워

짜가운 건 소금

소금은 하얘

하얀 건 소금

하얀 눈 위에 구두 발자국

바둑이와 같이 간 구두 발자국

누가누가 새벽길 떠나갔나

외로운 산길에 구두 발자국(손○○)

3-c) 원숭이 똥구멍은 빨개

빨간 건 사과

사과는 맛있어

맛있는 건 빠나나

빠나나는 길어

길은 건 기차

기차는 빨러

빠른 건 비행기

비행기는 높아

높으면 백두산(안○○)

　위 노래는 동일 유형의 〈말꼬리잇는소리〉로 3-a)는 자녀 세대, 3-b)는 부모 세대, 3-c) 조부모 세대가 불렀다. 여기에서 '높으면 백두산' 이전의 노랫말인 '엉덩이'와 '똥구멍', '~면', '~건(것)' 등과 같이 구체적인 표현에서는 차이가 있지만, 구비문학의 속성의 하나인 와전과 오청誤聽을 고려하면 이들은 큰 문제가 아니다. 그리고 위의 노래에서처럼 작은 차이가 이들 노래를 이해하고 해석하는 데 어려움을 주는 것도 아니다.

그럼에도 '높으면 백두산' 뒤의 노랫말은 각 편에 따라 차이를 보인다. 3-c)의 경우는 기존에 전승되는 노랫말을 더 확장하지 않았지만, 3-a)와 3-b)의 각 편은 밑줄 친 노랫말처럼 말꼬리를 이어 노랫말을 덧붙이고 있다. 나아가 3-b)의 경우는 진하게 표기한 노랫말과 같이 〈구두 발자국〉의 노랫말을 보태어 확장시키고 있다. 이와 같이 〈원숭이엉덩이는빨개〉의 노랫말을 확장시키는 것은 가창자 본인의 작사 능력이 뒤따라야 하지만, 대부분은 기존 노래의 노랫말을 그대로 가져와 활용하는 것이 일반적이다. 그러므로 조부모 세대는 전승되던 노래를 그대로 불렀지만, 자녀 세대와 부모 세대에서는 이들을 확장하여 노래하고 있음을 알 수 있다. 물론 부모 세대와 자녀 세대 사이에 노랫말 양은 차이가 있지만, 두 세대 모두 노랫말 확장이라는 점에서는 다르지 않다.

앞에서 살폈던 〈다리뽑기하는소리〉, 〈고무줄하는소리〉 등은 내면 지역에 여러 유형의 노래가 전승되고 있지만 〈말꼬리잇는소리〉는 〈원숭이엉덩이는빨개〉만이 정리되었다. 이처럼 〈말꼬리잇는소리〉가 지역에 하나의 노래만으로 전승된다는 것은 다른 노래에 견주어 그만큼 인기가 없음을 의미한다. 곧 〈다리뽑기하는소리〉는 여러 명이 어울려 일일이 손으로 다리를 짚어 가는 동작을 취하고 놀이를 하고, 〈고무줄하는소리〉는 고무줄이라는 도구를 가지고 놀면서 부르는 노래이지만, 〈말꼬리잇는소리〉는 아무런 동작과 도구도 없이 단순하게 말로만 하는 노래이기 때문에 그만큼 재미가 덜하다. 더욱이 〈말꼬리잇는소리〉는 앞의 낱말에서 연상되는 낱말을 연속해서 구성해야 하는 어려운 제약이 따르는 노래다. 물론 이렇게 어구를 어렵게 인공적이고 기술적으로 배열하는 것이 놀이이고,[51] 그에 따른 기쁨과 재미가 배가될 수는 있어도 동작이나 놀이 도구를 활용하여 부르는 노래보다 흥미를 일으키기에는 약한 것이 사실이다. 이러한 까닭에 〈말꼬리잇는소리〉는 〈다리뽑기하는소리〉, 〈고무줄하는소리〉의 노래보다 유형의 수가 적고, 세대 사이에도 큰 차이 없이 전승되는 것으로 이해된다.

그럼에도 이 노래가 세대에 걸쳐 지속적으로 전승되고, 조부모 세대보다 자녀 세대와 부모 세대에서 노랫말이 더 확장되고 있음은 주목할 일이다. 그리고 이러한 노랫말의 확장 및 변화는 지역에 따라서 차이가 있음도 확인한다.[52]

---

51) J. 호이징하, 앞의 책, 175쪽.

52) "볼이 빨갛다/ 빨간 것은 사과/ 사과는 맛있다/ 맛있는 건 빠나나/ 빠나나는 길다/ 길으면 기차/ 기차는 빠르다/ 빠른 건 비행기/ 비행기는 높다/ 높은 것은 백두산/ 백두산은 거룩하다/ 거룩한 건 이승만/ 백두산 벋어나려 반도삼천리/ 무궁화 이강산에 역사 반만년/ 대대로 이에 사는 우리 삼천만/ 복되도다 그의 이름 대한이로세."(김○○, 여, 74세, 대구 태생으로 19세에 시집가서 양양에서 살다가 1965년에 내면 명개리로 이주하였다. 2012년 3월 1일 필자 채록); "원숭이 똥구녕은 빨개/ 빨개면 사과/ 사과는 맛있어/ 맛있으면 빠나나/ 빠나나는 길어/ 길으면 기차/ 기차는 빨라/ 빨르면 비행기/ 비행기는 높아/ 높으면 하늘/ 하늘은 파래/ 파래면 바다/ 바다는 넓어/ 넓으면 우주."(민○○, 여, 65세, 화촌면 군업리 태생으로 23세에 화촌면 성산리로 시집왔다. 2012년 4월 21일 필자 채록)

V. 맺음말

민요의 전승 현장에서는 노동요나 의식요보다 유희요가 더 많이 채록되는 것이 현실이다. 나아가 일부 유희요는 세대의 차이와 환경의 변화에도 단절되지 않고 오히려 새로운 유형의 노래로 바뀌어 전승되기도 한다. 이것은 유희요가 노동요 및 의식요보다 노래의 전승 환경 변화에 쉽게 적응할 수 있는 장르이기 때문으로 파악되는데, 이는 곧 유희요의 전승력이라 할 수 있다.

익히 알고 있는 사실이지만, 동일 유형의 유희요라 하더라도 전승력은 세대에 따라 다르다. 그리하여 조부모 세대에 불리던 노래가 부모 세대에서는 나타나지 않고, 그런가 하면 자녀 세대에 와서 전혀 새로운 노래가 나타나 그 놀이노래로 자리 잡기도 한다. 이 글은 이러한 유희요의 세대별 노래의 존재 양상에 대하여 알아보고자 하였다. 그리하여 홍천군 산간 지역, 더욱이 내면 광원리 마을로 제한하여 세대별로 어떤 노래가 전승되고 있는지 살폈다. 나아가 현장답사를 통하여 채록한 노래 가운데 3세대에 골고루 전승된다고 판단한 〈다리뽑기하는소리〉, 〈고무줄하는소리〉, 〈말꼬리잇는소리〉 등을 중심으로 논의하였다.

이에 지금까지 논의한 내용을 정리하면 다음과 같다.

먼저 〈다리뽑기하는소리〉는 〈코카콜라맛있다〉, 〈고모네집에갔더니〉, 〈앵기땡기〉, 〈한거리두거리〉 등이 전승되고 있으나, 자녀 세대에서는 〈코카콜라맛있다〉, 〈고모네집에갔더니〉를, 부모 세대에서는 〈고모네집에갔더니〉, 조부모 세대에서는 〈고모네집에갔더니〉, 〈앵기땡기〉, 〈한거리두거리〉 등을 불렀다. 따라서 〈다리뽑기하는소리〉는 조부모 세대에 가장 많은 유형이 존재하고 있으며, 자녀 세대에서는 전혀 새로운 유형의 노래인 〈코카콜라맛있다〉가 불리고 있음을 알았다. 나아가 3세대 모두가 부르는 〈고모네집에갔더니〉의 노랫말을 비교하면, 조부모 세대에서는 서운함 또는 원망의 노랫말로 마무리하지만 부모 세대에 이르러서는 원망을 넘어선 분노를 폭력으로 응징하겠다는 과격한 표현으로 노랫말을 구성하고 있다.

〈고무줄하는소리〉는 세대에 따라 4~5곡의 다른 노래가 전승되고 있는데, 〈나리나리개나리〉만 자녀 세대와 부모 세대에서 함께 불렀을 뿐 세대에 따라 각기 다른 노래가 존재하고 있다. 그리고 〈고무줄하는소리〉는 창작동요, 창작가요, 구전동요, 구전가요, 군가 등 다양한 장르의 노래가 존재하지만, 전래동요라 할 수 있는 노래는 채록되지 않았다. 이와 같이 광원리의 〈고무줄하는소리〉에 전래동요가 불리지 않은 까닭은 고무줄놀이가 전해진 것이 그리 오래지 않았기 때문이다. 곧, 우리 사회에 고무줄놀이가 본격적으로 파급된 것이 1920년대로 파악되는데, 이때는 창작동요, 창작가요 등이 많이 보급되었던 까닭에 굳이 노래를 새로 만들지 않더라도 당시 유행하던 노래를 쉽게 가져다 부를 수 있었기 때문이다. 물론 이러한 사정은 비단 광원리에만 해당되는 것이 아니고 전국적인 것이다. 그리고 세대에 따라 각기 다른 노래가 불리는데, 〈고무줄하는소리〉가 노래보다는 놀이의 전승에 더 치중했기 때문으로 파악된다. 나아가 전쟁을 전혀 모르는 세대가 고무줄놀이를 하면서 군가를 불렀다는 점은 특이하다.

〈말꼬리잇는소리〉는 〈원숭이엉덩이는빨개〉만이 채록되었다. 이처럼 〈말꼬리잇는소리〉가 지역에 하나의 노래만이 전승되고 있음은 다른 노래에 견주어 그만큼 인기가 없음을 의미한다. 이는

〈말꼬리잇는소리〉가 아무런 동작과 놀이 도구 없이 단순하게 말로만 하는 노래이다 보니, 〈다리뽑기하는소리〉나 〈고무줄하는소리〉보다 재미가 덜하기 때문이다. 그럼에도 이 노래의 경우 조부모 세대보다 자녀 세대와 부모 세대에서 노랫말이 늘었는데, 이는 자녀 및 부모 세대에서 유희성이 더 확장되었음을 의미한다.

유희요의 종류는 많아 일일이 나열할 수 없을 정도이다. 하지만 이 글에서는 동작유희요의 〈다리뽑기하는소리〉, 도구유희요의 〈고무줄하는소리〉, 언어유희요의 〈말꼬리잇는소리〉만을 대상으로 하였다. 이렇듯 몇 노래에 제한하여 논의한 까닭은 3세대 사이에 모두 전승되는 노래가 흔치 않기 때문이다. 그럼에도 3세대 모두에서 불리고, 더욱이 자녀 세대의 많은 아이들이 알고 있는 〈손뼉치기하는소리〉에 대해 논의하지 않았음은 이 글의 한계이다. 이에 대해서는 다음을 기대한다.

참고문헌

강등학, 〈민요의 이해〉,《한국 구비문학의 이해》(개정판), 도서출판 월인, 2002.

강원도 편,《강원의 민요》I , 강원도, 2001.

권오경, 〈개사 동요와 아동의 의식세계〉,《한국민요학》제5집, 한국 민요학회, 1997.

김소운,《언문 조선구전민요집》, 동경: 제일서방, 1933.

김순제·박준교·양진모, 〈어린이의 놀이와 노래에 대한 조사 연구- 경기도를 중심으로〉,《교육논총》8, 인천교육대학교 초등교육연구 소, 1977.

김헌선·시지은, 〈어린이들의 생활문화와 민요- 현대 구전동요 연구 시론〉,《구비문학연구》25집, 2007.

이소라,《한국의 농요》3집, 현암사, 1989.

장덕순 외,《구비문학개설》(중판), 일조각, 1988.

조성미, 〈고무줄놀이가 유아의 기초체력과 신체적 자아개념에 미치 는 영향〉, 건국대 석사학위논문, 2009.

좌혜경,《제주 전승동요》, 집문당, 1993.

한용희 ,《동요 70년사 한국의 동요》, 세광음악출판사, 1994.

한용희,《한국동요음악사》, 세광음악출판사, 1998.

홍양자,《빼앗긴 정서 빼앗긴 문화》, 도서출판 다림, 1997.

무라야마 지준,《조선의 향토오락》, 박전열 옮김, 집문당, 1992.

J·호이징하,《호모 루덴스》, 김윤수 옮김, 도서출판 까치, 1991(7판).

로제 카이와, 《놀이와 인간》, 이상률 옮김, 문예출판사, 1994.

문화방송 편, 《한국민요대전: 강원도민요해설집》, 주식회사 문화방송, 1996.

한림대학교 인문대학 국어국문학과 편, 《강원구비문학전집》 홍천군 편, 한림대학교출판부, 1989.

《홍천의 민요와 노래》, 홍천문화원, 2002.

http://www.hongcheon.gangwon.kr

제2부

설화와 신앙

1. 산간 지역 주민의 의식구조적 특성

-설화를 중심으로-

강 명 혜(강원대학교)

Ⅰ. 서론

문학작품은 그 작품이 형성된 당대의 맥락, 곧 역사, 문화, 사회, 지배 이념 등을 함유한다. 곧, 사회문화적 토대를 기반으로 해서 작품이 형성되는 것이다. 더욱이 공동작으로 오랜 시간 동안 집단이 향유해 온 구비문학의 경우는 더욱 그러하다. 따라서 텍스트 자체뿐만 아니라 사회, 문화, 역사, 지배적 이념 등의 사회문화적 토대를 기반으로 해서 천착할 때 더욱 실체에 접근할 수 있으며 총체적인 실상을 파악할 수 있다. 구비문학 가운데에서도 설화는 이야기로 구성되고 있기에 이야기 구조나 내용, 주제에는 그 지방민의 습속이나 문화, 역사, 사회, 지배적 이념, 나아가서는 의식, 무의식적 세계가 내재되어 있다.[1] 따라서 그 지역

---

1) "문학작품은 수용하는 계층의 의식세계를 반영한다. 문학은 창작자와 수용자 간의 특성에 따른 장르의 분화와 변모를 가져온다." Alastair Fowler, "The Life and Death of Literary Forms", *New Directions in Literary History*, Raiph Cohen ed, London; Routledge & Kegan Paul, 1974, p. 92.

의 설화를 대상으로 해서 그 지역민의 의식·무의식 구조나 사회·역사적 배경을 어느 정도는 추출해 낼 수 있을 것으로 기대한다. 이 글에서는 이를 기반으로 해서 홍천 산간 지역의 설화를 사회, 역사, 지배적 이념 등의 사회문화적 토대에 천착해서 그 안에 담겨 있는 산간 지역민의 사회, 역사, 의식, 무의식 구조 등을 추출하고자 한다.

사실 설화는 대부분 신이하고도 기이한 내용으로 구성되어 있다. 따라서 표면적 내용(surface structure)으로 보았을 때 이를 사실적, 역사적인 내용으로 수용하기가 힘들다. 그렇다면 설화란 한갓 한담이나 기이담에 불과한 것인가? 하지만 우리의 국조國祖 이야기나 건국 이야기도 모두 설화로 이루어져 있다. 성경도 처음 제시되고 있는 창세기는 설화에 속한다. 이렇듯이 신이하고도 기이한 내용으로 구성되고 있는 설화란 과연 무엇인가?

인류 역사상 문자가 존재하지 않던 시대의 여러 구비물이 지속적으로 전달되고 오랫동안 입에 오르내리려면 사람들이 쉽게 기억하고 전달, 전파할 만한 신이하고도 괴이한 이야기로 구성되어야 했을 것이다. 왜냐하면 평범하거나 일상적이거나 기억하기 어려운 내용은 지속될 수도 널리 전파될 수도 없었을 것이기 때문이다. 따라서 진실되거나 사실적인 이야기에 특별한 장치, 곧 비유나 상징, 알레고리 등을 적용해서 신이하고 이상하고 특이한 이야기로 포장했을 것이다. 현대문학적 용어를 빌리자면 마침내 당의糖衣가 입혀진 것이다. 이렇듯이 사건이나 사실에 문학적 당의를 입힌 신이하고 괴이하고 이상한 이야기로 변신한 다음에 비로소 사람들 입에 오르내리면서 오랜 시간 보존되어 온 것 가운데 하나가 바로 구비물인 설화의 실상이라고 할 수 있다.

따라서 문학당의文學糖衣는 설화〔口碑物〕의 필요충분조건이며, 설화는 비록 표면적으로는 황당무계한 사건으로 이루어지거나 비논리적인 인물, 사건 등으로 구성되면서 이야기가 전개되는 듯하지만 실제로는 중요한 교훈적 가치, 철학적 사유, 역사적 사실 등을 담고 입에서 입으로 전달되는 이야기이다. 다시 말해서 설화는 역사나 철학의 또 다른 언술 방식에 해당되는 것이다. 예를 들자면 청혼을 할 때, "저와 결혼해 주시겠습니까"로 표현할 수도, "저와 베개를 함께 베겠습니까?", "아침마다 그대를 위해서 찌개를 끓여 주겠다" 등으로 표현할 수 있는 것과 유사하다. 이들 문장은 표면적 의미表面的 意味로는 전혀 다른 의미를 지니지만, 이면적 의미裏面的 意味(deep structure)에서는 동일한 의미로 환원된다. 이때 직설적 청혼 문장의 경우가 역사적 문체에 해당된다면, 뒤의 간접적이고 비유적인 청혼 문장은 문학적 문체에 해당된다.[2] 이렇듯이 역사와 문학은 도달점이나 목적이 동일하다고 해도 언술 자체가 애당초 서로 다른 코드로서 상이한 기술 방식을 고수하는 것이 인간사회의 암묵적 원칙이다.[3]

이렇듯이 설화의 최종 장르는 어디까지나 문학이기에 문학적 장치, 다시 말해 역설적 표현, 상징적 표현, 염원이나 기원, 소망이 내재해 있음을 염두에 두어야 한다. 열린 텍스트로서 많은 정보를 함축하고 있지만 해독하기가 만만치 않은 것이다. 그러므로 오독의 여지가 있기에 설화 분석에는 고도의 세밀하고도 천착

---

2) 강명혜, 〈〈단군신화〉 새롭게 읽기〉, 《동방학》 13집, 2007, 11쪽. 야코프 그림도 "민담은 시적인 데 비해 전설은 역사적인 것이다"고 하고 있다. 조동일, 《인물전설의 의미와 기능》, 영남대 민족문화연구소, 1979, 4쪽에서 재인용.
3) 강명혜, 〈삼국유사의 언술방식〉, 《온지논총》 28, 2011, 112쪽.

된 시각이 요구된다.[4] 이 글에서는 이러한 모든 점을 염두에 두고 홍천 산간 지역의 설화를 대상으로 해서 왜 그 지역에서는 그러한 이야기가 전달되는가에 대한 역사·사회적 실상, 마을 주민에게 내재된 집단적 욕망이나 소망에 대한 집단 무의식 측면, 의식 구조 등에 대해 고구하고자 한다.[5]

4) 조동일도 설화 연구를 제대로 하기 위해서는 "한 고을 또는 한 마을의 역사와 사회가 전설의 근간이 되며 그곳에 사는 사람들의 생활과 의식이 전설 창작의 방향을 결정했으리라는 점은 쉽게 생각할 수 있는 바인데 이 점을 공허한 개념적 논술에 내맡기지 않게 생동하게 파악하는 것이 인물전설 연구의 보람있는 과제이다. 구조주의적 방법과 현장론적 방법을 절충하며 단점을 서로 보완하는 데서 제대로 된 방법을 발견될 수 있을 것"이라고 하고 있다. 조동일, 앞의 책, 7~11쪽.

5) 그동안 이 지역에 대한 설화 채록 및 연구는 대략 다음과 같다. 강원도민속학회 엮음, 《강원도 축제의 이해》, 강원도민속학회, 2006; 강원도 편, 《강원의 민요》 I, 2001; 강원대 국어국문학과, 〈91학술답사보고서〉, 《글초》2, 1991; 강원대 국어국문학과, 〈강원도 홍천군 학술답사보고서〉, 《강원문화연구》 11, 강원대 강원문화연구소, 1992; 강원도 편《강원의 설화》II, 2005; 《강원문화연구》 제30집 별쇄본, 1994; 김훈·정금철·유태수 편저, 《민요》(강원전통문화총서 2), 국학자료원, 1998; 김의숙 외, 《강원전통문화총서》, 국학자료원, 1997; 강원도 편, 《민속지》, 1989; 홍천군 편, 《우리고장홍천》, 1992; 《한국구비문학대계-강원도편》, 한국정신문화연구원; 《한국민속종합조사보고서-강원도편》, 국립문화재연구소, 1999(재판); 〈한국민요대전〉 20~21(강원도민요해설집), (주)문화방송, 1996; 《한국의 마을제당》 2-강원도편, 국립민속박물관, 1997; 《홍천군지》, 홍천군, 1989; 홍천문화원, 《홍천의 민요와 노래》, 2002; 이동철, 《강원 민요의 세계》, 국학자료원, 2001; 전신재 외, 《강원도 민요와 삶의 현장》, 강원발전연구원, 2005; 한림대학교 국어국문학과, 《江原口碑文學全集》, 한림대학교출판부, 1989; 한림대학교 인문학연구소, 《강원의 민요》 I, 2001; 한림대학교 인문학연구소, 《강원의 민요》 II, 2002.

Ⅱ. 산간 지역의 자연, 인문지리, 생산적 특성

1. 자연지리적 특성

홍천군에서 산간 지역은 편의상 내면, 내촌면, 두촌면으로 나눌 수 있다. 홍천의 모든 지역은 산이 많은 편이지만 이 세 지역은 그 가운데서도 산이 높고 많기 때문이다. 내촌면은 북위 37도 45분 동경 128도 5분에 위치하며 동쪽으로는 인제군, 상남면과 홍천군 서석면, 서쪽으로는 화촌면, 북쪽으로는 두촌면과 접해 있으며 홍천과 인제군 현리를 연결하는 교통의 중심지이다. 총 면적은 대략 141제곱킬로미터이며, 동서의 폭이 2킬로미터, 남북의 길이가 1킬로미터이다. 고산 지대 곳곳이 분지를 이루고 있고 화양강 상류에 내촌면이 중앙부를 질러 흐르고 있다. 해발고도는 200~500미터 정도이다. 임야가 총면적의 81.5퍼센트(10.53 헥타르)이며, 경지면적은 13퍼센트(1,824.8헥타르) 정도로 대부분 암석지대로 형성된 화강암지대이고 식양토이다. 홍천~속초 사이의 국도와 화양강 줄기를 따라 좌우로 형성된 두촌면은 서울에서 설악산으로 이어지는 관광교통지역으로 임산자원과 지하자원이 풍부한 곳이기도 하다. 면적은 13,117헥타르 가운데 임야가 80.5퍼센트(10,586헥타르)로 대부분을 차지하고 밭이 6.5퍼센트(830.6헥타르), 논이 2.5퍼센트(356헥타르), 기타가 10.5퍼센트(1,350.4헥타르)이다. 동경 128도 12분, 북위 37도 52분에 위치한 내면은 홍천군청 소재지부터 동북방 72킬로미터나 되는 먼 거리에 위치해 있으며, 총 425킬로미터의 광활한 면적을 가지고 있다. 오대산 비로봉(1,563미터), 계방산(1,571미터), 매봉산

(1,103미터) 방대산(1,436미터) 개인산(1,342미터) 등의 큰 산과 해발 600~1,000미터의 태백산맥을 근거로 해서 이루어졌으며, 북한강의 원류가 되는 내린천이 남북으로 관통하여 인제군과 양구군을 거쳐 춘천 소양강에 이어져 있고, 농경지는 전체 면적의 4.5퍼센트, 임야가 92.9퍼센트, 기타 2.6퍼센트의 산악 지대이다. 곧 논밭이 면 전체 넓이의 6퍼센트도 채 못 되고 논은 밭의 3분의 1밖에 되지 않는다.[6]

2. 인문지리적 특성

홍천 내촌 지역은 1942년 행정구역을 12개 리로 나누고 내촌內村면을 내촌乃村면으로 개칭하였다. 1955년 6월 지방자치제 실시로 8개 리로 통합했고 1961년 10월 지방행정이 군에 이관되었다. 1981년 7월 1일 도관 1리를 2개 리로 분할, 49개 자연부락 8개 법정리와 13개 행정리 69개 반으로 구성되어 현재에 이르고 있다. 북위 37도 45분 동경 128도 5분에 위치하며 동쪽으로는 인제군 상남면과 홍천군 서석면, 서쪽으로는 화촌면, 북쪽으로는 두촌면과 접해 있으며, 홍천과 인제군 현리를 연결하는 교통의 중심지이다. 두촌면은 통일신라시대 제30대 문무왕 때 9주 5소경 역주에 속했다가 고려 8대 현종 9년(1018년)에 홍천현을 9개 면으로 하고 두촌면이라 일컬었다. 전해오는 말에 따르면 인제현감과 홍천현감 사이에 군계를 정하는데, 서로의 의견이 일치하지 않아 그 의견의 차를 없애는 방편으로 각 군 소재지부터 같은 시각

6) 홍천군,《홍천군지》, 홍천군지편찬위원회, 1989, 78~83쪽.

에 말을 타고 달려 서로 만나는 지점을 군계로 정하자 하여 정해진 것이 현재의 군계라고 한다. 이러한 의미를 담아 그 당시 현재의 두촌을 머리 두자를 넣어 두촌으로 명명, 오랫동안 불리어 오다가 말촌으로, 다시금 지금의 두촌으로 개칭했다. 조선 말엽 고종 32년(1895년) 전국을 13도로 나누고 현이 군으로 개칭되자 홍천군 두촌면으로 칭하게 되었으며 7개 리를 두었다. 내면은 1945년 38선이 생기고 인제군의 대부분이 공산 치하에 들어감에 따라 그 나머지 지역은 모두 홍천군에 편입되었다가 1951년 인제군이 전부 수복되었으므로 홍천군에 편입되었던 대부분의 지역이 인제군에 복귀되었다. 1973년 7월 1일 행정구역 개편으로 양양군 서면 명개리가 흡수되고, 내면 미산8리와 2리가 인제군 기린면으로 편입되어 6개 법정리에 17개 행정리, 72개의 자연부락을 관할하고 있다. 동쪽으로는 양양군 서면과 평창군 봉평면에, 서쪽은 서석면, 남쪽은 평창군 진부면, 북쪽으로는 인제군 기린면 등 3개 군과 인접하고 있다.

3. 생산경제적 특성

산간 지역으로 분류된 지역 가운데 화촌, 두촌, 내촌은 거의 비슷한 생활환경 및 자연조건, 사회적 배경을 지니고 있지만 그 가운데 내면은 확연히 분별되는 자연조건 및 사회, 생활환경을 지니고 있다. 지리적 배경을 보더라도 화촌, 두촌, 내촌은 서로 인접해 있어서 서로 비슷한 생활양식 및 생활상, 역사적 배경을 지니고 있다. 내촌은 이전에 금광이 있던 곳으로 유명하다. 1945년도에는 일본인 금광으로 가련, 망전, 백우, 문현, 삼화광산이 있었다. 당시에는 금이 많이 나와 그 무렵에도 전기를 켜고 맥주 마시던 술집이 10여 곳이나 있을 만큼 흥청거리는 생활을 했다. 현재는 채광을 못하고 폐광되었다. 1952년부터 1968년까지 도관리에 백우소주 공장도 있어 경기가 좋았으며, 산물로는 버섯류, 머루, 다래, 도토리가 많이 나고 질이 좋은 것이 특색이다.[7] 두촌도 금광, 철광산으로 유명했다. 더욱이 일제강점기 때 자은1리, 바로 두촌국민학교 뒷골짜기에는 소림금광이 개발되어 장기간 많은 양의 채광이 이루어졌고, 1990년까지도 장남리 장사랑 마을에 도목금광이 자리 잡아 채광 작업을 했지만 현재는 폐광된 상태이다. 또한 원동리와 자은리에는 우리나라 철 매장량의 74퍼센트를 차지하는 8,800여 만 톤의 철이 묻혀 있으나 아직 개발되지 못하고 있다. 천현1리에는 자은철광이라는 철 광산이 있었다. 매장량 총 4천만 톤으로 일제강점기 때 1만여 톤이 채광되었다. 원동리에는 1960년대 초에 발견된 철 광맥이 있다. 여기에는 4,800만 톤이나 되는 철이 매장되어 있다. 1968년 상공부와 광업진흥공사가 시추 작업을 하여 광맥과 11개의 광구를 찾았다. 1949년 정도에 마춘선 씨가 금광을 발견하여 일본인에게 넘겼다. 10년 뒤에는 감독 100여 명, 인부 880명의 대규모 채광 작업으로 전국 제2의 채금 실적을 올렸던 노다지의 생산광 대명광산이 바로 괘석1리에 있었다. 워낙 이름난 곳이어서 해방 전에는 '조선 괘석리'라고만 겉봉에 적어도 편지가 제대로 찾아 들어왔을 정도였다. 이곳도 내촌처럼 해방 전에는 흥청댔다. '금생 여수' 곧 어디에나 땅만 파면 금이 물처럼 난다는 말이 떠돌 만큼 이곳의 산마다에 금이 묻혀

7) 홍천군, 앞의 책. 85~98쪽.

있다고 알려져서 이른바 노다지의 꿈을 안고 많은 사람들이 모여들었다. 그러나 식민지 시대에 캐낸 금은 대부분 일본인들이 가지고 갔다. 금이 천 톤쯤 묻혀 있는 것으로 알려졌던 자은리의 소림금광만 해도 1930년대 초부터 해방 전까지 3백 톤에 이르는 금을 캐냈고 제련소도 들어섰다. 소림금광에서 일하던 광부가 8백 명에 이르렀다. 두메산골인 이곳에 그때 이미 전깃불이 들어왔는데 해방이 되고 금광이 문을 닫은 뒤에도 계속해서 들어오던 전깃불은 6·25 전쟁이 일어나자 끊겨 버렸다. 그 뒤로 이곳 사람들은 1973년에 다시 전깃불이 들어올 때까지 호롱불을 켜고 살아야 했다. 1970년대 초에도 광부가 스무 명 남짓 되는 작은 규모일망정 이곳에는 금을 캐는 광산이 있었다.[8] 내면은 주방산 일대에는 들쭉나무가 서식하며, 중가리 무의 산지이기도 하다. 또한 수백 년 묵은 주목이 하늘을 찌를듯이 빽빽하다. 옥수수와 고랭지 감자의 주산지로서 옥수수만 연간 1천여 가마를 생산하며 배추, 무, 감자, 호박 등 고랭지 채소를 주로 심는다. 또한 고사리, 고비, 더덕, 꼬취, 참나물 등 고산 지대의 산채로도 유명하다. 표고버섯 재배가 전국 제일이며 토종꿀이 많이 생산된다. 산삼, 머루, 다래, 돌배 등도 헤아릴 수 없이 많이 난다. 내면산 머루주는 별미이다. 느타리버섯, 당귀, 강활 등도 유명하며 표고버섯은 큰 소득원이 되고 있다. 이렇듯이 이들 산간 지역은 내면을 제외하고는 광산 및 목재 등으로 흥성했던 곳이다. 요즈음 내면은 고랭지 채소 재배 등으로 고수익을 올리고 있다.

---

8) 홍천군, 앞의 책, 99~229쪽.

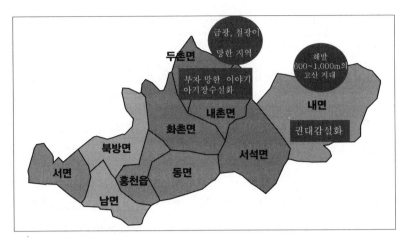

홍천 산간 지역 내촌, 두촌, 내면

Ⅲ. 산간 지역민의 의식구조적 특성

1. 번성과 쇠락, 좌절의 문법-
〈부자 망한 이야기〉, 〈아기장수〉

홍천 산간 지역은 대략 두촌, 내촌, 내면이다. 이들 지역의 공통된 특징으로는 앞에서 살펴보았듯이, ① 산이 많아서 농토가 많지 않고 ② 산과 관련된 자원인, 금, 철광, 목재 등을 풍부하게 지니고 있으며 ③ 밭농사가 주류를 이룬다는 점 등이다. 따라서 내면을 제외하고는 이전에는 광산업(내촌의 금광, 두촌의 철광)이 성행해서 흥청거렸던 경험을 공유한다.

이들 두촌, 내촌 지역에서 이전에 채록된 설화는 다음과 같다.[9]

---

9) 강원도청, 《강원의 설화》, 2005; 홍천문화원 포탈 사이트; 한림대학교 인문대학 국어국문학과 편, 《강원구비문학전집》 홍천군편, 한림대학교출판부, 1989.

두촌: 쥐산과 고양이산 이야기, 가리찬 한천자 이야기, 노적봉유래, 마의태자, 지명유래담

내촌: 장자못, 전씨 아기장수, 우렁골, 말구리소, 서곡대사, 전씨네 손님 끊은 이야기, 마의태자와 대왕각

그러나 이번 답사에서는 두촌에서는 〈가리산 한천자〉 외에는 거의 아무것도 채록하지 못했다. 이곳에서는 6·25 때 경험이 너무나 생생해서 전쟁과 관련된 이야기만 들려 주었다. 이곳의 노인분들은 근대에 직접 겪은 '전쟁사'나, 이를 '극복하는 과정' 등이 무엇보다도 '각인된 경험'이며, '잔인하지만 생생한 이야기'이다. 어느 설화, 어느 소설보다도 그들의 '뇌리'에서 살아 움직이는 '설화'인 것이다. "재미있거나 흥미 있거나 마을에서 내려오는 옛날이야기를 해 달라"고 하면, 열에 여덟 아홉은 "전쟁 이야기밖에 할 말이 없다"고 손사래를 쳤다. 이전 이야기는 아무 기억도 없다고까지 했다. 이전에는 모여서 이야기도 많이 하고 어른들 말도 경청했으나 지금은 다 잊어버려서 거의 기억에 없다고 했다. 더욱이 그 지역에서 수십 년 산 분들도 "자신들은 이 고장 사람이 아니라는 것"이다. 설화라는 것이 화자와 청자 사이의 의사소통에 따라 전달되는 구비물이라는 점을 상기한다면 이러한 결과는 너무나 당연했다. 노인분들은 이제 아무도 설화를 상기하고 이를 중요하게 생각하거나 특이하게 생각하지 않는다. 따라서 아무도 전달하지 않는다. '전달'은 '목적'을 위한 '소통구조'의 일환인 것이다. '필요'가 없으면 아무도 이를 '충족'시키려 하지 않는 것, 그것은 만고의 진리이다.

내촌에서는 이전에 채록된 것과 마찬가지로 〈전씨네 부자 망한

이야기〉, 〈아기장수 이야기〉, 〈서곡대사〉, 〈가리산 천자 이야기〉 등이 채록되었다. 이전에 채록된 적이 없는 설화는 〈이장사 이야 기〉, 〈약수 이야기〉 정도였다. 내촌 도관리의 박경주 씨[10]는 많은 설화를 알고 있었다. 부친에게서 소싯적부터 들었다고 하는데, 부친은 무학無學이었지만 혼자서 한문을 깨쳤고 의식이 깨어 있었으며 똑똑한 분이었다고 한다. 박경주 씨도 박학다식한 편이며 주관이 뚜렷하고 총기가 뛰어난 제보자였다. 1980년대부터 채록된 내촌의 설화는 모두 이분에게서 채록한 것이다. 다시 말해서 이곳의 설화를 채록한 대상은 여러 명이지만 이를 전하는 인물(연행자)은 단 한 명인 것이다. 다른 분들은 모두 이분이 제일 잘한다면서 추천해 주었다. 이분에게서 채록한 이야기는 내촌 도관리에 처음 터를 잡았다고 하는 전씨라는 '양반'과 관련된 일련의 시리즈로 된 설화로서, '전씨네 망한 이야기', '전씨네 며느리가 낳은 아기장수 및 용마와 장사'와 관련된 것이다.[11] 이분은 채록 때마다 조금씩 이야기가 달라졌는데 이는 구술 연행 특성상 당연한 결과라 할 수 있다. 2012년 4월 1일 본 연구자의 채록에 따른 〈전씨네 부자 망한 이야기〉는 다음과 같다(본 연구자도 3번 채록함).[12]

---

10) 내촌 도관리 박경주(81). 3번 방문해서 채록하였다. 갈 때마다 구술이 조금씩 달라졌지만 기본 줄거리에는 변함이 없었다. 사소한 부사나 형용사 정도만 약간씩 달라졌다.

11) 이제까지 영웅설화 내지 장수설화를 포함한 인물설화에 대한 연구는 조동일, 신동흔, 유영대, 윤재근 등에 의해 이루어져 왔다. 조동일은 민중적 영웅의 의미와 기능을 구체적으로 밝히려고 시도하였다.

12) 기존 구술 기록에도 〈전씨네 아기장수 이야기〉, 〈백우산의 장수〉, 〈부모에게 살해된 아기장수〉 등이 유사담으로 존재한다.

2012. 4. 1. 홍천군 내촌면 도관 1리 박경주(81)

〈전씨네 부자 망한 이야기〉

도관리로 제일 먼저 들어온 사람이 바로 전씨야. 정선전씨. 이성계가 씨를 말리려고 죽이니까 삿갓을 쓰고 정선에 간 것이지. 양반이었지. 왕이 돼지우리에 갇힌 것이 王+口=田가 된 것이 아닌가?(웃음) 王자에다 삿갓(八)을 썼으니(손으로 탁자에다 써 보임. 王+八=全) 숨어 들어온 왕족 아니겠냐는 말도 있지요.

그럼 혹 정선아리랑과 관련된 고려 유민이라고 할 수 있나요?(필자) 그런 말도 들은 적 있어요. 그러나 시대는 잘 모르겠고……. 지금 저 앞 면사무소 자리가 바로 전씨네 집이 있었다고 해요. 이 양반이 처음 여기 와서 정착을 한 곳이 지금 면사무소 자리인데 아주 잘살았대요. 부자로 잘살아서 손님들이 끊이질 않았대요. 그래서 손님을 대접하기 위해 늘 밥을 해 대는데 밥을 하기 위해 쌀을 씻으면 그 집에서 쌀을 씻으면 쌀 씻은 뜨물이 저쪽 하천으로 해서 강까지 나갔대요. 그러니 며느리가 힘들게 아냐. 아주 죽을 노릇이었겠지. 어느 날 아무도 없는데 중이 시주를 왔단 말이에요. 그래서 며느리가 "스님 시주는 얼마든지 할 터이니 어떻게 하면 우리 집에 손님이 오지 않게 할 수 있을지 방도를 가르쳐 주세요" 하고 물으니 중이 "조상 묘가 어디냐? 멀지 않으면 한번 가서 보자"고 하더래요. 그래서 며느리가 중을 데리고 조상묘를 찾아갔는데 그 중이 보니 묘자리가 명당인거야. 묘자리를 보니 부자가 되고 손님이 북적거릴 명당인거야. 그래서 손님을 없애려면 묘 옆에 있는 저 바위를 깨야 한다고 말하더라는 거야. 그래서 "정말로 손님이 오지 않을까요?"라고 물으니 그렇다고 하더래요. 그래서 석수쟁이를 불러다가 묘 옆에 있는 바위를 깨라고 시켰대요. 그래서 어느 날 석수쟁이를 불러서 바위를 깼는데 지금도 그 자리에 돌더미가 그대로 있어. 큰 바위를 정으로 쪼은 것 같은 돌가루 무덤이… 아 그 바위를 깼더니 그 안에 금붕어와 비둘기가 있다가 비둘기는 날아가고 금붕어는 사라졌대요.

저번에는 금붕어 이야기는 하지 않으셨는데요? (필자).

(웃음) 아 내가 그랬나? 금붕어와 비들기가 있는 것이 맞아요. 어렸을 때 아버지한테 들었는데 둘 다 나왔어요. 이곳에 있는 돌무덤은 그냥 돌하고 다르다니까. 언제 가서 보세요. 그 후 전씨네는 쫄딱 망했다고 해요.

〈전씨네 아기장수 이야기〉

그 전씨네 며느리가 태기가 있어서 아들을 낳았는데 3일 후에 며느리가 나갔다 와 보니 아기가 옛날 집에 있던 시렁, 그 시렁에 올라가 있더래요. 당장 어른한테 이야기해서 살펴보니 애가 겨드랑이에 날개가 났단 말이야. 그래서 집안 어른들끼리 의논하기를 큰 문제가 생겼다. 왕조 시절에는 장사가 나문 역적이다. 얘를 그냥 나두면 집안이 망한다. 3족을 멸문당하기 전에 아이를 죽여야겠다고 집안이 합의를 했대요. 그래서 아이를 죽이는데 팥 한 섬(10말보다 큼)도 안되고 또 한 섬, 그래도 안되고 또 한 섬, 이렇게 세 섬을 올려놓으니 죽더래요. 죽고서 삼일 후에 매지골(망아지골, 지금도 있어)에서 말 새끼가 나와서 용마가 나왔는데 주인이 죽었단 말이에요. 그러니 우렁골에 와서 울다가 말구리소(볼 수 있어요)[13]에 가서 굴러서 그만 죽어 버렸대요. 죽기 전에 약샘터 구유바위서 먹이를 먹고 죽었대요.[14]

---

13) 허림이 채록해 놓은 것에는 '말벼루소(말거리소)'라고 하고 있다.

14) 용마가 난 곳을 '매짓골' 또는 '망아지골'이라고 하고 죽은 용마를 건져다 묻은

내촌에서 채록되고 있는 이 일련의 설화는 우리나라 광포설화이면서 각각 독립된 이야기로 전하는 〈부자 망한 이야기〉(〈장자못설화〉 유사담)과 〈아기장수설화〉가 서로 연계되어 구성되어 있다는 특징을 보인다. 이 이야기의 기본 화소는 다음과 같다.

① 전씨라는 양반이 도관리라는 촌으로 들어왔다.
② 처음에는 번창하면서 기틀을 잘 잡는 듯했다.
③ 며느리와 중에 의해 가세가 기울기 시작했다.
④ 장차 장수(집안을 일으킬?)가 될 신이한 아기가 태어났다.
⑤ 집안이 의논해서 아기를 죽였다.
⑥ 아기가 죽은 지 3일 만에 용마가 나서 울다가 굴러서 죽었다.

이 이야기의 주된 내용이나 의미를 살펴보고자 한다.
우선, 이야기 발단은 '도관리'라는 지극히 외진 산촌에 전가 성을 가진 양반이 와서 터를 잡으면서부터 시작된다. 도관리라는 명칭은 이전에 '쇠를 녹이는 도가니'가 있어서 도관리라고 부른다는 말도 있고, '독같이 생겼다고 해서 붙여진 이름'이라는 말도 있으며, '관을 쓴 사람이 지나간 길〔道冠〕'이라 하여 붙은 이름이라는 이야기도 있다. 아무튼 외진 산간 마을(내촌)이다. 양반이 이런 깡촌으로 이사왔으니 무엇인가 사연이 있었을 것이며, 벼슬을 했을 것이라는 가정 아래 은닉을 목적으로 들어왔다고 추정할 수 있다. 관을 쓰고 촌으로 들어갔다고 해서 그 인물을 '마의태자麻

곳이 '와야 말 무덤'이라고 한다. 그 후 전씨 가문도 기울어 망했다고 하여 망전이라고 한다(허림).

衣太子'로 보기도 하지만(허림)[15] 이곳에서 둥지를 틀고 살았다는 점에서 이 주장은 무리가 있다.

전씨 양반은 이곳에서 부유하게 잘산다. 잘사는 정도가 아니라 상당히 잘살아서 매일 쌀 씻는 물이 하천으로 해서 강까지 이를 정도이다. 경제력을 보면 이전에는 세력가 집안이었음을 짐작할 수 있다. 그러나 그렇게 번창하던 전씨 집안에 문제가 발생한다. 문제를 일으킨 인물은 바로 그 집 '며느리'이다. 이 며느리는 전 씨 집안의 적대자가 된 셈이다. 그리고 며느리를 도운 인물은 바로 '중'이다. 며느리가 누구인가? 그 집안 사람이면서 가문의 일원(동일 성씨)이 될 수 없는, 곧 전씨가 아닌 인물이다. 이 인물은 '전씨' 아기를 낳아서 대를 이을 때만 그 존재 가치가 인정된다. 그러나 며느리가 자신의 존재 가치를 인정받기 전, 다시 말해 '아기'를 낳아 대를 잇기 전에 그만 사건을 일으킨다.

손님을 수발하기 힘들다고 며느리가 결국은 '부'를 파괴하는 사건이 발생하는 것이다. 며느리의 행위로 말미암아 도관리에 자리를 잡아서 번창하던 전씨네는 그만 몰락하고 만다. 경제적인 측면에서 하락하는 것이다. 며느리의 행동은 사려 깊지 못하다. 아마도 며느리는 집이 망하는 것은 바라지 않았을 것이다. 단지 몸이 좀 편해지기만을 바랐을 것이다. 그녀의 순간적인 경솔한 결정은 커다란 실책으로 이어진다. 사실 부자가 망하는 이야기는 여러 곳에서 채록되지만 망하는 이유는 거의 부자의 '욕심'과 '몰인정' 때문이다. 오히려 다른 곳의 유사담에서는 며느리가 '선자 善者'로 등장한다. 그러나 조력자의 도움을 받기는 하지만 여기에서 부를 파괴하는 주체는 어디까지나 '며느리'이다. 며느리 때

---

15) 허림, 인터넷사이트 "화양의 예맥"- 홍천강 탐사기행.

이전 전씨네 집터(현재 도관리 면사무소)

문에 망하는 이야기라고 해도 이렇게 이야기가 종결되는 것이 또 다른 유사담들의 실상이다.

하지만 전씨네 이야기는 이것으로 종결되지 않는다. 비록 가세 는 기울었지만 또 한 번의 기회가 온다. '아기장수'의 탄생이 그것 이다. 며느리는 '황당한 광경'(난 지 3일 된 아기가 시렁 위에 앉 아 있는)을 목격하고는 저번과 같은 경솔한 실책을 범하지 않기 위해서일까? 이번에는 이 사실을 문중에 알린다. 그러나 문중 회 의 결과 아기는 죽임을 당한다. 첫 번째 전씨네가 망하는 원인이 개인에 의해 일어났다면 두 번째 경우는 집단에 의해 야기된다. 아기의 죽음에 이어 용마의 처절한 몸부림(울고, 구르고)이 이어 진다. 이곳 〈아기장수설화〉의 특징은 아기보다 용마에 더 초점이 맞추어져 있으며 당연히 이야기도 용마 부분이 길게 진술된다.

안타까운 사연이다. 그렇다면 내촌 부근의 산촌에서는 어째서 이러한 이야기가 형성되고 전달되고 지속되고 있는 것일까? 이 이야기는 심층적 의미에서 어떤 의미 및 내용을 지니고 있는 것일까? 이를 규명하려면 우선 이 지역의 사회, 역사, 경제적, 이념적인 측면을 살펴보아야 할 것이다.

앞에서 잠깐 언급했듯이 내촌과 두촌은 이전에 금광과 철광이 있어서 흥청거리던 지역이다. 두촌은 총 면적 13,117헥타르 가운데 임야가 80.5퍼센트(10,586헥타르)를 차지하고 있으며, 밭이 강세를 보이는 산간 지역의 특색을 지니고 있고, 조선조 때 보안도에 딸린 천감역泉甘驛이 있었으므로 역내라 하였다. 그런데 1916년 행정구역 폐합에 따라 쇠덕, 가래뜰, 소서낭거리, 숲고개, 천감, 평내를 병합하여 역내리라 불려 왔다. 쇠덕은 옛날 쇠를 캐냈던 곳이어서 유래된 이름이다.[16] 이전에 자운리는 지음知音, 점 1골이라고 불렸는데 그 이유는 자운리가 조선조 말 쇠판이라는 곳에서 철광석을 채취하여 가마소라는 골짜기로 소 등에 실어 운반하여 참나무로 불을 피워 돌을 녹여 쇠를 분리해 밭을 가는 보습이라는 쟁기를 만드는 점店이 있었던 곳이기 때문이다. 그 뒤 지음동 또는 중골(정골)로 불리고 있다. 이곳은 철 매장량이 많다. 몇십 년 전까지만 해도 철을 캤지만 수송이 어려워서 타산이 맞지 않아 현재는 중지 상태이다. 이런 연유로 홍천에서 두 번째로 전기가 빨리 들어왔다.[17] 그러나 전쟁이 나고 적전지가 되면서 이곳은 거의 폐허가 되다시피 한다. 그 뒤 새마을운동이 활발하게 일어났고 마을은 복구되었다. 더욱이 자은리는 1978년 홍천군 내 우수마을로 선정되었고, 내무부장관상을 수상했으며, 비碑도 건

---

16) 홍천군, 앞의 책, 78쪽.
17) 홍천군 두촌면 자은리, 이승만(82) 제보.

립되었다.[18] 현재 이 마을은 잘사는 편이지만 그 대신 우리의 전통문화는 거의 다 사라지고 없었다. 이전의 채록물에도 이 지역의 설화는 거의 보이지 않았지만 현장에 와서 보니 그 이유를 알 수 있을 듯했다. 폐허 속에서는 문화가 꽃피거나 전달될 수 없으며, 새마을운동의 취지 또한 낡은 것을 새것으로 교체하는 것이었기에 우리 구비물의 지속은 힘들었던 것이다.

내촌도 산간 지역으로서 주업은 농사이지만 역시 논농사보다 밭농사를 많이 한다. 더욱이 광맥이 많이 있어서 일제강점기에는 일본인의 주도 아래 가련, 망전, 백우, 문현, 삼화광산이 성행했다. 당시에는 금이 많이 나와 그 무렵에도 전기를 켜고 맥주 마시던 술집이 10여 곳이나 있을 만큼 흥청거리는 생활을 했다.[19] 현재는 거의 채광을 못하고 있다. 그 밖에도 1952년부터 1968년까지 내촌 도관리에는 백우白羽소주 공장이 있어 경기가 좋았으며, 특산물로는 버섯류, 머루, 다래, 도토리가 많이 나고 질이 좋은 것이 특색이었다. 따라서 이곳을 중심으로 장도 섰다. 그러다 보니 이곳은 자연히 마을의 중심이 되었다. 장거리에 있던 백우 소주 공장은 아주 흥행했으며 모주(술찌꺼기)를 얻고자 사람들이 줄을 설 정도였다. 여기에 소주 공장이 들어서게 된 것은 백우산을 중심으로 금광이 호황을 누려서 판매도 잘 되었기 때문이다. 금광이 문을 닫자 소주 공장도 문을 닫게 되었다.[20] "도관리는 어쨌든 밥은 굶지 않았다고"[21]라고들 기억하고 있는 것도 이 지역이

18) 홍천군 두촌면 자은리 이승만(82), 지음동 청년회 공덕비(2007.4.30.) 참조.
19) 홍천군, 앞의 책, 94쪽.
20) 홍천군, 앞의 책, 94쪽. 도관리 박경주(81), 한순천(56) 제보.
21) 황정봉(91), 서석면 거주.

인근에서는 잘사는 마을이었음을 반증하는 것이다.

이렇듯이 내촌, 두촌 지역은 사회 역사적 배경으로 보았을 때, 이전에는 아주 흥청거리다가 망하게 된 과거를 공유하고 있음을 알 수 있다. 설화는 역사나 철학적 사유의 또 다른 언술 방식이라고 했을 때 전씨 부자가 망하게 된 것은 결국 이곳의 역사적 실상을 반영한 것이라고 할 수 있다. 흥청대며 잘살다가 쇠락한 실상을 또 다른 언술 방식으로 이야기 속에서 반영하고 있는 것이다. 성행했다가 쇠망하게 된 이 지역의 경제적 실상이나 심적 아쉬움, 회한 등의 복합적 감정이 문학적 장치 속에서 재탄생되었다고 할 수 있다. 그렇다면 이야기 구조 속에서는 망조의 원인을 어디에 두고 있는가를 규명해 볼 필요가 있다. 이야기 속에서는 망조의 원인을 '며느리'와 '중' 때문으로 보고 있다. 며느리가 자신의 일을 버거워하거나 자신의 임무에서 벗어나고 싶어 하는 것에서부터 이 모든 비극은 발아한다. 게다가 이를 돕는 조력자는 '중'이다. 이것은 무엇을 의미할까? 이러한 현상이 혹 이곳의 사유세계에 이질적 종교인 '불교'가 들어와서 전통적 사유 체계나 전통신앙 등이 쇠락한 것을 의미하는 것은 아닐까? 이곳 주산인 백우산은 여산신이 좌정하고 있다고 알려져 있다. 며느리와 여산신을 동일시하는 것은 아니지만 여성성의 약화 원인을 어느 정도 설명하고 있는 것은 아닐까 하는 추정을 해 본다. 다시 말해 불교라는 외래 종교에 우리 전통 민간신앙인 무속적巫俗的 측면이 좌우되는 것을 반영한다고 보는 것이다. 따라서 이렇듯이 흥행하던 마을인 내촌과 두촌이 망해 가는 것을 이 설화들이 반영하고 있다고 볼 수 있다. 흥행과 쇠락이라는 일련의 과정을 제시하고 있는 것이 〈전씨 부자 망하는 이야기〉의 문법구조이다. 결론적으로 보아 내촌, 두촌을 중심으로 한 이 지역의 경제적 쇠락을 〈전씨 부자 망한 이야기〉가 함축하고 제시하고 있다고 본다.

그렇다면 아기장수는 무엇을 지칭하며 어떤 사실이나 의식, 무의식적 사고를 반영하고 있는 것일까? 이 〈아기장수설화〉와 관련해서 살펴보니 흥미로운 사실을 발견할 수 있었다. 널리 알려진 바와 같이 일반적으로 〈아기장수설화〉는 조선조에 발생한 것으로 알고 있는데, 조선조에 나온 설화집을 살펴보니 막상 〈아기장수설화〉는 한 건도 채록되고 있지 않았다. 예를 들면 최인학이 편저한 《조선조말 구전설화집》에 수록된 104편에는 〈아기장수설화〉가 한 편도 등장하지 않고 있다.[22] 이 당시는 일본의 지배 아래 있었기에 가능한 한 정신적 무장이 될 수 있는 소재의 설화를 모아 엮어 냈으리라고 생각하는데 〈아기장수설화〉나 그 유사담은 한 편도 보이지 않고 있다. 또한 이복규가 우리나라 전설집 가운데 최초라고 주장하는 《조선전설집》(1944)에도 〈아기장수설화〉는 보이지 않는다.[23] 정말 최초인지는 더 규명해 보아야겠지만 일단 광복 전에 출간된 전설집이라는 점에서 주목된다. 이 책은 지명(19), 암석(7), 고승(4), 원령(4), 씨족시조(3), 총묘(3), 불사연가(3), 용(3), 수업(3), 지소(2), 열녀(2), 불상(2), 힘내기(2), 보은형(2), 용천(1), 미

---

22) 최인학 편저, 《조선조말 구전설화집》, 1999, 박이정- 원제목은 〈반만년간 죠션긔담〉(半萬年間 朝鮮奇譚)-1922년 출간, 정가 육십 전, 저자 겸 발행자 안동수, 인쇄자 김중환, 발행소 조선도서주식회사. 여기에 104편의 설화가 수록된 조선말의 구전설화집이다.- 이 설화집은 순한글(구어체로 띄어쓰기가 되어 있지 않다고 함-최인학 머리말- 1969년 유학 당시 동경외국어대학 도서관에서 우연히 책을 발견하였다고 함)로 된 최초의 설화집으로 매우 높이 평가됨.
23) 이복규, 〈이홍기 편 《조선전설집》(1944)에 대하여〉, 《온지논총》, 사단법인 온지학회, 2012. 1.

혈(1), 정자(1), 임진왜란(1), 풍수(1), 의견(1), 효자(1), 기타(1)로 총 67편이 수록되어 있다. 그러나 제시했다시피 현재 전국적으로 퍼져 있다고 하는 광포설화 가운데 〈아기장수설화〉는 보이지 않고 있다. 이복규에 따르면 《조선전설집》의 5배에 해당되는 317편을 수록한 《조선구비전설집》(최상수)의 유형분포도도 《조선전설집》과 거의 비슷하다고 한다.[24] 손진태의 《한국 전설의 연구》(1947)와 1989년에 출간한 임석재의 《한국구전설화》에도 〈아기장수설화〉는 보이지 않는다. 더욱이 《한국구전설화》에는 강원도와 함경도의 설화가 실려 있는데 약 205편 정도이다. 임석재는 이 설화를 1940년대에 채록했다고 한다. 강원도(1927년에 함병업 씨가 채록하고 해방 후 임석재가 채록했다고 함)와 함경북도 설화로서 약 205편 실려 있다. 여기에서도 〈아기장수설화〉는 찾을 수 없다. 이렇듯이 〈아기장수설화〉가 눈에 띄지 않는 것과 달리 〈장자못설화〉는 여럿 등장한다는 특징이 있다.

조선조에 채록되거나 수록된 설화 가운데 〈아기장수설화〉가 보이지 않고 있는 것은 과연 무엇을 의미하는가? 이는 결국 〈아기장수설화〉에 등장하는 아기장수들은 조선조가 아니라 식민지 강점기하에서 탄생한 '영웅', 그것도 좌절된 영웅을 상징한다는 것을 입증하는 것으로 본다. 사실 이 시기는 우리 민족이면 누구나 영웅 탄생을 염원하고 원하던 시기였다. 우리나라를 구할 수 있는 영웅, 나라를 독립시킬 수 있는 영웅을 열렬히 갈망했기에 '일제강점기'를 〈아기장수설화〉의 발생 시기로 본다면 수긍이 간다. 이때 주목되는 점은 '영웅'은 가족에 의해서 좌절된다는 사실이다. 다른 누구도 아닌 가족, 그것도 부모에게 죽임을 당한다. 이

---

24) 이복규, 앞의 책. 275쪽.

는 우리 민족의 어려움이 끝내 우리 스스로에 의해 자행된 것임을 반영하는 것은 아닐지, 보호해야 할 대상이 어려움을 가중시킨 것을 의미하는 것은 아닌지 더 고구해 보아야 할 것이다. 일제강점기에서 아기장수의 탄생설을 뒷받침하는 또 다른 예도 있다. 곧 1987년 홍천군 화촌면에서 채록된 〈부모에게 살해된 아기장수〉는 다음과 같이 진술되고 있기 때문이다.

> 아기가 배를 째고 나왔드래요. 배를 째고 나왔는데 그 장사가 그대로 살아 있게 되면은, 삼일만 되면은, 삼일만 되면, 용마가 나와서 뛰게 되면은 용마를 타고서 장사가 되어 간대요. <u>그때는 우리 조선 사람이 약하고 일본 사람이 득세하는 바람에 장사가 나면은 삼족을 멸했드래요. 그 가족을. 일본 사람이 조선에 장사가 나면 자기 나라가 위태로우니까 그게 무서워서 죽일려고,</u> 아 그래서 팥섬을 지질러 놨는데 아 갓난아이가 팥섬 아니라 뱃섬[25]만 놔도 죽을 텐데 팥섬을 지질러 놨으니 그 장사가 죽을 거 아니에요? 삼일이 되니까는 용마가 들판으로 치뛰고 내리뛰고 하더니 결국 죽더래요. 그래 그 다음에는 용마가 죽어서 묻어 놨다는 용마무덤 얘기가 있어요. 저 아래 용마무덤. 노인네들이 그러시대요.[26](밑줄은 글쓴이 강조)

이 이야기 속에서는 아기장수의 탄생을 '일제강점기'로 보고 있다. 더욱이 "조선 사람이 약하고 일본 사람이 득세하는 바람에 장

---

25) 볏섬.
26) 강신표, 남 55, 8대째 거주, 無學, 화촌면 야시대리2리, 1987년 2월 11일 채록. 전신재, 강동규, 조남혁 조사(《강원구비문학전집》 홍천군편, 한림대학교출판부, 1989, 126쪽).

사가 나면 삼족을 멸했드래요" 부분이 이를 반영한다. 일본 사람이 조선에서의 영웅 탄생을 극도로 꺼렸기에 그 탄생을 알면 그 집안을 몰락시켰다는 것이다. 이 가운데 '말' 그것도 '용마'는 영웅이 활약하는 기반 내지는 조력자를 상징한다. '영웅'이 사라짐으로써 그 영웅을 뒷받침해 주는 어떤 지지 기반도 소멸됨을 의미하는 것이다. '아기장수'가 일제강점기의 우리 민족을 구원해 줄 어떤 '요인'이나 '인물'을 상징한다는 것은 다음 예에서도 찾을 수 있다. 조동일은 1977년에 경북 영해 지방의 인물설화를 채록했는데[27] 이 지역의 인물은 대략 김부대왕, 박세통, 우탁, 나옹, 박경보, 남사고, 신유한, 방학중, 신돌석 등이다. 이 가운데 유일하게 신돌석 설화에서만 〈아기장수 이야기〉가 등장하고 있다. 신돌석과 관련된 설화는 대략 27편(70편－독립해서 존재할 수도 있는 삽화 수)으로 방학중(51~60편)에 이어서 두 번째로 많은 설화를 지닌다. 신돌석이 누구인가. 하층민으로서 일제강점기에 의병대장까지 한 분이다. 이는 신돌석이 바로 아기장수였음을 제시한다고 할 수 있다. 이들 인물 가운데 방학중만 빼면 나머지 인물들은 모두 양반층으로 다양한 시대의 훌륭한 인물들이다. 그러나 이들은 훌륭한 인물들이기는 하지만 아기장수는 아니다. 천한 신분으로 태어나 우리나라를 지키려고 애쓴 의병대장인 '신돌석'만이 좌절되지 않은 아기장수의 전범인 것이다. 이렇듯이 좌절되지 않은 아기장수가 자라서 '의병대장'이 될 수 있음을 영해지방의 예로 추정할 수 있다.

만약 내촌 전씨네 아기장수도 죽임(좌절)을 당하지 않았으면 '의병대장'이 될 수 있지 않았을까? 이것을 아쉬워하는 마음이 전

---

27) 조동일, 앞의 책, 40~45쪽.

씨네 아기장수를 생성한 것은 아닐지. 실제로 내촌을 비롯한 서석, 화촌, 백우산 등 이 부근에서는 유난히 '장사'나 '장수 이야기'가 많이 등장한다. 더욱이 내촌의 〈이장사 이야기〉는 마침내 이장사가 '의병대장'이 되는 것으로 마무리된다.

내촌 와야2리 비선동에 이장사가 살았다. 아주 힘이 장사인데 가난하게 살았다. 조선조 때 전국에서 가장 힘센 장사들을 모아서 훈련시킨 후 시험을 보았는데, "밭가는 보습을 발에다 신기고 동대문성을 뛰어넘어라. 뛰어넘어서 떨어질 때 내공이 센 사람은 보습이 깨지지 않는다. 깨지지 않으면 합격이다"라고 했다. 그러나 이장사의 보습은 깨졌다. 이장사는 불합격이 돼서 집에 돌아왔다. 많이 먹어서 먹을 게 없어서 못 먹고 있었다. 어느 날 동네 사람들이 물방아를 하는데 이 장사를 왕래시켰다. 어제는 물방아를 했는데 아침에 보니 물방아가 없어졌기에 찾아 보니 고원 늪에 그 물방아를 처박았더라. 도저히 꺼낼 도리가 없어서 이장사를 불러서 꺼내달라고 부탁하니 이장사가 "미안하다"고 사과하며 꺼내 주었다.

도관리 안골에 최진사가 살았는데 영향력이 꽤 있었다. 〈이장사 이야기〉가 퍼져 다니니까 동네 부인들이 힘이 얼마나 세나 구경했으면 좋겠다고 했다. 최진사가 이장사를 불러서 닭을 잡는다 떡을 한다 술을 빚는다 하면서 이장사를 대접하려고 했다. 그래서 사랑에다 닭을 잡아서 안주하고 술을 통베이(10리터 옹기 그릇인 듯함)로 해서 주었더니 이 장사가 번거롭다며 통베이를 번쩍 들어서 마시고 닭 반 마리를 먹고 반은 놔두었다. 안주는 있으나 술이 모자라 다시 통베이 1통을 갖다 주니 나머지 닭을 마저 먹었다. 실컷 먹은 다음 최진사가 힘쓰는 것을 보려고 "자네를 초청했는데 힘쓰는 것을 보여 주게" 했더니, 이장사는 옆에 있는 목침(1센티미터) 그것도 쌍목침을 쥐고 앉아서 쌍목침을 그냥 끓더래. 그 소리가 대포 소리 같아서 대포 소리가 나니 구경하려고 문을 뚫고 보다가 놀랐다는 이야기가 전해진다. 후에 <u>이 장사는 의병대장이 되었다고 한다</u>(밑줄은 글쓴이 강조).[28]

그러나 '이장사가 의병대장이 되었다'는 내용은 슬쩍 한 줄 끼어드는 이야기로서 이는 사실이 아님을 눈치챌 수 있다. 실제로 의병대장이 되었다면 상당히 많은 이야기가 전개됐을 것이기 때문이다. 만약 그 전씨네 아기장수만 살아 있었다면 성장해서 의병대장이 되어 일본인을 물리칠 수 있었을 것이라는 주민들의 염원이나 원망이 그리고 아쉬움이 〈아기장수 이야기〉나 〈이장사 이야기〉를 생성했을 것이라고 추정할 수 있다. 만약 아기장수가 살해되지 않았다면 '용마'도 살아 있었을 것이고 그렇다면 그 효율성은 상당했을 것이라는 지역민의 내면적인 의지도 감지된다.

사실 이 지역에서 '아기장수'를 열렬하게 바라는 이면에는 역사적 사건이 내재되어 있다. 이곳은 구국지사 기념비가 서 있는 둔덕말 아래쪽이다. 도관리를 지나는 길의 우측 방향 깊숙이 들어선 내촌 동창마을은 3·1만세운동 때 내촌, 서석, 화촌, 내면, 인제 기린면 등의 주민들이 모여 만세운동을 전개했던 곳이다. 이때 거의 3천여 명이 만세시위에 나섰다고 한다. 그러나 일본 경찰이 쏜 총에 8명이 죽고 몇백 명이 부상을 당하면서 끝내 시위를 접을 수밖에 없었던 뼈아픈 역사를 지니고 있다. 내촌 동창마을은 이전에 동서를 있는 물류 창고 및 마방이 있던 교통 요새였

28) 도관리 박경주 구술(어렸을 때 들었다고 한다).

중공군이 주둔하면서 대치했던 장소 (두촌 구성포)

기에 인적 교류가 빈번했던 곳이다. 따라서 일제강점기에 이곳에
서 3·1독립운동이 야기되며 확산된다. 도관리는 동창마을에 인접
해 있는 마을로서 만세운동 후 도망자들이 숨어들었던 주요 지역
이었다. 지금도 내촌에는 3·1만세운동 당시 세상을 떠난 팔열사
위령비가 있으며(1991년에는 기미만세운동공원이 조성됐다), 독
립만세운동기념 동산이 있는 지역이다. 그 이전에는 전라도에서
민중 봉기한 동학민들이 관군에게 밀려 홍천의 동면을 거쳐 내촌
으로 몰려들기도 했다. 그 뒤 다시 서석으로 후퇴하다 자작고개
에서 많은 전사자를 내고 서석에서 결국은 몰살당하기도 했다.[29]

─────────────

29) 이전에는 홍천 지역에 왜의 첩자를 조심하라는 구나라민요가 있었다고 한다.
이 노래는 국가안보사상을 고취하고자 생긴 노래인데, 가사에는 '수은을 모래에
떨구지 마라. 수은을 가려내기가 어렵다. 잔솔밭에 바늘을 떨어뜨리지 마라. 바늘
을 찾아내기가 힘든다'는 등의 어구가 들어 있다. 수은 바늘은 왜첩자를 가리키는
것이다. 우리나라 사람과 일본인은 비슷하게 생겼기 때문에 우리나라 사람 사이에
섞여 들어오면 일본인을 찾기 힘드니 조심하라는 뜻이라고 한다. 이 노래는 임진
왜란 때 일본 첩자가 많이 활약하였기 때문에 일본 첩자를 민간에 들어오지 못하

와야 삼거리 동창 만세 기념비

이러한 민초들의 아픈 역사들이 날줄 씨줄로 엮이면서 〈아기장수 설화〉로 재탄생하게 되었을 것이다. 아기장수가 있었으면 난국을 극복할 수 있었을 것이라는 기대감과 아쉬움, 원망이라는 무의식적 맥락이 원형으로 작용하여 홍천 산촌 지역의 이야기문법을 생성시켰다고 볼 수 있다.

도록 경각하려는 의도에서 지은 민요라는 것이다. 이 노래의 창자는 퍽이나 드물고 그 가사도 수 절만이 남아 있을 뿐이다. 국가안보사상을 고취시키는 목적으로 불리워진 노래라면 그 당시에는 넓은 지역에서 많은 사람들이 불렀을 노래일 터인데 지금은 그렇지 않다. 인터넷 사이트 참조.

2. 지역민의 결속과 자존심의 원형 - 〈권대감설화〉

홍천 산촌 지역 가운데 하나인 내면은, 동고서저東高西低의 길쭉한 장방형인 홍천에서 가장 동고東高에 위치해 있다. 이런 땅 모양 때문에 동쪽일수록 농경지가 좁고 논보다는 밭이 훨씬 더 넓다. 따라서 내면은 논밭이 면 전체 넓이의 6퍼센트도 채 못 되고 논은 밭의 3분의 1밖에 되지 않는다. 더욱이 해발 600미터 이상 고지대에 위치하고 있으며 군의 24퍼센트에 해당되는 크기로서 전국에서 가장 큰 면이지만 인구는 1,551세대로서 군 전체 인구의 5퍼센트에 해당되는 인구밀도를 보인다.[30] 그만큼 산이 차지하는 비율이 높은 곳이다. 이 내면에는 많은 설화가 이전에 채록되었지만 유독 주류를 이루고 있는 것은 권대감과 관련된 설화이다.

> 내면: 열녀, 권대감과 칡이야기, 소금장수, 호랑이 이야기, 귀신이 야기, 삼봉약수, 옥새 찾아 출세한 바보이야기, 부정한 사람이 신논 약수에서 자다가 벌을 받은 이야기, 선녀이야기[31]

〈권대감설화〉는 상당히 다양한 형태로 약간씩 다르게 구술된다. 구술담의 특성상 당연하다. 상이한 이야기 가운데 권대감이 말과 함께 떨어져 죽었다는 이야기가 있는데 이는 보편적이지 못하다. 권대감이 약수를 발견하고 주민들을 선도하는 등의 후일담이 지속되는 경우가 많고, 이 경우 권대감 신앙 조성이 좀 더 이해가 되기 때문이다. 가장 보편적인 이야기를 소개하면 다음과 같다.

---

30) 내면 면사무소 제공 [내면관내현황] 중에서.
31) 강원도청, 《강원의 설화》, 2005.

조선 5대 임금 문종의 왕비 현덕왕후의 아버지 권대감(權專, 화산부
원군, 단종의 외조부)은 단종이 승하하자 세상을 피하여 내면 광원
리의 실론 땅에 은거했다. 어느 날 말을 타고 산길을 가다가 갑자기
뛰어나온 사슴에 놀란 말이 칡넝쿨에 걸려 넘어진 뒤 시름시름 앓
다가 죽고 말았다. 권대감은 애마의 넋을 위로하는 祭를 올렸다. 그
후부터 광원리 일대에는 칡이 자취를 감추었다는데, 지금도 이곳에
는 수천 종의 잡초는 무성해도 칡은 볼 수 없다고 전한다. 주민들은
권대감의 뜻이 하늘과 통했다고 하여 마을마다 그를 숭앙하는 초당
을 짓고 厄運을 쫓는 제사를 올린다고 한다.[32]

〈권대감설화〉의 특징은 설화와 신앙이 함께 접목되어 있다는
것이다. 곧 설화이기도 하면서 내면 지역의 신神 이야기이기도
하다는 점에서 그러하다. 내면 지역의 신을 '권대감신'으로 부른
다. 하지만 설화가 신앙화에 그리 큰 역할을 하는 것은 아니다.
현재 권대감 제당 지킴이도 〈권대감설화〉를 모르고 있을 정도이
다. 그러나 권대감 신앙이 조성될 당시에는 설화가 큰 역할을 했
을 것으로 짐작된다. 왜냐하면 권대감은 단종과 관련되는 왕족이
라는 점과 영험함을 지녔다고 인식되었다는 점, 권대감과 관련된
이런저런 이야기 등이 권대감 신앙화에 큰 역할을 했을 것으로
추정되기 때문이다. 이전에는 내면의 거의 모든 지역에서 권대
감 제의를 지냈다고 한다. 현재는 많이 사라지고 없으며, 점차 사
라지고 있는 분위기이지만 그래도 여전히 지속되고 있다. 내면에
서 권대감의 영향력이 얼마나 큰가 하면 산이 깊은 곳은 '산신제'
가 최고인데 이곳은 산신제 대신 권대감 제의를 지내고 있으며,

---

32) 홍천군, 앞의 책, 197쪽.

혹 함께 지낸다고 해도 '산신제'보다 '권대감' 제의를 우위에 둔다는 점이 이를 말해 준다.[33] '산신'은 통상적으로 모든 동제(성황제, 노제, 장승제 등) 가운데 가장 우위를 점한다는 것을 상기한다면 권대감의 위상을 짐작할 수 있다. 내면 자운2리 신흥근(71)씨도 이곳에서는 '산신'이 아닌 '권대감'을 모신다고 했다. 권대감이 누구냐는 질문에 권대감은 단종 어머니인 현덕왕후 권씨의 외숙이라고 말해 주었다. "역사적으로 보았을 때 외숙(권전)일 가능성이 없다"고 반문했더니, "아 외숙이 뭐 한 명인가요? 사촌 외숙일 수도 있고…"라며 단종의 외숙이라는 사실을 확신하고 있었다. 권대감은 살둔(율전2리)에서 사셨다고 했다. 이곳에 "노루가 많냐?"고 했더니 '고라니과' 동물들이 많은데 농사에 무척 방해가 된다고 했다. "혹 노루는 다 없어졌다는 이야기는 없냐(칡처럼)"고 했더니 "노루 종류가 싹 죽으면 좋을 텐데…"라고 의외의 답변을 했다. 자신의 진외갓집 김성근 씨네 집터에 '말 무덤'이 있었고

---

33) 운두골 서낭제는 "권대감이 먼저지요"라는 제보자의 말처럼 산신보다도 권대감신을 더 우선으로 여기는 것이 특징이다. 이전에는 서낭당은 운두골회집 바로 옆에 위치하고 있으며, 마을 주민들은 '지당' 또는 '서낭당'으로 부른다. 푸른 기와 지붕에 나무 판자로 벽을 만들었는데 두 칸으로 나누어 놓았다. 왼편은 '운두령 산신'을 모시는 곳이고, 오른편이 권대감을 모시는 곳이다. 마을 주민들은 '토지산신령님'과 '권대감님'으로 각각 부른다. "권대감이 이조 6대왕 단종의 외삼촌이었다고 그래요"라는 말처럼 권대감을 단종의 외삼촌으로 인식하고 있었다. 예전에는 산신당과 서낭당이 각각 나뉘어져 있었는데, 권대감을 모신 당이 조금 위에 있고, 산신을 모신 산신당이 아래에 있었다. 산신을 모셔 놓은 내부에는 '山神靈土地之神 神位'라고 쓰인 위패가 중앙에 붙어 있으며, 권대감을 모셔 놓은 곳에는 '城隍權大監之神 神位'라고 쓰여진 위패가 중앙에 있으며, 왼편에는 한지 두 장이 걸려 있다. 산신을 모신 곳과 마찬가지로 오른쪽 한지를 실로 묶어 놓았다. 먼저 권대감에게 제의를 지낸 뒤 산신제를 지낸다(2003년 8월 2일 조사, 김의숙 제공).

(덕두원, 자운4리), 당신도 어렸을 때 보았노라고 했다.

그렇다면 내면의 〈권대감설화〉에는 어떤 역사, 문화, 내면 주민의 의식세계가 반영되고 있는가를 설화에서 살펴보고자 한다. 〈권대감설화〉의 주요 화소는 다음과 같다.

① 단종의 외조부, 혹은 외숙이 내면으로 온다.
② 말을 타고 산길을 간다.
③ 사슴(고라니)이 나타나자 말이 놀라 칡넝쿨에 걸려서 넘어져 다리가 부러져 죽는다.
④ 말을 묻어 주고 제를 올린다. 칡이 없어진다(명령에 따라 없어졌다는 설화도 있다).
⑤ 권대감의 영험함에 사람들이 제의를 올린다.

이 설화 속 주요 모티프는 '단종과 관련된 왕족'과 '말', '사슴', '칡', '영험한 징표' 등이다. 이 가운데 말은, 내촌의 말(용마)이 아무 역할도 하지 못하고 죽은 것과 달리 최소한의 역할은 수행한다. 권대감을 내면으로 이동시켰다는 점이 그것이다. 운송 수단이 없을 시절에 그것도 고지대 산속에서 유일한 이동 수단은 '말'이었다. 이러한 운송 수단인 '말'의 죽음은 권대감을 내면에 정착시키는 계기를 마련하게 한다. 따라서 말의 죽음은 내면 지역의 신앙 구조를 위한 필요충분요건이다. 말이 있었으면 얼마 뒤 권대감은 귀환했을지도 모를 일이기 때문이다. 말을 죽인 직접적 원인은 '사슴'과 '칡'이다. 사슴은 고대에 신성한 동물로 인식되었다. 말이 사슴을 보고 놀랐다는 것을 권대감 '신성화'의 징후 가운데 하나로 본다면 너무 비약한 것일까? 칡은 무엇을 상징하는 것일까? 칡은 서민들의 춘궁기 식품 가운데 하나이기도 하지만 주변 사물을 칭칭 감으며 올라가는 습성상 다른 나무들의 해가 된다고 한다. 따라서 칡은 갈등을 상징하기도 한다.

고려 말 이방원은 정몽주에게 칡넝쿨처럼 얽혀 함께 살기를 권유했다. 또 의견이 서로 상치되거나 서로 이해를 하지 못해 생기는 충돌 현상을 '갈등葛藤'이라고 한다, 갈등은 칡과 등나무라는 뜻이다. 칡과 등나무가 서로 한 나무를 휘감고 올라갈 때 서로 감고 올라가는 방향이 다르면 충돌을 일으켜 결국 올라가지 못하게 되는 데서 생긴 말이다. 칡은 우리 조상들에 의해 2천 년 동안이나 한약재로 사용되어 왔으나 최근에는 칡의 무성한 넝쿨은 나무의 생육을 저해한다고 하여 잡초로 간주되고 있다. 미국에서도 토양보호용으로 칡을 심기 시작했으나 우리처럼 칡뿌리를 캐먹지 않아 칡넝쿨이 목재로 키우고 있는 나무들을 비비 꼬고 올라가 나무를 죽게 하여 골칫거리가 되고 있다고 한다. 우리나라에서도 칡이 조림목에 막대한 피해를 준다고 하여 칡을 제거하고자 매년 수십억 원에 이르는 인력과 경비를 투입하고 있다. 심지어는 칡을 제거하고자 농약까지 뿌리고 있으나 칡뿌리는 워낙 깊이 박혀 있어 시간이 조금 지나면 넝쿨이 다시 나오게 되어 큰 효과를 보지 못하고 있다. 이러한 칡을 권대감은 '명령적 화법' 내지는 '제의'로 순식간에 제거하고 있다. 골칫덩어리를 순식간에 해소시키는 영험함이 표출되는 순간이다. 그렇다면 이러한 칡의 제거는 내면의 갈등요소 제거라는 상징적 의미로 볼 수 있지 않을까?

내면은 해발 1,000미터가 넘는 오대산, 계방산, 가칠봉, 구룡덕산, 응복산, 석화산 등으로 이루어져 있다. 이렇듯이 산이 너무나 높다 보니 골짜기도 깊으며 백두대간을 분수령으로 영동과 영서를 통하게 하는 두 개의 관문(운두령과 구룡령)이 있는 곳이다. 그 넓은 땅에 큰 길은 두 개뿐이다. 나머지는 1개의 지방도와 임도, 산길로 통한다. 한 번 들어가면 나오기 힘들고 찾기도 힘든 곳, 그래서 《정감록》은 이 백두대간 서편 산중을 피장처避藏處로 찍었다. 난을 피할 만한 곳, 그것이 '삼둔 사가리'이다.[34] 이러한 내면 광원리 오지에 '양반'이 도래한다. 그것도 단종의 외조부로 알려져 있는 왕족이다. 실각하고 은거하고자 오긴 했지만 그 행렬이라든가 입고 다니는 옷매무새 등이 당시 마을 주민들의 눈에는 거의 신선처럼 보였을 것이다. 또한 한 마을에 살면서 산골 민초들이 모르는 여러 가지 일을 지도하거나 알려 주었을 것이며 칡 제거에서도 감지되듯 때로는 여러 가지 갈등도 해소시켰을 것이고 학식과 지식으로 약수도 판별했을 것이다. 이러한 모든 사실들이 내면의 백성들에게는 하나의 버팀목이고 자랑으로 또는 경이감으로 투시되었을 것이라고 추정한다.

내면은 깊은 산속이었지만 '양반' 집단 및 양반 문화가 공유되었던 곳이다. 그 이유는 원님 집(광원리)이 있던 곳이었으며, 단종의 외척들이나, 사육신의 후예들이 와서 터를 잡았던 것에 말미암은 것이라고 볼 수 있다(양반층에 해당하는 인물이 이곳에서 자리를 잡았다는 점은 확실하다). 그 밖에도 품앗이와 함께 머슴 제도도 성행했던 사실로 이러한 측면을 찾을 수 있다. 내면은 6·25 전까지 머슴이 있었고 머슴 제도가 있었다고 한다. 곧 부자들은 머슴을 썼다. 머슴들은 쌀 2가마나 3가마 정도 받았고 일을 잘하면 5가마까지도 받았다. 동네 사람 가운데 없는 사람이 머슴을 살았다. 품앗이도 있었지만 머슴 제도가 성행했다고 창촌1

---

34) 박승화, 《청청 내면의 자랑》(비매품), 2011, 13~17쪽.

리 박종학(80) 씨가 제보해 주었다.[35] 또한 충효 유적지가 전주이씨 열녀각, 원주원씨 효열녀, 송창용 공덕비, 박정렬 여사 위령탑, 광원리 권대감 성황당, 자운리 단종의 외조부인 권대감 말 무덤, 강릉진씨 문중 사당 등이 많이 있는 것도 이곳의 문화적 특성을 반영한다. 그 가운데 김령김씨 사당 및 공덕비가 있는 것도 그러하다. 창촌3리 빼치김씨 유래는 다음과 같다.

김문기의 자는 여공, 호는 백촌. 시호는 충의이고 본관은 김녕. 1426년 문과에 급제한 후 한림학사, 사관원 헌납 승지, 함길도 관찰사, 형조참판, 함길도 절제사, 공조판사 겸 삼군도 진무를 역임하였다. 단종 복위 모의 주역으로서 모의 당시 직책이 공조판서 겸 3군 도진무로서 군 동원의 책임을 맡은 내용과 성삼문 박팽년 선생에게 연화장 내의 모의를 차질 없이 실행하라는 내용이 《조선왕조실록》에 함께 기재되어 있다. 거사 계획이 발각되어 모진 고문을 받았으나 끝내 입을 다물고 불복하다. 사지를 찢기는 참혹한 형벌을 받았다. 국사편찬위원회에서 조선왕조실록에 의거하여 세조 때 가려진 원 사육신이라고 판정되었으며 묘는 사육신공원 묘역 우측으로부터 첫 번째이고 '김씨지묘'라고 쓰여 있다. 조선왕조실록에 김문기는 도진무로서 박팽년과 모의할 때 군 동원의 책임을 맡았다고 수록되어 있다. 김문기가 처형되면서 남은 일가와 단종을 추종하던 사육신의 후예들이 강원도 깊은 산골 삼둔(살둔, 월둔, 달둔)으로 몸을 피신하면서 훗날을 기약한다. 그후 사육신이 복권되면서 자유로운 몸이 되지만 내면에 정착한 사육신의 후예들은 단종을 복위시키지 못한 한으로 세상과 도성을 등지고 내면 양짐말(빼치)에 터를 잡는다. 집성촌을 이루면서 '빼치김씨'라는

35) 내면 창촌1리 박종학(80).

이름을 얻게 된다. "지금도 빼치에 살았던 모든 남자분들은 빼치 김
서방으로 통한다." 빼치김씨 일가는 양짐말을 중심으로 창말과 큰한
이로 일가를 늘려 가며 집성촌을 이루었다. 내면에서 가장 살고 싶은
곳이 양짐말 빼치김씨의 집성촌이며 사육신의 후손이 터를 마련한 지
오랜 세월에 자손은 번성하고 내면 곳곳에 집안에 태평성대를 이루었
다. 원래는 이전동이라 부르며 양짐말(양지마을), 빼치, 이렇게 3가지
의 마을 이름을 갖고 있다.[36]

　김씨 문중 회장을 18년 정도 했던 김정규 씨는 "전설에는 1600
년대 후반에 15대손인 김돈선이 강릉부사 하다가 내면에 들어왔
다고 할아버지 때부터 들었다. 그러나 족보에는 기재되어 있지
않다"고 이야기하고 있으나 그 정도 벼슬에 오른 이가 족보에 없
다는 것은 이해되지 않는다. 혹 문중에서 보았을 때 족보에 올릴
수 없을 정도의 '죄과'가 있었는지 모르겠지만 이 부분은 더 조사
하여야 할 것이다. 어쨌든지 양반 집안인 김문기 후손들이 이곳
에 와서 터를 잡고 내면에 뿌리를 내리며 오랫동안 살았다는 것
은 사실이다.[37] 답사를 다녀 보니 이곳에서는 '김씨 문중'을 부러
워하고 있었고 이전에는 더욱 심했다고 한다.
　내면은 오지이지만 이렇듯이 왕족이나 양반층이 들어와서 살았
다는 점에서 독특한 문화 및 신앙을 형성하게 된다. 곧 권대감(단
종의 외척으로 알려져 있다)과 관련된 설화나 신앙이 민속에 뿌
리내려서 오랫동안 영향을 미치면서 현존하고 있다는 점에서 그
러하다. 현재 내면에서는 '권대감' 신앙에 대해 이분법적 태도를

---

36) 박승화, 앞의 책, 81쪽.
37) 김정규(76), 김령김씨 전 종친회장. 18년 동안 회장을 지냈다.

보이고 있다. 곧 철저히 신앙화하고 있다는 점(윤준섭-제당지킴이)과 허구적 인물로서 조선시대 삶의 애환을 권대감을 모셔 놓고 풀었던 것이라 추측하는 부류가 그러하다.[38]

현재 이러한 사실을 믿지 않는 유재영 씨도 어렸을 때는 동네마다 또는 한동네에도 2~3군데씩 권대감을 모셨다고 말해 주었다. 나무 밑에 서낭당이 있었고 거기에 권대감지신, 권대감신위라고 써 놓았다고 한다. 현재는 모두 없어지고 창촌1리 승지동에만 제당이 있다고 했다. 권대감에게 제를 올리는 날은 마을의 잔치이며 아이들의 생일잔치 같았다. 생일보다 더 기다렸다. 고깃국에 쌀밥을 먹었기 때문이다. 고사 지낼 때는 소나 돼지를 잡아서 지낸다. 1월 2, 3일이나 7월에 지냈다. 자신의 집 근처에 부엌에서 소대가리 귀신(성주신이라고 언급)이라는 것을 섬겼는데 사변 때 군대 간 아들이 와서 총을 쏘아서 없애 버렸다. 자신도 집에 창호지를 매달아서 섬겼다. 절을 했다. 현재 교우들이 생겨서 거의 이런 일이 없다. 교회가 5개 정도라고 한다.

그런가 하면 승지동 권대감 제당의 지킴이인 윤준섭 씨[39]는 아버지의 뒤를 이어서 현재 권대감 제당을 관리하면서 살고 있다. 고향은 이곳 승지동이었으나 서울에 가서 살고 있었다. 그러나 아버지가 돌아가시자 귀향해서 아버지 뒤를 이어서 이곳에 10년 전부터 거주하게 되었다. 현재 부인이 와병 중이라 집에는 필자를 들일 수 없다고 했다. 현재 치성계 계원은 4가구라고 했다. 제당은 75년에 새로 지은 것이다. 이전에는 권대감 신당이 이 동네에 2개나 있었지만 윗동네에 10가구가 기독교로 개종하면서 승계

---

38) 내면 창촌1리 노인회관에 모여 있던 분들은 그런 추정들을 하고 있었다.
39) 윤준섭(46), 창촌1리 승지동. 최종기(60)-치성계 계장.

권대감 제당과 제당 지킴이 윤준섭 씨

가 되지 않아 없어지고 현재는 이곳 한 곳뿐이다. 예전에는 30가
구 정도 살았지만 현재는 10가구 정도이고 그 가운데 4가구만 권
대감을 믿고 있다. 또 이전에는 높은 산이나 고목나무 앞에 가서
치성을 드리는 사람들을 종종 볼 수 있었는데 지금은 찾아볼 수
없다. 현재 지당(제당)에서 1년에 2번, 음력 1월 16일과 8월 16일
에 제의를 지낸다. 현재 800만 원 정도가 모여 있는데 그 돈을 고
리로 빌려 주어서 그 이자로 제사 비용을 충당하고 있다고 한다.
그에게 권대감의 유래를 물어보았는데 단지 권대감이 이 마을에
서 대감을 지냈다는 말만 들었다고 하면서 유래는 알지 못한다고
했다. 또한 치성제 계장인 최종기 씨는 자신이 알기에도 권대감
을 모시는 것이 100년도 넘었다고 했다. 현재 내면에만 제당이 열
군데가 넘는다. 그러나 20년 전만 해도 창촌에 1반 1개, 2반과 5
반 2개 등 창촌에만 여러 군데 있었다고 했다.

승지동 권대감 제당 내부(맨 윗쪽)와 김령김씨 사당
(중간, 아래)

이렇듯이 내면은 직간접적으로 권대감 신앙에 대한 뿌리 깊은 인식을 보이고 있었다. 그러나 사실 신이함을 보이는 것이라고는 '약수'를 발견한 것과 '칡을 없앴다'는 것이 전부이다. 약수를 발견한 것이 굳이 신이한 능력이라고는 할 수 없으며, 칡을 없앴다는 것도 굳이 그의 신성성을 나타낸 것이라고는 할 수 없다. 오히려 이 부분에서는 권대감의 권세가 드러나기도 한다. "칡에 걸려 넘어지자, 칡을 없애라"고 했다는 추상같은 명령적 화법만이 여운에 남기 때문이다. 물론 그의 한마디에 내면의 모든 칡이 없어졌다는 것은 신이성이라고 할 수도 있지만 그의 명령에 따라 모두 "칡을 뽑았다"는 이야기도 한편으로는 전해오고 있기 때문이다.

그러므로 권대감 신앙 형성에는 고산 지대에 들어와서 직간접으로 많은 영향을 끼친 왕족이나 양반에 대한 경이감이나 존경심이 이 인물을 구심점으로 결속시키는 계기로 작용한 것이라고 할 수 있다. 그리고 〈권대감설화〉는 신이성을 획득하게 되는 징표나 이곳에 자리 잡을 수밖에 없었던 개연성, 주민들의 이런저런 갈등을 해소시켜 주었던 상징성 등이 반영되면서 날줄 씨줄로 직조되고 있었다. 곧 문학당의를 입힌 것이다. 또한 권대감은 이곳 사람들을 품위 있게 결속시키는 구심점 역할과 기능을 했기에 내면에서 권대감 신앙이 오랫동안 지속되었고 아직도 진행되고 있다고 볼 수 있다. 결론적으로 권대감 신앙은 내면 주민의 오랜 자존심이며 결속 대상물이라는 원형성(archetype)을 함유한다.

IV. 맺음말

이 글은 홍천 산간 지역의 설화를 사회, 역사, 지배적 이념 등의 사회문화적 토대에 천착해서 그 안에 담긴 산간 지역민의 사회, 역사, 의식, 무의식 구조 등을 추출하고자 했다. 그 결과는 다음과 같다.

우선 내촌에서 채록되고 있는 일련의 설화는 우리나라 광포설화이면서 각각 독립된 이야기로 전하는 〈부자 망한 이야기〉(〈장자못설화〉 유사담)과 〈아기장수설화〉가 서로 연계되어 구성되어 있다는 특징을 보였는데, 이는 내촌, 두촌 지역이 이전에는 아주 흥청거리던 곳이었다가 망하게 된 역사적 사실을 반영하는 것임을 알 수 있었다. 왜냐하면 이곳은 이전에 금광과 철광이 있어서 상당히 번창했던 곳이기 때문이다. 설화가 역사나 철학적 사유의 또 다른 언술방식이라고 했을 때 전씨 부자가 망하게 된 것은 결국 이곳의 역사적 실상을 반영한 것으로, 흥성했다가 쇠망하게 된 이 지역의 경제적 실상이나 심적 아쉬움, 회한 등의 복합적 감정이 문학적 장치 속에서 재탄생된 것으로 보았다. 이야기 속에서는 망조의 원인을 '며느리'와 '중' 때문으로 보고 있었는데 이는 이곳의 사유세계에 이질적 종교인 '불교'가 들어와서 전통적 사유체계나 전통신앙 등이 쇠락한 것을 의미한다는 추론을 했다. 며느리와 여산신을 동일시하는 것은 아니지만 여성성의 약화 원인을 어느 정도 설명한다고 보았다. 다시 말해 불교라는 외래 종교에 우리 전통 민간신앙인 무속적巫俗的 측면이 좌우되는 것을 반영한다. 흥행과 쇠락이라는 일련의 과정을 제시하고 있는 것이 〈전씨 부자 망하는 이야기〉의 문법 구조인 것이다. 아기장수는 일제강점기의 좌절된 영웅 이야기로 보았으며 일제강점기 독립만세운동이 일어나고 확산되었던 이곳의 역사를 상기해서 민초들의 아픈 역사가 날줄 씨줄로 직조되면서 〈아기장수설화〉로 재탄생되었을 것이라고 결론 내렸다. 아기장수가 죽지 않았으면 난국을 극복했을 것이라는 기대감과 아쉬움, 원망이라는 무의식적 맥락이 원형으로 작용하여 홍천 산촌 지역의 이야기문법을 생성시켰던 것이다.

내면에서는 〈권대감설화〉가 지배적이었는데, 〈권대감설화〉의 특징은 설화와 신앙이 함께 접목되어 있다는 것이었다. 설화이기도 하면서 내면 지역의 신神 이야기이기도 하다는 것이다. 왕족, 양반이며 최고의 식자층이 끼친 영향력 등이 〈권대감설화〉로써 내면의 백성들에게 하나의 버팀목으로, 자랑으로 또는 경이감으로 투시되었을 것이라고 추정했다. 곧 아주 오지이며 산골이었던 내면에 왕족 내지는 양반이 들어와 살면서 직간접으로 많은 영향을 끼쳤고 이 인물에 대한 경이감이나 존경심을 구심점으로 해서 사람들을 결속시키는 계기가 되고 신앙으로 표출되었을 것이라고 추정했다. 권대감이 신이성을 획득하게 되는 징표나 이곳에 자리 잡을 수밖에 없었던 개연성, 주민들의 이런저런 갈등을 해소시켜 주었던 상징성 등이 반영되면서 이념이 날줄과 씨줄로 직조된 것이 바로 〈권대감설화〉이며, 권대감은 이곳 사람들을 품위 있게 결속시키는 구심점 역할과 기능을 했기에 내면에서 권대감 신앙이 오랫동안 지속될 수 있었을 것이고 아직도 진행된다고 보았다. 이야기에 등장하는 사슴은 신성한 동물의 상징으로 권대감 '신성화'의 징후 가운데 하나이며, 말은 권대감을 내면에 정착시키는 계기를 마련하는 기능을 했기에 말의 죽음은 내면 지역의 신앙 구조를 위한 필요충분요건으로 보았다. 칡은 갈등을 상징한다. 따라서 칡을 없앤다는 것은 내면의 갈등을 해소시킨다는 의미도 지닌다고 보았다. 결론적으로 권대감 신앙은 내면 주민의 오랜 자존심이며 결속 대상물이라는 원형성(archetype)을 함유한다.

이렇듯이 설화는 그 지역의 사회, 역사, 지배적 이념, 의식 무의식 구조 등이 날줄 씨줄로 직조된, 다시 말하자면 문학적 당의를 입고 생성된 것이기에 홍천 산간 지역의 설화를 대상으로 해서 산간 지역민의 실상이나 역사, 무의식과 의식 등을 파악할 수 있었다.

참고문헌

강명혜, 〈강원도 민속신앙의 특성과 기원 및 문학작품과의 관련성〉, 《강원민족문화》, 강원민족문화소, 2000.

강명혜, 〈〈단군신화〉 새롭게 읽기〉, 《동방학》 13집, 2007.

강명혜, 〈삼국유사의 언술방식〉, 《온지논총》 28, 2011.

강원대 강원문화연구소, 〈강원도 홍천군 학술답사보고서〉, 강원대 강원문화연구소, 1992.

강원도 편, 《민속지》, 강원도청, 1989.

강원도 편, 《강원의 설화》 II, 2005.

강현모, 《장수설화의 구조와 의미》, 도서출판 역락, 2004.

국립민속박물관 편, 〈홍천군〉, 《강원도 시장민속》, 1995.

김명선, 《조선조 문헌설화연구》, 이회, 2001.

김의숙, 〈강원도 자료조사보고서〉, 《강원문화연구》 제30집 별쇄본, 1994.

박종익, 《한국구전설화집》, 민속원, 2000.

서대석, 《한국인의 삶과 구비문학》, 집문당, 2002.

손진태, 《조선설화집》, 최인학 역편, 민속원, 2009.

임석재, 《한국구비설화》, 평민사, 1989.

임재해, 《설화작품의 현장론적 분석》, 지식산업사, 1991.

정윤수, 〈홍천지역 동제와 성신앙〉, 《강원민속학》 19집, 강원도민속학회, 2005.

조동일, 《인물전설의 의미와 기능》, 영남대 민족문화연구소, 1979.

조동일, 《한국설화와 민중의식》, 정음사, 1985.

조동일, 《동학성립과 이야기》, 홍성사, 1981.

최남선, 《조선의 신화와 설화》, 홍성사, 1983.

최래옥, 《한국구비문학론》, 제이앤씨, 2009.

최인학 편저, 《조선조말 구전설화집》, 박이정, 1999.

최운식, 《한국서사의 전통과 설화문학》, 민속원, 2002.

한국구비문학회, 《구비문학과 인접학문》, 박이정, 2002.

한림대학교 인문대학 국어국문학과 편, 《강원구비문학전집》 홍천군 편, 한림대학교출판부, 1989.

《한국의 마을제당》 2권 강원도편, 국립민속박물관, 1997.

홍태한, 《한국구전설화집》, 민속원, 2010.

홍천군 편, 《우리고장홍천》, 1992.

홍천군 편, 《홍천군지》, 홍천군지편찬위원회, 1989.

《홍천의 전설과 효열》, 홍천문화원, 1998.

스티븐 코핸·린다 샤이어스, 《이야기하기의 이론》, 임병권·이호 옮김, 한나래, 1997.

아르노스, 《조선의 설화와 전설》, 송재용·추태화 역, 제이앤씨, 2007.

나카자와 신이치, 《신화, 인류 최고의 철학》, 김옥희 역, 도서출판 동아시아, 2009.

황인덕, 《이야기꾼 구연설화》, 박이정, 2007.

Alastair Fowler, 1974, "The Life and Death of Literary Forms", in Raiph Cohen ed, *New Directions in Literary History*, London; Routledge & Kegan Paul, p. 92.

홍천군 두촌면 자은리 이승만(82), 구성포2리 김충기(71), 구성포1
리 박원환(80), 화촌면 박원재(81), 허홍구(81), 두촌면 이옥분(77),
한순천(56), 내면 자운2리 신홍근(71), 내면 창촌1리 박종학(80), 김
문규(70), 내면 창촌2리 최종기(60), 창촌2리 윤준섭(46), 내면 자운
리 손길련(87), 내면 자운리 김정규(76).

2. 산간 지역 인물설화의 지역적 확장

최 명 환(한국외국어대학교 문화콘텐츠연계전공)

Ⅰ. 머리말

'전승傳承'은 구비문학의 핵심적인 개념 가운데 하나다. 구비문학의 존립을 가능하게 하는 원천이기 때문이다.[1] 설화는 설화 전승자와 수용자의 전달과 표현 그리고 수용이 동시에 이루어지며, 그때 형상화되는 공감의 폭이 곧 '설화의 창조'로 이어지는 특징을 보인다. 설화의 수용자는 전승자로부터 수용한 설화 각 편을 자기 나름대로 변모시키면서, 또 다른 전승자가 되어 다른 수용자에게 전달하는 입장이 되는 것이다. 설화의 수용자가 또 다른 설화 전승자가 되었을 때, 스스로 설화 '창조자의 역할'에 참여하게 된다.[2]

설화는 위와 같은 과정을 반복하면서 지속적으로 전승하는 문학이다. 때로는 설화 자체의 구실이나 전승자와 주변적인 환경 −

---

1) 강진옥, 〈설화의 전승과 변이〉, 《설화문학연구》, 단국대학교출판부, 1998, 321쪽.
2) 김대숙, 〈설화에 나타난 계층 의식 연구〉, 《한국설화문학연구》, 집문당, 1994, 291쪽.

내면 방내리에서의 현장조사(2012.06.28.)

시간의 흐름, 증거물의 소멸, 기억력의 감소 - 등에 따라 전승이
약화되거나 소멸하기도 한다. 일반적으로 '전승'이라는 용어는 크
게 두 가지 용례로 사용한다. 그것은 전승하는 설화 자체를 지칭
하는 경우와 설화의 전달과 계승을 가능하게 하는 일체의 과정을
포함하는 의미다. 그러나 전자의 경우도 설화가 '전승의 과정을
거친 결과물'이라는 의미를 내포하고 있으므로, 두 의미는 근본적
으로 동일한 근원을 갖는다. 곧 오늘날 구비문학에서 중요시하는
전승이라는 개념은 설화의 형성과 전달에 관한 과정들을 통괄하
는 넓은 의미를 지닌다고 할 수 있을 것이다.

　설화 전승에 관한 지금까지의 논의들은 설화와 전승자 사이의
관계를 중심으로 곧 전승의 현장에서 일어나는 구연 방식, 전승
자 집단과 관계, 전승의 계기 및 전승자들의 창조적 역할, 설화

자료와 전승 현장, 전승자 생애와 관련성 등에 주목하였다. 또한 구비문학과 전승 집단의 세계 인식과의 상관관계에도 관심을 가지고 있다. 이들은 전승자의 역사 인식이 어떠한가를 밝히는 연구이다. 그러나 설화 가운데서도 지역과 관계를 맺으며 전승하는 유형이라고 할 수 있는 전설의 경우, 전승하는 지역의 다양한 자연적·사회적·문화적 환경과 영향관계를 지니며 전승한다. 이 글은 홍천군 산간 지역에서 전승하는 '인물설화'를 대상으로 설화가 전승 공간의 여러 가지 환경들과 어떻게 영향을 주고받으며, 전승이 유지되는가를 확인하려는 데 그 일차적인 목적이 있다.

더욱이 필자가 인물설화를 대상으로 삼은 것은 인물설화가 다양한 역사적 사건을 바탕으로 생존(간혹 비생존)했던 인물들의 내력과 일생사―生史를 그 내용으로 수용하기도 하고, 역사적 유물과 지역 곳곳에 산재해 있는 문화 유적 등을 설명하기 때문이다. 또한 자연물에 얽힌 사건들을 구체적인 증거물과 관련시켜 전승하기도 하며, 설화 전승으로써 역사 속에서 숨겨지거나 잊힌 사건들과 인물을 남겨 두기도 한다. 그러한 과정 속에서 인물설화 각 편들이 끊임없이 지역의 다양한 환경들과 관계를 맺으며 전승하는 모습을 보이고 있기 때문이다.

II. 산간 지역 인물설화 전승

역사적인 사건이나 인물을 수용해서 전승하는 인물설화 각 편들은 사실만으로, 그렇다고 완전한 허구만으로도 전승하지 않는 특징을 지니고 있다. 곧 '사실을 바탕으로 한 허구'의 형태로 전승

내면 자운4리 운두골 서낭신 권대감

한다. 설화가 사실을 사실만으로 허구를 허구만으로 전승할 때, 전승자들은 설화에 아무런 흥미를 얻지 못한다. 사실과 허구가 적절하게 혼합되어 있을 때에만 설화를 전승하는 자들과 이를 수용하는 자들의 정서적인 감동을 유발할 수 있다. 이때 역사적 사건이나 인물을 수용한 설화 각 편들은 사실이나 허구 어느 한쪽에 더 큰 비중을 두기도 하고, 두 가지 모두 비중을 두어 전승하기도 한다. 또한 전승하는 과정에서 주변의 여러 환경에 많은 영향을 주거나, 때로는 받기도 한다.

홍천군은 강원도 안에서도 산이 많은 지역이다. 《강원도지》(1940)에 "동서는 길고 남북은 짧다. 산악이 중첩되고"[3]라고 하였듯이, 태백산맥의 서사면에 있는 험준한 산악 지대에 위치하고 있으며, 동쪽으로 태백산맥의 연봉이 남북으로 이어져 있다. 지세가 동부는 높고, 서부로 갈수록 점차 낮아진다. 동북부에는 설

---

3) 강원도, 《국역 강원도지》 상, 2005, 88쪽.

내면 광원1리 산신 권대감

악산맥雪嶽山脈이, 동남부에는 오대산맥이 뻗어 내려 해발 1,000
미터 이상의 전형적인 산지 지형을 이룬다.[4] 이러한 산지 지형 한
가운데 홍천군 내면, 내촌면, 두촌면 등의 마을이 위치하고 있다.

이 논의는 홍천군 가운데서도 산간 지역의 중심부라고 할 수 있
는 이들 지역 곧 내면, 내촌면, 두촌면 등에서 전승하는 인물설화
들을 대상으로 하고 있다. 필자가 현지 조사한 결과, 이들 지역
에서 전승하는 인물설화에는 내면 지역을 중심으로 한 〈권대감설

---

4) 홍천군은 구룡덕봉九龍德峰(1,388미터)·약수산藥水山(1,306미터)·응복산鷹伏
山(1,360미터)·두로봉頭老峰(1,422미터)·오대산五臺山(1,563미터)·계방산桂芳山
(1,577미터) 등이 동쪽 경계를 이룬다. 중부에 아미산峨媚山(961미터)·백우산白羽
山(895미터)·공작산孔雀山(887미터), 서부에 매화산梅花山(752미터)·금확산金確山
(655미터)·종자산種子山(581미터) 등이 솟아 있고, 서쪽 끝에는 장락산맥長樂山脈
이 남북으로 길게 이어져 경기도 가평군과 자연 경계를 이룬다.

화〉, 내촌면을 중심으로 하는 〈서곡대사설화〉와 〈마의태자설화〉
등이 있다. 그러나 두촌면 지역에서는 지역과 연계하여 전승하는
인물설화를 확인하기 어려웠다. 따라서 내면 지역의 〈권대감설
화〉와 내촌면 지역의 〈서곡대사설화〉, 〈마의태자설화〉 등을 대상
으로 하였다.

1. 홍천군 내면 중심의 〈권대감설화〉 전승

홍천군 내면 지역5)을 중심으로 〈권대감설화〉가 전승한다. 이들
설화 각 편들은 권대감이 어떻게 지역과, 지역민들과 연계되어
가는지 그 과정을 보여 주며, 마을 제의祭儀에서 어떠한 이유로
신으로 좌정坐定하게 되었는지를 설명한다. 때로는 마을 제의의
당위성當爲性을 제시해 주기도 한다. 곧 〈권대감설화〉는 조선시
대 6대 임금인 단종端宗과 관련한 일련의 사건으로 말미암아 권
대감이 홍천군 내면으로 쫓겨 오는 과정을 기본적인 구조로 해서
전승하고 있다. 또한 권대감의 내면에서의 생활 모습도 일부 확

---

5) 홍천군 내면은 본래 강릉군[溟洲]에 속해 있다가, 1895년(고종32)에 내일면內
一面과 내삼면內三面으로 분할되었다. 1906년에는 인제군에 이속되고, 1914년
에 다시 두 면을 병합하여 내면이라 하였다. 그 뒤 1945년 인제군 대부분 지역이
38선 이북에 위치하고 있어서, 나머지 지역이 홍천군에 편입되었다. 1951년 인제
군이 수복되어 홍천군에 편입되었던 대부분 지역이 인제군에 복귀되었는데, 내면
은 그대로 남아 홍천군이 되었다. 면적이 44,798헥타르(전국 1위)로 해발 600미
터 이상에 위치하고 있으며, 농경지는 5퍼센트 정도고, 92퍼센트가 임야다. 대부
분의 농가에서는 무, 배추, 감자 등 고랭지 채소를 하며, 각종 산채와 약재 생산을
많이 하고 있다(홍천군, 《우리고장 홍천》, 1992, 316쪽).

인할 수 있으며, 마을 제의의 대상신으로서 좌정해서 보이는 영험담도 일부 포함한다. 내면에서 전승하는 〈권대감설화〉 각 편을 요약 정리해서 제시하면 다음과 같다.

1) 내면으로 쫓겨 온 권대감

· 권대감은 다른 사람보다 신통해서 말을 타고 축지법을 써서 내면으로 오던 길이었다.[6]

· 옛날 권대감이라고 하는 분이 있어요. 저게 덕두원 가면 말 무덤이라고 있는데, 권대감이 관군에 쫓겨서 도망을 오다가. 급하게 오다가. 권대감이 타고 있던 말이 그만 칡넝쿨에 걸려 죽고 말았어요. 그래서 거기다가 말을 묻고, 생각하니 화가 나서 권대감이 칡넝쿨을 향해 부적을 써서 던졌어요. 그래 가지고 여기 홍천에는 칡이 없어요.[7]

· 저 재를 넘어오다가 말을 칡넝쿨에 걸려 낙상을 했대요. 그래 부적을 써서 내보이니. 칡이 뻗지 말고 없어지라고 해서. 그래 칡이 안 번져요.[8]

현재도 권대감의 무덤을 찾으면 인삼을 얻는다는 전설이 있고 이곳에는 사슴이 없다. 왜 그런고 하니 권대감이 말을 타고 다닐 때 풀밭에서 사슴이 뛰어 말이 놀라 권대감이 낙마해서 내면에는 사슴이 들어오지 않는다는 전설이 내려오고 있다고 한다.[9]

---

6) 홍천군, 《홍천군지》, 1989, 797쪽.

7) 제보자 : 이○신(남·63세), 홍천군 내면 명개리 3반, 2003년 8월 1일 채록.

8) 제보자 : 권○길(남·72세), 홍천군 내면 광원1리, 2011년 10월 5일 채록.

9) 국립민속박물관, 《한국의 마을 제당》, 1997, 1123쪽.

내면 광원리 삼봉약수와 내면 자운리 덕두원 말 무덤

2) 내면에서의 생활

· 그래 어떻게 삼봉약수 근처에 살고 있었는데, 어느 날 학이 날아
가다가 갑자기 뚝 떨어졌는데. 그래 권대감이 가 보니 바로 지금의
삼봉약수 자리거든요. 그런데 신기하게도 조금 있다가, 날개가 부러
졌던 학이 아무 이상 없이 날아가는 거예요. 아하, 이게 무슨 효능
이 있는 물이구나. 그래서, 그 물로 마을 사람들 병을 고쳐 줬다고
합니다. 그게 삼봉약수에요.[10]

3) 신으로 좌정한 권대감

· 산길에 이르렀을 때, 갑자기 사슴 한 마리가 말 앞에 나타났다. 갑

---

10) 제보자 : 이○신(남·63세), 홍천군 내면 명개리 3반, 2003년 8월 1일 채록.

작스런 사태에 놀란 말이 치뛰는 바람에 권대감은 그만 말에서 떨어지면서 칡넝쿨에 목이 걸려 죽고 말았다. 그래서 마을 사람들은 대감의 영혼을 추도하기 위하여 마을의 주신主神으로 모시게 되었는데, 이 지방의 화禍와 복福은 이 권대감신이 모두 주재하게 되었다고 한다.[11]

4) 신으로서 보이는 권대감의 영험함

· 권대감이라는 신에게 제신함으로써 권대감이라는 신력神力의 도움으로 동민의 농사가 산짐승의 피해 없이 풍작을 이루며 부락을 수호하여 준다고 믿고 제신함.[12]

· 이 신이 대노하면 큰 재앙이 온다고 마을 사람들이 정성껏 제물을 만들어 제를 올린다(내면 창촌2리).[13]

· 누가 멧돼지를 잡으려고 올가미를 놓았는데, 권대감에게 소를 잡아 놓고 했더니, 올가미를 천 코를 걸었더니, 천 코가 다 걸렸다는 그런 얘기가 있어요.[14]

전승자에 따라서 일부 차이를 보이지만, 보편적으로 위에서 요약 제시한 설화 내용을 크게 벗어나지는 않는다. 〈권대감설화〉에서는 권대감이 단종과 관련한 사건에 연루되어 내면으로 쫓겨 오면서 지역민들과 처음으로 관계를 맺게 된다. 내면으로 오다가

---

11) 강원도, 《민속지》, 1989, 267쪽.

12) 국립민속박물관, 앞의 책, 1129쪽.

13) 홍천군, 앞의 책, 603쪽.

14) 제보자 : 김ㅇ대(남·50세), 홍천군 내면 광원1리, 2011년 10월 5일 채록.

지금의 자운1리 덕두원마을을 지날 때 말이 칡넝쿨에 걸려 죽게
되어, 그 자리에 말 무덤을 쓴다. 권대감은 자신의 말을 죽게 만
든 칡넝쿨을 향해 부적을 써서 던져, 그 뒤부터는 내면 지역에서
칡넝쿨이 자취를 감추게 한다. 〈권대감설화〉에 대해서 마을에 거
주하는 주민들에게 물어보았을 때, 가장 기본적으로 들을 수 있
는 내용이다. 그 뒤 권대감은 내면에 머물러 살면서 약수藥水를
이용해 마을 주민들의 병을 고쳐 주고, 죽은 뒤 내면에 묻힌다.
그리고 내면 지역 사람들은 마을 제의의 대상으로서 권대감을 모
시며, 지역의 신령神靈으로 좌정한 권대감은 여러 형태로 영험함
을 보여 준다.

　그러나, 지금까지도 권대감에 대해서는 구체적으로 밝혀진 바
가 없다. 다만, 설화 전승자들 대부분이 단종 관련 사건에 연루
되어 홍천군 내면으로 피신한 인물로 언급하고 있을 뿐이다. 문
헌에 정리되어 있는 설화 및 채록한 설화에 따라서, 단종의 외숙
부,[15] 단종대왕 외숙 권전權銓[16], 단종의 외숙 권전權全[17], 단종의
외조부 권존權尊[18], 단종대왕의 외조부[19], 단종의 외조부 권전權
專[20], 단종의 외조부 권준[21] 등으로 언급하기도 한다. 대부분의 설
화 전승자들은 구체적인 이름을 모른 채 '권대감'이라고 호칭한
다. 한편, 현재는 소실되고 없지만, 내면 광원1리에 소재했던 '권

15) 국립민속박물관, 앞의 책, 1121쪽; 홍천군, 앞의 책, 603쪽.

16) 국립민속박물관, 앞의 책, 1122쪽.

17) 문화재관리국,《한국민속종합조사보고서》, 1977, 152쪽.

18) 국립민속박물관, 앞의 책, 1129쪽.

19) 국립민속박물관, 앞의 책, 1130~1135쪽.

20) 한글학회,《한국지명총람》, 1967, 532쪽.

21) 홍천군, 앞의 책, 1989, 796쪽.

대감사당'에 '대광보국숭록대부권대감신위大匡輔國崇祿大夫權大監 神位'[22]라고 쓴 위패와 화상畫像이 있었다고 하며, 이 사당을 지역 에서는 '권대감 사당'이라고 부른다.[23]

설화 전승자들이 언급하는 '권대감'의 실체는 단종의 외조부와 외 숙으로 대별된다.[24] 우선, 단종의 외조부는 권전(權專 : ?~1441)이 다. 그러나 권전의 생몰연대를 확인해 보면, 이미 단종이 태어난 해와 같은 해인 1441년에 사망하였다. 곧 단종의 폐위와 유배라고 하는 일련의 사건과 아무런 관련이 없다.[25] 설화에서 권대감의 무 덤이 삼봉약수 근처에 있다고 하는데, 실제 권전의 무덤은 경상북 도 안동시에 소재하고 있다.[26] 한편, 단종의 외숙은 권자신權自愼 (?~1456)이다. 권자신은 권전의 아들로, 문종 비 현덕왕후顯德王后 의 동생이다. 1456년 사육신과 더불어 단종 복위를 도모하다가 발 각되어 가족과 함께 심한 고문을 당한 끝에 차열형車裂刑을 당한 인물이다.[27] 따라서, 권자신 또한 권전과 마찬가지로 홍천군 내면

---

22) '대광보국숭록대부大匡輔國崇祿大夫'는 조선시대의 벼슬로 관계官階의 최고 관이다. 정일품正一品의 종친宗親, 의빈儀賓, 문무관文武官에게 주던 벼슬이다.

23) 강원도, 앞의 책, 267쪽.

24) 일부 문헌에 강릉 출신의 권성두權星斗 장사라고 언급한 설화 각 편이 있는 데, 이번 조사에서 내면 일대에서 확인할 수 없었기에 여기서는 제외하기로 한다 (장정룡, 《강원도 민속 연구》, 국학자료원, 2002, 24~25쪽).

25) 최명환, 〈단종설화의 전승양상 연구〉, 강원대학교 박사학위논문, 2006, 130~132쪽.

26) 권전의 분묘墳墓를 수축할 것을 명하였는데, 권전의 묘를 오래도록 찾지 못하 였다. 뒤에 우의정 이세백李世白이 장릉에서 돌아와 아뢰기를 "안동부사 홍득우洪 得禹의 말에 의하면 안동 땅에 분묘가 있는데, 표석表石이 완연하다고 합니다" 하 니, 드디어 제사 지내 주는 일을 거행하였다(《숙종실록》 25년 7월 15일조).

27) 의금부에서 아뢰기를, "이개·하위지·성삼문·박중림·김문기·유응부·박쟁·송석

홍천군 내촌면 서곡리의 모습

지역에서 거주했다는 것은 역사적으로는 맞지 않는다.

그럼에도 내면 지역에서 〈권대감설화〉를 전승하는 전승자들은 권대감 실체에 대해서 단종의 외조부, 외숙 등으로 언급한다. 그렇다고 해서 '권대감이 누구인가?'에 크게 연연해하지도 않는다. 그들에게 권대감의 실체는 큰 관심거리가 되지 못하고 있다. 다만, 〈권대감설화〉를 전승하는 대부분의 전승자들은 권대감이 단

동·권자신·윤영손·아가지·불덕 등이 결당하여 어린 임금을 끼고 나라의 정사를 마음대로 할 것을 꾀하여, 6월 초1일에 거사하려 하였으니, 그 죄는 능지 처사凌遲 處死에 해당합니다. 적몰籍沒과 연좌緣坐도 아울러 율문律文에 의하여 시행하소서" 하니, 임금이 명하기를, "아가지와 불덕은 연좌시키지 말고, 나머지 사람들은 친자식들을 모조리 교형絞刑에 처하고, 어미와 딸·처첩妻妾·조손祖孫·형제兄弟·자매姉妹와 아들의 처첩은 변방 고을의 노비로 영속시키고, 나이 16세 미만인 자는 외방에 보수保授하였다가 나이가 차기를 기다려서 안치安置시키며, 나머지는 아뢴 대로 하라" 하고, 드디어 백관百官들을 군기감軍器監 앞 길에 모아서, 빙 둘러 서게 한 다음, 이개 등을 환열하여 두루 보이고 3일 동안 저자에 효수梟首하였다 (《세조실록》 2년 6월 8일조).

내촌면 광암리 군유동의 모습

종과 관련한 일련의 사건에 연루되어 '내면 지역에 정착하게 되었다'는, 곧 어떻게 내면 지역과 권대감이 관계를 맺게 되었는가를 설명하는 것이 주된 관심사이다. 그리고 부적을 이용해 칡을 없앤 행위와 내면에서 약수를 이용, 마을 주민들의 병을 고쳐 준 행위, 신으로서 보이는 영험함에 관심을 갖고 〈권대감설화〉를 전승하고 있다.

2. 홍천군 내촌면 중심의
   〈서곡대사설화〉·〈마의태자설화〉 전승

강원도 홍천군 내촌면 서곡리를 중심으로 〈서곡대사설화〉가, 광암리를 중심으로 〈마의태자설화〉가 전승한다. 서곡리에서는 서곡대사가 태어난 곳과 출가한 곳, 주석主席한 곳이 해당 마을이라

고 하며, 그와 관련한 설화 각 편들이 마을 곳곳의 지명 및 증거
물들과 함께 연계해서 전승하고 있다. 내촌면 광암리에서는 인제
군 상남면 김부리가 마의태자가 가는 길에 지나쳐 간 마을이라고
하면서, 그 흔적을 마을 지명에 남겨 전승한다.

1) 〈서곡대사설화〉 전승

서곡대사(서곡당대사)의 법명은 찬연粲淵(1702~1768)이다.
1747년(영조23)에 횡성군 청일면 신대리에 소재한 봉복사鳳腹寺
를 중건한 스님과 동일한 인물이다. 서곡대사는 수타사[28]와 봉
복사에서 주석하였으며, 수타사에서 입적하였다. 사리 2과가 나
와 수타사와 봉복사에 하나씩 봉안하였다고 한다.[29] 현재 홍천군
동면 수타사에 그의 진영眞影과 부도, 그리고 부도비가 남아 있
다.[30] 수타사 입구에 소재한 〈서곡당대사부도비문〉은 김상복金相
福이 짓고 김상숙金相肅이 글씨를 썼다. 1769년(숭정기원후삼을
축년崇禎紀元後三乙丑年) 7월에 세워졌다. 비문의 일부를 소개하
면 다음과 같다.

---

28) 수타사壽陀寺는 신라 제33대 성덕왕 7년(708)에 처음 창건하였다고 하는데,
이름은 '우적산牛跡山 일월사日月寺'로 전한다. 조선시대 세조 2년(1497) 공잠대
사工岑大師가 자리를 옮겨 중건하였고, 공작산孔雀山 수타사水墮寺로 했다. 그 후
여러 차례 중수하였고, 고종 15년(1878) 여러 건물들을 중수하면서 이름을 수타
사壽陀寺로 개칭하였다(홍천군, 앞의 책, 589~590쪽).
29) 횡성군, 《횡성군의 역사와 문화유적》, 1995, 171~172쪽.
30) 한림대학교 인문대학 국어국문학과 편, 《강원구비문학전집》, 한림대학교출판
부, 1989, 147쪽.

내촌면 서곡대사 출생지

· 서곡당대사는 속성俗姓이 김金씨이고 본관은 경주慶州이다. 아버지는 업상業尙이고 어머니는 완산이씨完山李氏이다. 어머니가 49세 때 부부가 관음觀音에 기도하여 품속으로 별이 떨어지는 꿈을 꾼 후 임신하여 대사를 낳았다. 대사는 임오년(1702년) 3월17일 축시에 태어나 무자년(1768년) 11월 3일 사시巳時에 홍천현 공작산 수타사에서 시숙示叔하였으니, 이때가 승려가 된 지 51년이 되는 해이다. 다음 해 봄에 문도門徒, 재명再明 등 100여 명의 승려 신도가 봉복사鳳腹寺에 사리탑을 세웠다. 이 절은 대사가 항상 기거하던 곳이다.[31]

· 영조 23년에 서곡선사가 봉복사 전부를 중건하였다.[32]

---

31) 홍천군,《홍천군의 역사와 문화유적》, 1996, 198~199쪽.

32) 朝鮮英祖二三年瑞谷禪師鳳腹寺全部를重建함(횡성군 청일면 소재 봉복사 연혁지).

내촌면 서곡리 쌍계사

　위의 두 기록은 서곡대사와 관련한 현존하는 유일한 기록들이
다. 그 밖에는 서곡대사와 관련한 기록을 찾을 수 없다. '서곡대
사부도비'에는 출생지가 명확하게 기록되어 있지 않지만, 내촌
면 서곡리 마을 주민들은 서곡대사의 출생지를 해당 마을이라 여
긴다. 현재 내촌면 서곡리에는 '태어난 집터'라는 곳이 '안실마을'
에 소재하고 있다. 또한 서곡대사가 출가했다고 하는 '서곡리사
지'(현 비룡사 소재)와 공부를 했다고 하는 동굴 등이 남아 있으
며, 서곡대사의 무덤을 찾을 수는 없지만, '거스르미재(큰여창이
에서 도관리 거주포로 넘는 고개)' 너머 오른편 기슭에 있다고도
한다. 그리고 서곡리 마을 주민들은 서곡대사의 출생에서부터 죽
음에 이르기까지 마을 곳곳에 소재한 지명과 증거물들을 연계해
서 설명하는 설화를 전승한다. 현재 전승하고 있는 〈서곡대사설
화〉를 요약 정리해서 제시하면 다음과 같다.

(1) 서곡리 출신의 서곡대사

· 생불이 되어 갔다는 그런 얘기도 있고. 원래 서곡대사가 태어나기는 요 고개 넘어. 거기서 태어났대요. 그 집터가 있지요. 집도 있어요. 다시 지은 집이지. 인제 뭐야. 그 양반이 서곡대사가 태어났는데. 아마 한 댓살 되어서 그, 그전에 뭐. 농사를 지어 먹고 사는 세월. 다 소 키우고 그러는 시절이니까. 아부지가 꼴을 베어 오라. 그러니 낫을 가지고 그러니까. 빌 도리가 없다는 얘기지. 그래 왜 그냥 왔느냐? 아버지 꼴을 베면 풀에서 피가 나와요. 피가 나와 못 비겠다. 가 보니까. 피가 벌겋게 묻었거든. 손은 안 대었는데. 그래 너는 보통이 아니니까. 그만둬라. 그래고 절로 올려 보냈다는 얘기가 여기 전설로.[33]

· 마을 사람들이 내려오는 얘기에는 묘도 어디 이쪽에 있다고 그러는 것 같아요.[34]

· 글쎄 내력을 잘 모르겠는데. 아마, 그 당시에도 서곡리여서. 서곡대사라고 그랬겠지.[35]

· 여기 지명이 원래 여창이에요. 서곡대사가 도를 이루고 여기서 주석하시면서 서곡리로 바뀌었다고 해요.[36]

· 가사거리라고 있지요. 서곡대사가 가사를 걸어 놓고 놀았던 곳이라서 그 소지명이 지금도 가사거리에요. 그 안이 서곡대사가 태어난 터고.[37]

33) 제보자 : 연ㅇ호(남·81세), 홍천군 내촌면 서곡리, 2012년 1월 10일 채록.
34) 제보자 : 정ㅇ선, 홍천군 내촌면 서곡리 쌍계사, 2011년 11월 19일 채록.
35) 제보자 : 연ㅇ호(남·81세), 홍천군 내촌면 서곡리, 2012년 1월 10일 채록.
36) 제보자 : 정ㅇ선, 홍천군 내촌면 서곡리 쌍계사, 2011년 11월 19일 채록.
37) 제보자 : 연ㅇ호(남·81세), 홍천군 내촌면 서곡리, 2012년 1월 10일 채록.

동면 수타사의 서곡대사 부도비와 서곡대사 진영

(2) 서곡대사의 출가出家

서곡대사는 원래 스님이 아니고 남의 집 종이었다. 어느 날 논에 나가서 가래질을 하다가 지렁이를 뚝 자르고 말았다. 어린 서곡대사가 생각하기를 '이게 못할 짓이로구나' 하여 산으로 들어가 중이 되었다고 한다. 그래서 마을 이름을 대사의 이름을 따서 서곡리라 했다 한다.[38]

---

38) 홍천군, 앞의 책, 798쪽.

(3) 고승高僧으로서 영험함

· 수타사가 원래 두촌면 괘석리에 있었는데, 소실이 되고, 아마 그쪽으로 갔다고 하는 것 같아요. 괘석리 사자등이 홍천읍사무소에 있어요. 괘석리. …… 서곡대사가 인제 그 여기에다 터를 잡을 때 계란을 두 개를 묻어 놓고 밤중에 닭 우는 소리가 나거든 여기에다 절을 만들어라. 그랬다고 그래요. 그래 인제 닭 우는 소리가 들려 가지고, 옛날에는 여기 쌍계사가 닭 계鷄자를 썼었어요. 그런데 이쪽으로 내려오면서 계곡 계溪자를 썼다고 그래요.[39]

· 여 와 주지를 하셨던가 봐. 수타사에서. 그래다 인제 원주 서곡면에서 불이 나니까. 그 양반이 상좌 보고 시켜서 세숫대에 물을 좀 떠 와라. 물 떠오니까 손을 담궜다 튕겨 가지고. 튕기는 위력에 원주 서곡면에 사찰에 불이 꺼졌다 이런 전설이 내려오거든. 그런데 원주 서곡면도 있어요. 원주 서곡면 있어요. 그런데 거기 절터도 있다고 그러던데.[40]

· 이 위에 절터에서 아침을 먹다가 아침 공양을 하다가 인제. 숭늉을. 문을 열고 숭늉을 해인사 쪽으로 뿌리더라는 거예요. 그래서 해인사 장경각이 불이 났는데, 내가 지금 불을 껐다. 그래서 제자들을 보내서 가보면 밥알이 아직 붙어 있을 것이다. 그래서 가서 보니까. 그 시간에 불이 났었고, 밥알이. 밥알이 일곱 알이 붙어 있어 가지고. 그때부터 인제 서곡대사가 도를 이룬 것을 알았다고 그러지요. 제자들이 한 30~40명 이렇게 살았다고 해요.[41]

---

39) 제보자 : 정○선, 홍천군 내촌면 서곡리 쌍계사, 2011년 11월 19일 채록.
40) 제보자 : 박○환(남·62세), 홍천군 동면 덕치리, 2011년 10월 28일 채록.
41) 제보자 : 정○선, 홍천군 내촌면 서곡리 쌍계사, 2011년 11월 19일 채록.

· 포수가 그 사냥을 하는데, 사냥을 해서 큰 돼지를 잡았는데. 배를 쫙 갈라놓고 보니 시장은 한데, 날것으로는 먹을 수 없고, 저 소금이라도 있어야 먹지. 그대로는 못 먹거든. 야! 서곡대사님이 훌륭하다고 하는데. 우리가 돼지 잡은 걸 알 것 같으면은 소금이라도 보내줄 텐데. 농담 삼아 얘기한 거야. 그래 동자가 소금 가지고 왔습니다. 갖다 주었다는 그런 전설이 있어요.[42]

· 서곡대사가 이제 말하자면 기도를 하는데. 부락 사람들이 아주 그. 장난꾼들이 서곡대사를 인제 한번 골탕을 메기자. 이 뭐. 아주 중 노릇만 하고. 사회 사람들과 접하지 않으니까. 한번 그 사람을 파계시키자. 그래 이렇게. 인제. 해 가지고. 산에서 돼지를 잡아서 돼지고기를 먹자고 불렀다는 거야. 서곡대사를. 서곡대사가 그러니까 돼지를 내려오는 얘기는 돼지고기를 먹더니만, 여기 해우소가 나무로 이렇게 되어 있었어요. 제 기억도. 그러니까 몇천 년 내려온 해우소지. 그래 인제. 소대변을 보면, 밑에 낙엽을 갖다 놓으면 발효가 되게. 그래. 완전히 뒤에는 바람만 들어오게. …… 그렇게 고기를 주니까 먹고. 대변을 봤는데. 대변 본 자체가 돼지로 해서 나오더라. 그래 부락 사람들이 골탕을… 파계시키려고 했다가. 오히려 부락 사람들이 미안해서 나중에 인저 그 양반을 존중했다고.[43]

· 그전 구정에, 구정이라고 큰 가마일세, 게다가 합천 해인사에서 팥죽을 쑤는데, 한식날 팥죽들을 쒀 먹지 않아? 팥죽을 쑤는데, 둘이나 서이나 넉가래로 같은 걸로 죽을 지어야 되거든. "아 저 녀석들이 중을 사람아 먹는구나" 이러더래. 밤에. 거 큰 놈의 가마솥에 죽을 쑤는데, 젓다가 졸려우니까 그만 죽가마에 엎어졌네. 이렇게

42) 제보자 : 연ㅇ호(남·81세), 홍천군 내촌면 서곡리, 2012년 1월 10일 채록.
43) 제보자 : 박ㅇ환(남·62세), 홍천군 동면 덕치리, 2011년 10월 28일 채록.

그 양반은 먼 데 일을 다 알고 계셨다고.[44]

· 신라 시절에 서곡대사가 있었는데. 서곡대사 그 양반이 거기가 절을 갖다가 설립을 해 가지고. 거기 가면 돌맹이가 이렇게 하나 있어. 예전에 부처님을. 예전에. 그 폐사하고 갈 적에 부처님을. 그저. 우물에다가 놓고서는 묻었다는 그 얘기를 들었지.[45]

강원도 홍천군에서 전해지는 〈서곡대사설화〉는 서곡대사 출생지와 출가出家 이유, 고승高僧으로서 보이는 영험담 등으로 대별된다. 그리고 그 가운데 가장 전승력이 활발한 것은 고승으로서 보이는 영험담이다. 〈서곡대사설화〉에서 서곡대사가 태어난 곳은 홍천군 내촌면 서곡리 '안실마을'이다. '안실마을'에서 밧실로 넘어가는 '서낭고개'를 오르다 보면 길 아래로 청녹색의 기와집이 보이는데, 그 집에서 서곡대사가 태어났다고 한다. 한편, 일상적인 삶을 살지 못하고, 서곡대사가 출가한 이유는 자연물 곧 동물(지렁이)과 식물(풀)을 해害할 수 없었던 그의 성품에서 비롯되며, 아버지에 따라 또는 그 스스로 스님이 될 결심을 하고 출가를 결정했다고 한다.

서곡대사는 서곡리사지(현 비룡사)에 있었던 쌍계사로 출가하게 되었다고 하며, 또 다른 설화 각 편에는 쌍계사雙鷄寺[46]를 창건하였다고도 한다.[47] 한편, 두촌면 괘석리 절터에 있었던 수타사로

44) 한림대학교 국어국문학과, 앞의 책, 148~149쪽.

45) 제보자 : 박ㅇ찬(남·84), 원시 판부면 서곡리, 2012년 1월 11일 채록.

46) 쌍계사雙溪寺는 두봉산 아래 절골에 있던 사찰로 조선조 제17대 효종 원년(1649)에 도전道詮이 창건하였다 하는데, 그 뒤 없어지고 다시 지었다. 쌍계사는 동해 지상사 철불좌상을 모신 태고종 강원교구 공찰이다.

47) 《태백의 읍면》(강원일보사, 1975)에는 '강월하姜月河는 일제강점기에 서울의

출가했다고도 일부 전한다.[48] 강원도 원주시 판부면 서곡리에 소재한 '서곡리사지' 또한 서곡대사가 창건했다는 설화가 전승하고 있다. 또 다른 설화 각 편에는 서곡대사가 폐사廢寺했다고도 하고 있다. 홍천군 내촌면 서곡리와 원주시 판부면 서곡리 모두 서곡대사의 이름을 따서 '서곡리'라고 부르게 되었다는 지명유래담이 전승하고 있다. 서곡대사가 조선시대 인물임에도 오래되었음을 강조하고자 홍천군 내촌면 서곡리사지에 있었던 쌍계사와 원주시 판부면 서곡리사지 모두 신라시대 때 서곡대사가 창건했다고도 한다.[49]

홍천군 동면 수타사에 소재한 〈서곡대사부도비〉와 원주시 판부면 서곡리사지에 남아 있는 유물 등을 근거로 보면 서곡대사가 신라시대에 활동했던 스님이라고 보는 것은 역사적으로 무리가 있다. 설화 전승자들의 입장에서 사찰의 오랜 연원과 오래전 인물이라는 것을 강조하고자 신라시대까지 소급했을 가능성이 크다고 여겨진다. 인물설화 전승자들의 입장에서 해당 인물과 증거물, 사건 등이 오래전 일이라는 것을 강조하고자, 더욱이 구체적인 역사를 인지하지 못했을 경우에는 실제 역사보다도 더 오래되었다고 언급하는 것이 보편적이기 때문이다. 또한 '서곡리' 지명

수종사에서 이곳으로 온 승려로 두 줄기 물 흐름을 보고 절의 명칭을 쌍계사雙鷄寺에서 쌍계사雙溪寺로 고쳤다'고 기록하고 있다.

48) 두촌면 괘석리에는 '절터'라는 곳이 있는데, 예전에 수타사가 있었던 곳이라고 한다(홍천군, 앞의 책, 124쪽).

49) 원주시 판부면에 소재한 서곡리사지는 발굴된 유물들이 고려시대 이전으로 소급되지 않는다. 또한 이색의 《목은고》에 당시 '서곡사'와 '백운암'이 있었다는 기록이 보이는데, 마을 이름은 서곡이라는 절 이름에서 유래한 것으로 보고 있다 (원주시, 《문화유적분포지도》, 2004, 280쪽).

동면 수타사

횡성군 소재 봉복사

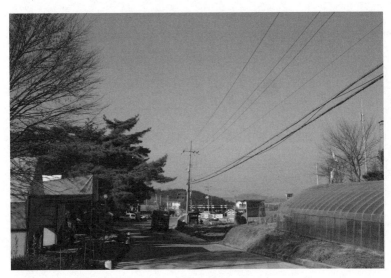

원주시 판부면 서곡리

의 경우, 서곡대사의 출생지 또는 서곡대사의 주석지라는 이유로 서곡리라고 불린 것은 아닌 것으로 추정된다. 원주시 판부면의 경우, 이미 조선시대 초기에 '서곡사'라는 사찰이 있었다는 기록이 있고, 서곡대사의 경우 법명 '찬연'이 존재하기에 후대에 지명을 따서 '서곡대사(서곡당대사)'라고 불렀을 가능성이 높다. 〈서곡대사설화〉 전승자들의 입장에서 서곡대사의 명성과 마을 지명을 결부시키려 한 것이다.

〈서곡대사설화〉 가운데 비교적 전승이 활발한 것은 서곡대사의 영험함을 보이는 설화 각 편이다. 서곡대사는 불을 제압하는 능력과 천리를 내다볼 수 있는 혜안慧眼을 지닌 인물로 여겨지고 있다. 강원도 홍천군 수타사, 횡성군 봉복사, 원주시 서곡리사지, 합천군 해인사 등에 난 불을 숭늉을 뿌려 제압하기도 하며, 산짐승을 잡는 포수들의 놀림에도 지혜를 발휘해 오히려 포수들의 존경까지 받게 된다. 한편, 주민들의 병고病苦를 덜어 주고 풍흉을 예언해 왔다고도 한다. 그리고 입적 후에 생불生佛이 되었다.

그런데 여기서 주목해 봐야 할 것이 홍천군 수타사의 연혁이다. 서곡대사가 수타사에 있을 때, 큰불이 나서 대적광전大寂光殿만 남고, 모두 불타 버렸다는 것이다.[50] 곧 〈서곡대사설화〉 속 서곡대사는 화재를 진압할 수 있는 능력을 지니고 있지만, 역사적으로는 화재를 당했던 인물인 것이다. 이러한 측면이 설화 전승자들로 하여금 화재 진압에 영험함이 있는 서곡대사를 창출하게 만들었다고 할 수 있다.

2) 〈마의태자설화〉 전승

강원도 홍천군 내촌면 광암리를 중심으로 〈마의태자설화〉가 전승한다. 광암리에서 전승하는 〈마의태자설화〉는 일정한 서사구조를 지니지 못한 채 단순한 지명유래담으로 남아 있다. 설화의 주인공 역시 현재는 '마의태자'라고 인식하고 있지만, 예전에는 '신라의 마지막 왕'이라고만 하였다.[51] 홍천군에서 전승하는 〈마의태자설화〉는 마의태자가 인제군 상남면 김부리로 가는 길에 지나갔다고 하며, 설화 속에서 홍천군을 지나가는 마의태자 모습을 확인할 수 있다. 홍천군을 지나는 마의태자는 쫓기면서 풀〔草〕로 얹은 수레에 몸을 숨기고 있는 모습이다. 현재 전승하고 있는 〈마의태자설화〉를 요약해서 제시하면 다음과 같다.

---

50) 홍천군, 앞의 책, 188쪽.
51) 현재는 마의태자라는 인식이 강하므로 여기서는 마의태자라 하기도 한다.

· 홍천 동면에 있는 공작산이라는 산이 있어. 에, 공작산의 머리가 공작산이라는 산으로 들어와서는 이제 거기서 며칠 동안을 유숙을 했어. 그래서 그 지금 공작산에 보면은 왕궁 터라고 있어. 왕궁 터, '왕터'라고 그러는데, '왕터'라고 있고, 또, 그 밑에는 '내시터'라고 있어. '내시골.' 그러니까 그 시행을 하던 대신들이 유숙했던 '내시 골'이 거기 있었고, 그래서 지금두 거기를 '왕터', '내시골' 그렇게 부른다구. 그래 거기서 마의태자가 당분간 유숙을 하셨다가 다시 금강산을 가시기 위해서는 공작산을 넘어서 도강터라는 데가 있어. 거기 '도강터'. 그건 화촌면. 화촌면에 '도강터'라는 데를 지나가지고 화촌면 장평 솔치를 지나서 갔어. 솔치서 다시 비행기재를 넘어갔어. 그 담에는 동창, 내촌 동창이라는 데가 있어. 지금 만세운동 부르고 있는 동창이라는 데를 지내서 다시 내촌 광암리, 괘석이라고 얘기 많이 들어봤지? 대식이, 대석이라는 데를 와서 지나가지고 거기서 다시 김부리라는 데를 갔어.

· 어른들 말씀하시는데 들은 거, 여기가 인제. 이 군유동이거든요. 그래 인제. '군내미' '군내미' 그러는데. 어른들 얘기로는 그때 저기 마의태자가 올 때 여 저지. 수레를 인제. 수레를 해 가지고 왔는데. 우에다 인제. 풀을 덮고 닭장처럼 해 덮고 왔다고 해가지고. 이렇게 한문으로 쓰면 수레차 있잖아요. 수레 차車변에 풀 초草 하고, 그 다음에 인자. 닭 유酉자. 그자예요. 그래 군유동이라고. 풀을 해 덮고 왔다고 그러더라구요.

· 그래 있다가 여 위에 옥계석이라고 있는데, 그 넘어가는 고개가 가마봉 넘어가는 데 황병재라고 그러거든요. 그래 글로 넘어갔다는 얘기가 있어요. 황병재가 인제 임금 황皇자에다 군사 병兵자. 그래 황병재라고 그러거든요.

인제군 김부리 김부대왕각

인제군 김부리 김부대왕제의 모습

· 신라의 마지막 왕이라고. 인제. 마의태자나 김부 이런 거는 없었고. 그 제가 아는 건 근래에 와서 그러는 거고.

· 군넘이 고개도 똑같이 임금 군자를 써서. 두촌으로 해서 들어왔다는 얘기가 있어요. 이 골짜구니가 좁아요. 그 안에 흔터골이라고 있거든요. 그래 거기 들어가서 있다가 나와 가지고 일로 해서 저 밑에 가면 절터라고 있어요. 괘석리삼층석탑이라고 있어요. 그래 글로 해서 지나갔다는 얘기가 있어요.

· 영화대라고 있는데, 거기서 아마 제사를 지냈다는 게 있어요. 그래서 영화대라고 기와 이렇게 해 가지고 집을 지었다고.[52]

강원도 홍천군을 지나는 마의태자의 노정은 "동면 공작산[왕궁터, 내시골] → 화촌면[도강터, 장평 솔치] → 내촌면 동창리 → 내촌면 광암리[군유동] → 두촌면 괘석리[삼층석탑] → 인제군 상남면 김부리 등으로 유추해 볼 수 있다. 이들은 모두 지명설화를 재구성한 것이다. 내촌면에서 전승하고 있는 〈마의태자설화〉에서 마의태자의 최종 목적지는 '인제군 상남면 김부리'이며, 〈마의태자설화〉 전승자들도 마의태자가 인제군 상남면을 향하고 있다고 한다. 인제군 상남면 김부리에는 김부대왕[또는 마의태자]를 모시고 있는 '대왕각'이 위치해 있다.[53] 또한 김부대왕의 무덤이 인

52) 제보자 : 황○익(남·64세), 홍천군 내촌면 광암리, 2011년 11월 18일 채록.

53) 김부리의 대왕각은 김부대왕을 모신 사당이 아니라, 마의태자를 모신 사당이라는 학설이 대두됨에 따라, 마의태자를 중시조로 모시는 부안김씨와 통천김씨 종친회에서는 1983년부터 대왕각에 와서 별도로 문중 제사를 지내고 있다. 김부리에는 옥새바위, 수구네미, 옥터골, 항병골, 맹개골, 군량리(양구군) 등에 관한 설화가 전승한다(전신재, 〈김부대왕전설의 형성과 변모〉, 《강원민속학》 19집, 강원도민속학회, 2005, 73~85쪽).

홍천에서 인제로 넘어가는 행치령 조형물

내촌면 괘석리 삼층석탑(홍천읍사무소)

제군 상남면 상남리 오미자골 입구 도로변에 있다는 설화 각 편도 전한다.

〈마의태자설화〉가 전승하는 지역은 경상북도 경주시와 인근 지역, 충청남도 보령시, 경기도 시흥시와 그 인근 지역, 충청북도 제천시, 강원도 원주시 등이다. 이들 지역에서 마의태자는 조상신, 서낭신 등으로 모셔지기도 하고, 미륵불을 조성하는 조성자의 모습으로 그려지기도 한다.[54] 그러나 내촌면 광암리를 중심으로 홍천군 관내에서 전해지는 〈마의태자설화〉는 단순히 마의태자가 홍천군을 지나갔다고만 한다. 이는 인제군 상남면 김부리가 인근에 위치해 있기 때문이다. 김부리는 홍천군 내촌면 광암리와 두촌면 괘석리에 인접한 마을이다. 따라서 내촌면 광암리나 홍천군 관내에서 〈마의태자설화〉를 전승하는 전승자들은 인근 마을인 인제군 상남면 김부리가 마의태자와 관계가 있다는 것을 항상 인식하고 있다. 그렇기에 마의태자가 김부리를 향했다고 보고, 고개를 넘어가는 마의태자의 모습만 형상화하고 있는 것이다.

Ⅲ. 산간 지역 마을 제의로의 확장

권대감은 강원도 홍천군 내면 광원리와 자운리는 물론 율전리, 명대리 등 거의 내면 전 지역에서 마을 제의의 대상신으로 모셔지고 있다. 곧 권대감은 홍천군 내면 지역에서 종교적 제의의 신으로 자리 잡고 있으며, 민간신앙 차원에서 신격화神格化된 인물인 것이다. 일반적으로 한국 민속에서 신화적 인물이 아닌 역사

---

54) 전신재, 앞의 글, 62~84쪽.

적 인물이 마을 제의의 신령神靈으로 자리를 잡았다면, 반드시 그에 합당한 이유가 존재한다. 하나는 조상신을 모시는 '영혼靈魂의 신격화'이고, 또 다른 하나는 '원혼冤魂의 신격화'다. 영혼은 원칙적으로 가정을 중심으로 혈연적으로 확대되어 문중이나 씨족 차원에서 숭배되는 것이 특징이다. 그러나 원혼은 마을이나 그 확대된 영역, 예를 들면 산을 중심으로 한 지역, 바다를 중심으로 한 지역, 더 나아가서는 자연적 차원에서 숭배된다.[55] 더욱이 설화의 하위 유형 가운데, 마을 제당의 유래를 설명하는 '당신화'의 경우, 영혼보다는 원혼의 신격화를 이야기하는 것이 본질적인 특성에 가깝기도 하다.[56]

한편, 민간신앙 차원에서 '영혼의 신격화'는 인간으로서 위대한 일을 한 사람 곧 위대한 사람이 죽어서 신이 되는 경우도 포함한다. 대대로 국가를 지키던 수호자守護者, 마을을 처음으로 개창한 개척자開拓者, 위기에 처해 있는 나라를 지킨 장군將軍, 위험한 동물을 퇴치한 영웅英雄 등 살아 있을 때 많은 업적과 영향력을 남긴 사람도 신령神靈으로 자리 잡는 경우도 있다. 이는 대부분 살아서 훌륭한 업적을 남긴 사람은 죽어서도 그러한 일을 할 수 있다는 믿음에서 비롯된 것이다.[57]

권대감은 신화적 인물은 아니다. 앞서 말했듯 신화적 인물이 아닌 인물 곧 '일반적인 인간'이 마을 제의에서 대상신이 되었을 경

---

55) 강원도 영월군 지역에서 마을 제의의 대상신이 되고 있는 단종端宗을 비롯해서, 최영崔瑩, 임경업林慶業, 명성왕후明聖王后, 남이南怡 등에서 이를 확인할 수 있다.
56) 표인주, 《공동체신앙과 당신화 연구》, 집문당, 1996, 154쪽.
57) 강릉단오제에서 산신으로 모시고 있는 '김유신 장군'이 여기에 해당한다고 할 수 있다(최명환, 앞의 글, 109~114쪽).

우에는, 그에 걸맞은 이유가 반드시 필요하다. 〈권대감설화〉 전승자들은 그러한 이유를 설화에 담고 있다. 권대감의 경우, 구체적으로 어떠한 인물인지 밝혀진 바는 없지만, 전승자들과 권대감을 마을 제의의 대상신으로 여기고 있는 홍천군 내면 지역민들에게는 실존했던 인물로 인식되고 있다. 곧 '인간의 신격화'를 이룬 경우라고 할 수 있다. 따라서 홍천군 내면 지역의 〈권대감설화〉 전승자들은 마을 제의의 신령으로 자리 잡은 권대감의 타당성妥當性을 설화로 설명하려 한다. 앞에서도 살펴보았지만, 권대감 실체에 대해서는 많은 오류들이 있다. 신화가 그러하듯 인물설화도 역사적 사실을 초월해서 존재한다. 역사적 인물이 마을 제의의 대상으로 좌정하는 경우, 그 신격은 역사적 인물과 반드시 일치하지 않아도 된다. 마을 제의의 대상신은 인물로서의 실제적 인격과 그 신격을 신봉하는 사람들의 절실한 소망 사이의 긴장 관계로 새롭게 조성되면서 자리를 잡아 가기 때문이다.

원혼		영혼		신격화
단종 관련 사건에 연루되어 쫓기는 권대감	+	약수로 마을 주민들을 치료하는 권대감	⇨	산신山神

그럼에도 홍천군 내면 지역의 설화 전승자들이 하나같이 언급하는 것은 권대감이 단종 관련 사건에 연루되어 쫓겨 온 인물이라는 것이다. 이는 '원혼의 신격화'라는 전형적인 한국 민속의 보편성을 설화로써 획득하고 있는 것이라 할 수 있다. 누군가에게

내면 광원리에 있던 권대감 사당 터

쫓기고, 도망자 신세가 된 권대감은 그 자체로 원혼의 신격화를
이룰 수 있는 자격을 지니게 된다. 거기다가 그가 타고 온 말이
'칡넝쿨'에 죽임을 당하는 부분에서 그러한 비극이 절정에 이른
다. 또한 권대감은 내면 지역에 머무르는 동안 지역에 있는 약수
를 이용해서 마을 사람들의 병을 고쳐 주는 역할을 한다. 내면의
지역민들 스스로 해결할 수 없었던 문제들을 권대감이 해결해 준
것이다. 이는 마을 주민들의 입장에서 '영혼의 신격화'를 이룰 수
있는 조건도 갖추게 한다. 곧 권대감은 설화를 통한 신격화 과정
에 '원혼의 신격화'와 '영혼의 신격화'의 경우를 모두 갖추었다고
할 수 있다.

한편, 권대감은 신령神靈 가운데서도 특별히 '산신山神'으로 좌
정한다. 내면 일대는 앞에서도 언급하였지만, 대부분 산山으로
이루어져 있다. 홍천군 내면 사람들에게 산은 생활의 터전이기
에, 권대감이 산신으로 존재한다는 것은 그가 마을 사람들에게

권대감을 모신 산신당에서 굿을 하는 무속인

미친 영향력이 그만큼 크다는 것을 확인할 수 있는 대목이다. 따라서 〈권대감설화〉 전승자나 권대감을 마을 제의의 대상신으로 여기고 있는 홍천군 내면 사람들은 권대감을 자신들의 생활 터전을 주관으로 한 신神으로 모시고자 그의 직능職能이 매우 뛰어나다는 것을 설화로써 입증할 필요가 있다. 이는 권대감의 신성성神聖性과 유효성有效性을 획득하는 방법이기도 하기 때문이다. 따라서 〈권대감설화〉 속에서 권대감은 축지법을 쓸 줄 알고, 부적으로 칡넝쿨을 제거하기도 한다.

홍천군 내면 지역에서 권대감에 대해 물어보면, 어느 누구나 '홍천에는 칡이 없는데, 그것이 권대감 때문'이라고 한다. 곧 권대감은 내면 지역에서 칡을 퇴치한 인물로 그려지고 있다. 물론 내면 지역에 칡이 아예 없는 것은 아니다. 다른 지역에 견주어 그

양이 적은 편이다. 일반적으로 칡은 우리나라 전역에서 표고標高
가 낮은 산과 들에서 자라는 넝쿨성 식물이다. 토양 비옥도가 좋
고 반그늘 혹은 양지에서 줄기를 뻗어 가며 자란다. 그러나 칡은
산삼이 자랄 수 있는 환경에 제한을 주는 식물이다. 칡이 무성하
면 나무 성장을 막고, 그렇게 되면 산삼이 자랄 수 있는 여건이
되지 않는다.[58]

> 실문에 당이 있었지요. 화관도 크게 그리고. 어떤 나쁜 사람들이 심
> 캐러 다니다가 심을 안 준다고 불 싸 놨어. 불을. 당에다.[59]

강원도 홍천군은 예로부터 산삼이 많이 나기로 유명한 지역이
다.[60] 심메마니들은 홍천군 내면 지역에 위치한 오대산五臺山과
계방산桂芳山 일대에서 생산한 산삼을 최고로 여긴다. 지금도 홍
천군 내면 일대에서 장뇌삼을 재배하는 곳을 쉽게 찾아 볼 수 있
다. 권대감은 산삼의 성장을 위해危害하는 칡을 제거해 주는 인
물로 기능하기에 마을 주민들과 심메마니들 사이에 '산삼을 주는
신'으로 인식되고 있다. 〈권대감설화〉 각 편에 등장하는 권대감이
퇴치한 노루, 사슴, 뱀, 멧돼지(산삼 성장에 위해가 되는 동식물)
등도 같은 맥락에서 이해할 수 있을 것이다. 내면 광원1리에 소재
하던 '권대감사당'이 훼철된 이유도 바로 산삼 때문이다. 권대감
은 산삼 성장 여건에 위해를 줄 수 있는 장애물들을 제거함으로
써 신령으로서 위력을 유감없이 보여 주게 된다. 자신들이 믿고

---

58) 제보자 : 전○서(남·74세), 홍천군 내면 광원1리, 2012년 3월 17일 채록.
59) 제보자 : 권○길(남·72세), 홍천군 내면 광원1리, 2011년 10월 5일 채록.
60) 강원도,《국역 강원도지》, 2005, 456~459쪽.

있는 신령에 대한 홍천군 내면 사람들의 기대라고도 할 수 있다. 곧 권대감은 원혼과 영혼의 신격화 과정을 거치면서, 산삼의 성장과 관련해서 현실적인 문제를 해결해 주는 인물이기에 마을 제의의 대상신으로 좌정할 수 있었으며, 홍천군 내면 사람들은 이와 같은 점들을 〈권대감설화〉로써 확보하고 있는 것이다.

Ⅳ. 산간 지역 고개로의 확장

앞에서 살펴보았던 권대감과 마의태자는 각각 홍천군 내면으로 들어오거나, 내촌면을 지나가고자 '고개'를 넘는다. 그들이 고개를 넘는 데에는 내면과 내촌면이 홍천군 관내에서도 높은 산악지대라는 지형적 이유가 작용했을 것이다. 그러나 지형으로서 '고개'는 설화 속 인물과 관계를 맺을 때 문화적·상징적 의미가 더해진다. 우리 민족이 보편적으로 전승하고 있는 민요 〈아리랑〉에 "아리랑 고개를 넘어간다"는 후렴구가 있다. 〈아리랑〉에서의 '고개'는 희망과 좌절, 그리고 좌절을 극복하려는 의지 등을 상징하는 것이다. 한국인에게 있어서 '고개' 화소話素는 고개 너머의 또다른 미지의 세계로 가는 통로이기에 언제나 두려움과 기대감이 교차하는 곳으로 표현된다. 곧 밝음에서 어둠으로, 어둠에서 밝음으로 교차하는 곳이 '고개'인 것이다.

권대감과 마의태자가 넘은 고개 또한 자연적인 '고개'에 상징적인 의미들이 더해져 있다. 권대감은 내면 지역에서는 마을의 신령神靈으로 자리하고 있다. 따라서 권대감이 넘어온 '고개'는 단종과 관련한 사건에 연루되어 쫓기는 인물에서 영험함을 지닌 신령으로 상승上昇하는 갈림길에 해당한다. 이는 원혼이 되는 원인을 제공한 일반적 현실로부터의 차단이기도 하다. 설화 속에서 '고개'를 넘는 권대감의 모습은 그를 쫓는 사람들이 있기에 항상 다급하다. 급기야 그가 타고 오던 말이 칡넝쿨에 걸려 죽는 일까지도 발생한다. 그러나 '고개'를 넘어왔기에 권대감은 마을 주민들을 약수로 치료해 주는 등의 활동을 하게 되고, 사후死後에 마을 제의의 대상신으로 자리해 많은 영험함을 보인다. 곧 영혼의 신격화를 이룰 수 있는 계기를 고개 넘는 행위로 획득하게 된 것이다. 이는 〈권대감설화〉 및 마을 제의의 전승 권역과도 연관되어 나타난다. 내면 지역으로 들어오는 고개 안쪽에서만 〈권대감설화〉와 마을신앙 행위가 보이고 있기 때문이다.

〈마의태자설화〉 속에서 마의태자의 최종 목적지는 강원도 인제군 상남면 김부리다. 그렇기에 마의태자는 내촌면 군유동 등에 있는 '고개'를 넘어서 김부리로 향한다. 신라의 패망 속에서 김부리로 향해 '고개'를 넘는 마의태자는 높은 '고개'만큼이나 고단하며, 불안한 이미지로 형상화되어 있다. 그러나 마의태자가 넘는 고개는 '신라의 패망'이라는 역사적 현실에서 벗어나 있는 김부리로 향하는 과정이다. 김부리로 들어온 마의태자는 그 나름의 왕국을 새롭게 건설한다. 그러고는 마의태자 또한 권대감과 마찬가지로 사후에 마을 제의의 대상신이 된다. 또한, 고개를 넘는 행위는 역사적 현실을 벗어나려는 마의태자의 간절한 의지를 보여 주는 설화적 장치가 되기도 한다.

한편, 〈권대감설화〉, 〈마의태자설화〉와는 다른 의미이지만, 홍천군에서 전승하는 〈서곡대사설화〉의 주인공 서곡대사 또한 홍천군의 지계地界 좁게는 내촌면을 벗어나지 않는다. 〈서곡대사설화〉 각 편에서 서곡대사가 거주하는 곳은 항상 '홍천군'이나 '내촌면' 등이다. 심지어 강원도 횡성군의 봉복사, 원주시의 서곡사지, 경상남도 합천군의 해인사에 발생한 화재火災도 홍천군 관내에 거주하면서 '승늉'으로 진압한다. 곧, 서곡대사는 그의 출생지이자 주석지인 홍천군을 둘러싸고 있는 고개들을 넘지 않으면서 문제들을 해결해 나가는 모습을 보이고 있다.

홍천군 산간 지역인 내면과 내촌면 일대에서 전승하고 있는 인물설화 각 편들은 지형적인 '고개'를 중심으로 바깥 세계와 철저하게 차단되어 있으며, 고개 안에서 마을의 신으로 좌정하기도 하고, 신과 인간으로서의 직능을 각각 발휘하기도 한다. 때로는 고개를 넘는 행위를 거쳐 현실 세계와 단절하려는 모습도 보인다. 이는 설화 전승에 있어서 전승 범위를 축소시키는 요소이기도 하지만, 전승자들이 설화 전승을 내부적으로 집중할 수 있는 계기로도 작용하게 하는 것이다.

V. 맺음말 : 홍천군 산간 지역 인물설화 전승

설화는 해당 지역에 살고 있는 사람들의 역사, 신앙, 관습, 세계관 등의 영향을 받으며 전승한다.[61] 설화 전승으로 역사적 사건과 인물을 설명할 때 전승자가 자신의 일상적인 환경과 의식, 현실적인 내용들을 수용하여 전승하는 것이다. 설화는 또한 지역의 문화유산과 자취가 남겨지지 않은 인물들에게 역사적 의미를 부여하고 현실 속에 살아 있도록 재조명해 준다. 그러나 과거의 실

---

61) 윤광봉, 〈설화와 민속의 관련양상〉, 《설화문학연구》, 단국대학교출판부, 1998, 595쪽.

존 인물을 그대로 되살리는 것이 아니라, 지역민들의 주변 환경을 수용해서 재창조된 인물을 만들어 낸다. 그리고 이러한 설화 전승은 다른 갈래와도 영향을 주거나 받는다.

더욱이 지역과 연계를 가지고 전승하는 전설은 '옛날의' 이야기라는 점에서 '사료'일 수 있으며, '옛날에 관한' 이야기라는 점에서 '역사 서술'일 수도 있다. 전설 유형 가운데에서도 이러한 측면 곧 '지역'과 '역사'의 상관관계가 부각되는 것이 '인물설화'이다. 필자는 강원도 홍천군 내면과 내촌면 일대에서 전승하고 있는 인물설화를 대상으로 하였다. 이들 지역에서는 권대감, 서곡대사, 마의태자 등과 관련한 인물설화가 전승하며, 전승 공간에서는 단순히 이야기로서만 머무르는 것이 아니라, 다양한 증거물을 토대로 마을 제의와 지명 형성 등에도 영향을 주고 있다. 또한 이들 지역이 갖는 자연적·문화적 환경이 설화 형성에 기여하기도 한다.

〈권대감설화〉는 '신화적 전설'의 형태로 강원도 홍천군 내면 전역에서 전승하고 있으며, 전승 권역이 어느 정도 제한되어 있다. 더욱이 자운리와 광원리는 '말 무덤'과 '사당', '삼봉약수' 등을 중심으로 비교적 전승력이 활발하다. 필자가 내촌면과 두촌면 등에서도 〈권대감설화〉의 전승 유무를 확인하였는데, "권대감은 내면"이라면서 전승하지 않고 있음을 강조하고 있다. 또한 〈권대감설화〉는 삼봉약수의 발견과 지역민들의 치료, 말 무덤이 생기게 된 내력, 칡이 없는 이유, 신으로서의 영험담 등이 주를 이룬다. 이들을 조합해 보면, 권대감은 '고개'를 넘어 내면으로 들어온 인물이며, 내면에 거주하면서 지역민들을 치료해 주었고, 사후에 마을 제의의 대상신으로 좌정한다.

〈서곡대사설화〉는 내촌면 서곡리를 중심으로 전승한다. 〈서곡

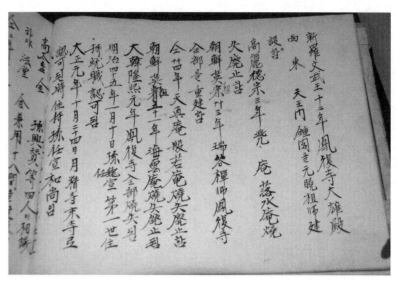

횡성 봉복사 연혁지(서곡대사 관련 기록)

대사설화〉는 고승의 면모를 보이고 있다. 천리안으로 화재를 진압하거나, 지혜를 가지고 사냥꾼들의 놀림을 극복하는 것 등으로 나타난다. 현재 홍천군 내촌면 서곡리뿐만 아니라, 인근 지역의 사찰들을 중심으로 전승하고 있고, 지역민들은 지명 형성의 유래 정도로 인식하고 있다.

〈마의태자설화〉는 홍천군 인근 지역인 인제군 김부리를 중심으로 전승한다. 인제군 김부리로 가고자 마의태자가 홍천군 지역을 지나갔다고 하며, 마의태자가 지나가는 모습과 행위를 석탑 등의 증거물과 지명으로 남기고 있다. 내촌면 광암리의 '군유동(군내미, 군넘이)'을 지나, 황병재를 넘어서 김부리로 갔다고 한다. 지명과 함께 남아 있는 설화로써 산간 지역 고개를 넘는 마의태자의 긴박한 모습을 확인할 수 있다.

권대감을 마을 제의의 대상신으로 좌정시킨 홍천군 내면 지역에서는 〈권대감설화〉가 마을 제의의 타당성과 형성의 모태로 작용하고 있다. 또한 홍천군 산간 지역인 내면과 내촌면 일대에서 전승하고 있는 인물설화 각 편들은 지형적인 '고개'를 중심으로 설화 주인공을 바깥 세계와 철저하게 차단하기도 하며, 그 안에 자리 잡은 인물들은 신과 인간으로서 직능을 각각 발휘하기도 한다. 때로는 고개를 넘는 행위로 현실 세계와 단절하려는 모습도 보인다. 설화는 문학적 특성을 지니고 있으면서, 이와 같이 전승 지역의 자연적·문화적 환경과 끊임없는 영향관계 속에서 전승한다. 지금까지 설화 연구가 문학적 특성을 밝히는 것 중심으로 진행되었다면, 이 글은 마을 제의, 생업 활동 등 사회문화적 토대를 바탕으로 설화 전승이 어떻게 이루어지는지를 살펴보려 하였다. 앞으로 이러한 방향의 연구가 설화를 이해하는 데 도움이 되었으면 한다.

참고문헌

강원도 편,《민속지》, 1989.

강원도 편,《강원의 설화》Ⅱ, 2005.

강원도 편,《국역 강원도지》상, 2005.

강진옥,〈설화의 전승과 변이〉,《설화문학연구》, 단국대학교출판부, 1998.

국립민속박물관 ,《한국의 마을 제당》, 1997.

김대숙,〈설화에 나타난 계층 의식 연구〉,《한국설화문학연구》, 집문당, 1994.

김의숙,《강원도민속문화론》, 집문당, 1995.

김의숙,《강원전통문화총서》, 국학자료원, 1997.

문화재관리국,《한국민속종합조사보고서》, 1997.

원주시,《문화유적분포지도》, 2004.

윤광봉,〈설화와 민속의 관련양상〉,《설화문학연구》, 단국대학교출판부, 1998.

장정룡,《강원도 민속 연구》, 국학자료원, 2002.

전신재,〈김부대왕전설의 형성과 변모〉,《강원민속학》19집, 강원도민속학회, 2005.

조동일 외,《구비문학의 연행양상》, 민속원, 2011.

최명환,〈단종설화의 전승양상 연구〉, 강원대학교 박사학위논문, 2006.

최승순,《강원문화논총》, 강원대학교출판부, 1989.

표인주,《공동체신앙과 당신화 연구》, 집문당, 1996.

한글학회,《한국지명총람》, 1967.

한림대학교 국어국문학과,《강원구비문학전집》, 한림대학교출판부, 1989.

홍천군 편,《홍천군지》, 홍천군지편찬위원회, 1989.

홍천군 편,《우리고장 홍천》, 1992.

홍천군 편,《홍천군의 역사와 문화유적》, 1996.

횡성군 편,《횡성군의 역사와 문화유적》, 1995.

3. 공동체를 위한 동신洞神의
수용과 변화에 관한 연구
-내면에 전승하는 '권대감신'을 중심으로-

이 학 주(강원대학교)

Ⅰ. 서론

이 글의 목적은 홍천군 내면內面에 전승하는 권대감權大監 동신洞神을 바탕으로 마을공동체가 어떻게 동신을 수용했으며, 그를 제사하는 동제가 마을공동체를 위해서 어떻게 유지·강화돼 왔으며, 그렇게 진행돼 왔던 동제가 외부 충격으로 말미암아 어떻게 갈등을 겪고 있는지를 문화 수용과 변화라는 입장에서 고찰하는 것이다.

이를 고찰하고자 구비문화口碑文化라는 포괄적 개념으로 접근할 것이다. 그것은 신앙활동, 구연활동, 생업활동 등이 하나로 연계돼서 마을 공동의 문화를 수용하고 유지하고 변화를 맞이하기 때문이다.[1] 이런 일련의 활동은 대부분 문서로 고착돼 전승하

---

1) 박종오, 〈공동체 신앙과 씨족 인물의 신격화〉, 《남도민속연구》 17, 남도민속학회, 2008, 137쪽. 박종오는 여기서 "동제는 마을의 터와 공간과 생업의 안정과 풍요를 소망하는 뜻에서 시작한 만큼 공동체를 인식하는 데 중요한 포괄적인 문

는 것이 아니라, 구연이라는 형태로 전승하고 있다. 여기서 말하는 구비문화는 구비와 문화의 복합어이다. 구비는 기록으로 전하지 않고 말로 전승하는 것을 일컫는다. 그리고 문화는 인간의 총체적 현상이라고 한다. 그렇다고 하면 구비문화는 말로 전승하는 인간의 삶을 총칭하는 것이다. 이처럼 사람의 입으로 전하는 문화이기 때문에 이를 두고 구비문화라 명명하는 것이다. 구비문화로써 이 연구를 진행하는 이유는 동제의 변화 과정이 그 지역 사람들의 구연 생활로 파악이 가능하기 때문이다.

구비문화의 조사연구로 본 문화 수용 및 변화는 ㉠ 수용 단계, ㉡ 유지와 강화 단계, ㉢ 계승과 해체의 갈등 단계라는 과정을 거치는 것이 일반적이다.[2] 이 글에서도 이런 단계에 따라서 논의를 진행한다.

강원도 홍천군 내면에서는 권대감權大監이라는 특정 신神을 마을마다 모시고 있는데, 권대감신은 내면의 어느 특정 지역에 국한된 것이 아니라, 내면의 전 지역에 걸쳐 여러 곳에서 모시고 있다. 권대감은 내면의 산신山神이면서 서낭(성황)신의 역할을 동시에 하고 있다. 그리고 권대감은 홍천군 내면에서만 모시고 있다. 내면을 벗어나지 않으며, 내면을 벗어나면 곧 신으로서 역할을 잃고 만다. 외부 사람이 권대감제를 지낼 때 와서 참가는 하지만,

---

화현상의 하나이다"라고 했다. 또한 이기태는 이런 상황을 사회문화적 과정이라고 했는데, "민속은 생태적, 역사적, 사회적 환경 속에서 겪게 되는 다양한 적응과정이 민의 생활양식에 내재화 될 때 형성·변화한다"고 하였다(이기태, 〈역사적 인물의 신격화 과정과 전통의 창출〉, 《영월지방 민속신앙과 서낭당조사》, 영월문화원, 2002, 65쪽). 이 또한 이 글의 취지와 비슷한 개념으로 받아들일 수 있다.
2) 이 단계는 필자가 권대감 관련 연구를 진행하고자 약 1년여에 걸쳐 홍천군 내면과 내촌면 일대를 답사하면서 얻은 내용에 따른 것이다.

율전3리 권대감당의 위패

권대감신을 외부로 모셔간 예는 찾을 수 없다.[3] 이렇게 내면에서 특정 신을 수용해서 마을공동체를 유지하게 된 것은 공동의 의식을 반영하는 문화가 자리하기 때문에 가능한 것이라 본다.[4] 이 문

---

3) 내면 율전1리는 매년 정월 초정일과 칠월 초정일에 권대감제를 지내는데, 이때만 되면 서울에 사는 김대영 씨가 와서 제의에 참가하였다. 그것은 김대영 씨가 현몽을 했는데, 꿈에서 본 대로 찾아온 곳이 이곳이었고, 이곳에서 제의에 참가한 뒤로는 모든 일이 잘 풀렸기 때문이다. 이학주, 《강원도 무후제 조사 연구》, 강원대학교중앙박물관, 2007, 86쪽.

4) 이기태는 이런 공동의 문화를 전통의 창출이라는 용어로 논의한 바 있다. 이기태, 〈역사적 인물의 신격화 과정과 전통의 창출〉, 《비교민속학》 17, 비교민속학회, 1999 참고.

화는 동제의 형성과 유지에 꼭 필요한 것으로 마을 단위의 경우 대부분 구비문화 형태로 전승하고 있다.[5]

이러한 권대감신이 언제부터 내면 일대에 좌정하게 되었는지는 알 수 없지만, 어떤 연유로 내면 일대에 좌정하게 되었는지, 그리고 권대감신은 마을공동체에서 어떤 역할을 했으며, 왜 현대에 와서 마을공동체가 구심점을 잃고 갈등을 겪고 있는지를 알아볼 필요가 있다. 이 연구는 동제로 전통문화 전승 문제를 다룬다는 측면에서 꼭 필요한 작업이다.

동신으로 모셔지는 인격신의 수용과 변화에 대한 연구는 그동안 많이 있었다. 더욱이 실존 인물의 신격화 과정 및 배경 연구에 치중해 있었는데,[6] 대표적 인물로는 단종대왕, 남이 장군, 임경업 장군, 최영 장군, 신숭겸 장군 등이다. 이 글에서는 선학들이 다루었던 실존 인물의 신격화 과정뿐만 아니라, 변화 과정까지 확대해서 연구한다.

---

5) 순창의 〈성황대신사적기〉의 경우는 특별한 상황이다. 한국종교사연구회 편, 《성황당과 성황제: 순창 성황대신사적기 연구》, 민속원, 1998 참고.

6) 이기태(1999), 위의 논문; 이경엽, 〈순천의 성황신앙·산신신앙과 역사적 인물의 신격화〉, 《남도민속연구》 6, 남도민속학회, 2000; 박종오, 〈공동체 신앙과 씨족 인물의 신격화〉, 《남도민속연구》 17, 남도민속학회, 2008; 이창식, 〈영월지역의 단종제와 대왕굿〉, 《영월지방 민속신앙과 서낭당 조사》, 영월문화원, 2002; 최명환, 〈단종전설이 지니는 신화적 성격〉, 《영월지방 민속신앙과 서낭당 조사》, 영월문화원, 2002; 서종원, 〈실존 인물의 신격화 배경에 관한 주요 원인 고찰〉, 《중앙민속학》 14, 중앙대학교문화유산연구소, 2009.

II. 공동체를 위한 권대감신 수용과 변화

1. 공동체 문화 형성을 위한 동신 좌정

이 항목에서는 공동체 문화 형성을 위한 동신의 좌정 과정을 홍천군 내면의 권대감신을 대상으로 살펴볼 것이다. 방식은 권대감신에 대한 내면 사람들의 구술에서 가장 많이 나타나는 화소를 대상으로 한다. 이들 화소를 살펴본 결과 아래 논의에서 나타나듯이 권대감 관련 구술에는 신통력, 업적, 해원解寃이 가장 많이 나타났다. 곧, 권대감신 관련 이야기에서는 권대감이 내면에 들어와서 보인 신통력이 먼저 나타나고, 다음으로 마을에서 그의 업적이 나타나고, 그 신통력과 업적 때문에 마을 사람들이 그를 해원하고자 동신으로 모신다는 순이다.[7]

이런 화소를 담고 있는 이야기는 권대감신 수용에 따른 구술에

---

7) 최명환, 〈홍천군 산간 지역 인물설화의 지역적 특성〉,《동아시아고대학》 29집, 동아시아고대학회, 2012.12, 134~136쪽 참고. 최명환은 마을신의 유형을 영혼의 신격화와 원혼의 신격화로 나누어 고찰한 바 있다. 그 가운데 권대감신이 영혼靈魂의 신격화와 원한怨恨의 신격화를 모두 갖춘 경우라 하였다. 약수로 마을 주민들을 치료하는 권대감의 예는 영혼의 신격화이고, 단종 관련 사건에 연루되어 쫓겨 가는 권대감은 원한의 신격화라는 것이다. 이 논의는 어느 정도 타당성을 가진다. 그러나 동신으로 좌정되기 위한 역사적 인물은 이 둘을 다 갖추는 것이 일반적이다. 삼척 해신당, 주문진의 진이서낭당처럼 단순 해원의 입장과는 다르다고 본다. 그 때문에 신숭겸, 단종, 이괄, 남이, 임경업 등처럼 자주 연구의 대상이 되는 역사적 인물들은 모두 살아서의 업적이 있으며 억울하게 죽은 사람들이다. 그 때문에 이들은 후손들의 제의와 동신, 무신 등으로 모셔지고 있는 것이다. 이때 살아서의 신통력, 업적 등은 그가 원혼으로 죽었다는 바탕을 더해 주며 마을신으로 추앙하기 위한 당위성을 부각시켜 주는 장치라 할 것이다.

창촌3리 양짓말 권대감당 앞의 금줄

서만 보이는 구조는 아니다. 일상적으로 마을신 또는 국가적인 차원의 신을 수용하는 과정도 같은 구조를 띠고 있다. 그 구조는 이제 보편화된 이론이 되었다. 곧, 마을 사람들은 마을공동체의 정체성을 이뤄서 그들을 올바로 통치할 인물이 필요했는데, 이때 마침 마을 사람보다 뛰어난 능력을 지닌 인물이 나타났고, 그 인물이 마을 사람들이 바라는 업적을 이뤘지만, 억울하게 죽어서 그를 해원하고자 마을신으로 삼았다는 스토리이다. 그 사람의 업적은 마을 사람들을 충격에 빠뜨리게 할 정도의 선진 문화를 전파하거나 새로운 생활 문화를 개척한 것이다. 그 때문에 마을 사람들이 마을에 선진 문화를 전파해서 문화충격을 준 인물을 따랐다는 것이다. 이런 예는 우리가 잘 알고 있는 환웅과 수로왕의 행적에서도 볼 수 있다.

마을이 건립되고 팽창해 가면서 마을을 유지하고 통치하려면 마을공동체의 정체성을 가진 구심점이 필요하다. 이를 위해서 사람들은 그들을 통치할 수 있는 유능한 인물을 수용하고, 그를 따랐다. 비근한 예로《삼국유사》에 실려 있는 〈고조선〉조와 〈가락국기〉조 등의 설화를 들 수 있다. 〈고조선〉조의 주인공 환웅은 하늘에서 내려온 인물이다. 그는 태백산에 내려와서 신시를 열어 백성을 통치하였다. 물론 환웅은 자신이 원해서 하늘에서 내려왔지만 신화의 의미상 지상의 인물들이 그들을 통치할 인물을 원하고 있는 것으로 추정할 수 있다.[8] 〈가락국기〉에서 부족장 구간九干 등이 〈구지가〉를 부르며 임금을 맞이하는 행위도 마을의 통치를 위해서 유능한 인물을 수용하고 따르는 것이다.[9] 이때 이들을 이끄는 수장은 선진 문화를 가진 인물이다. 〈고조선〉조나 〈가락국기〉조에서는 하늘에서 내려왔다는 표현으로 선진 문화의 수용을 상징적으로 표현하였다. 이런 현상이 작은 마을의 수장을 수용하는 과정에서도 나타남은 당연한 사실이다. 물론 이 과정에서 기존의 토착 세력과 마찰을 빚는 경우도 있지만 선진 문화를 가진 인물이 워낙 탁월할 때는 보통 단번에 갈등이 해소된다.

홍천군 내면에서 동신으로 모셔지고 있는 권대감이 내면에서 토착 세력을 물리치고 통치의 주체가 된 경우도 같은 맥락에서 읽을

8) 일연,《삼국유사》, 이민수 역, 을유문화사, 1986, 43~44쪽. 앞으로 고조선 관련 글은 이 책에서 취한다. 따라서 세세한 주석은 달지 않는다.
9) 위의 책, 172~173쪽. 앞으로 가락국지 관련 글은 이 책에서 취한다. 세세한 주석은 생략한다.

수 있다. 권대감은 내면 일대에서는 역사적인 실존 인물로 인식되고 있다. 곧 단종대왕의 외조부이며 한성부사를 지낸 권전(權專, ?~1441) 대감이라는 것이다.[10]

이곳 광원1리 삼봉약수터가 있는 곳에 권대감 사당이 있다. 세조가 어린 조카 단종을 몰아내고 왕위를 차지하여 사육신을 몰아내고 나오는 등 세상이 어수선할 때이다. 단종의 외조부이며 당시 한성부 판윤이었던 권준은 세상을 피해 벼슬을 버리고 숨어살 곳을 찾아 나섰다.[11]

이런 어마어마한 인물이 산간벽지에 와서 살면서 그의 지식을 전파했을 때 이 지역 주민들이 느끼는 문화적 충격은 엄청 컸을 것이다. 임금님의 외할아버지이면서 대감의 벼슬까지 지낸 인물이었다. 당시 내면 사람들에게 있어 권대감의 위상은 환웅이나 수로왕의 그것과 비슷하다. 궁벽한 산간 마을에선 선진 문화를 받아들일 수 없는 처지였는데, 어느 날 느닷없이 하늘같은 단종대왕의 외조부인 대감이 나타난 것이다. 마을을 통치하던 토착세력은 자연스레 자신의 자리를 내어 줄 수밖에 없다. 동민들 모두가 인정하는 능력의 소유자였기 때문이다.

권대감이 내면의 동신이 된 데에는 환웅과 수로왕 같은 능력의 소유자였다는 사실이 작용하였으며 그는 이 능력으로 마을을 위

10) 한충희, 《한국민족문화대백과사전》, 한국정신문화연구원, 1993; 최명환, 앞의 글, 122~123쪽. 최명환은 권전의 일대기가 내면의 권대감과는 전혀 상관이 없음을 밝혀 놓았다.
11) 홍천군 편, 《홍천군지》, 홍천군지편찬위원회, 1989, 796쪽.

한 엄청난 업적을 남기게 된다. 그동안 채록한 구비문화의 자료들을 보면 권대감은 먼저 마을에 들어오면서 토착 세력을 압도할 신통한 능력을 발휘한다.

(가) 또 다른 내용은 숭록대부라는 큰 벼슬을 가진 권대감이라는 사람이 나라에 큰 난리가 나서 피난을 가게 되었는데 권대감은 다른 사람보다 신통해서 말을 타고 축지법을 써서 내면으로 오던 길이었다.

그런데 덕두지기라는 곳을 새벽에 지나오다가 칡넝쿨 사이에 있던 사슴이 벌떡 일어나는 바람에 권대감은 낙마를 하고 축지법을 쓰던 말은 죽어 버렸다. 할 수 없이 권대감은 걸어서 귀승령(구룡령) 밑에 있는 청주(청도)라는 곳에서 살다가 명이 다하여 죽었다고 전하며 이후로 권대감을 위해 당을 짓고 동네 사람들이 잘살게 해달라고 빌며 제를 지낸다고 한다.[12]

(나) 옛날 권대감이라고 하는 분이 있었어요. 저게 덕두원 말 무덤이라고 있는데, 권대감이 관군에 쫓겨서 도망을 오다가, 급하게 오다가, 권대감이 타고 있던 말이 그만 칡넝쿨에 걸려 죽고 말았어요. 그래서 거기다가 말을 묻고 생각하니 화가 나서 권대감이 칡넝쿨을 향해 부적을 써서 던졌어요. 그래 가지고 여기 홍천에는 칡이 없어요.[13]

(다) 조선조 말엽 권대감이란 사람이 있었는데 그가 대관령을 넘어 이곳 광원리에 이르렀을 때 칡이 얼마나 많은지 타고 오던 말이 칡넝쿨에 걸려 넘어져 죽게 되었다. 이에 권대감은 애마의 넋을 위로하기 위해 오랫동안 축수를 빌었다고 한다. 그 후부터 이곳 광원리 일대는 깊은 산중인데도 칡이 자라지 않아 주민들은 권대감이 하늘

---

12) 앞의 책, 797쪽; 홍천군 편, 《우리고장홍천》, 1992, 325쪽.
13) 제보자: 이인신(남, 63) 내면 명개리 3반. 2003년 8월 1일. 최명환 채록.

광원1리 권대감제의 장면(2011)

과 통했다고 믿고 있다. 그를 숭앙하는 뜻으로 내면의 산골마다 권
대감을 믿는 초당을 지어 기도를 드렸다 하며, 지금도 권대감의 초
당이 있고 광원리 일대에는 칡이 자라지 않는다.[14]

  권대감은 인용문 (가)에서는 축지법縮地法, (나)에서는 부적符
籍, (다)에서는 축수祝壽로 하늘에 통하는 신통력神通力을 보인
다. 이런 신통력 때문에 권대감이 마을의 신으로 좌정했다고 한
결같이 말하고 있다. 여기서 중요한 것은 권대감이 타고 오던 말
이 "칡넝쿨 사이에 있던 사슴이 벌떡 일어나는 바람에", "관군
에 쫓겨서 도망을 오다가… 권대감이 타고 있던 말이 그만 칡넝

14) 홍천군 편,《홍천군지》, 788쪽; 홍천군 편,《우리고장 홍천》, 325쪽.

쿨에", "칡이 얼마나 많은지 타고 오던 말이 칡넝쿨에 걸려" 죽게
되었다는 것이다. 여기서 사슴과 칡이 무엇을 상징하는지는 정확
히 알 수 없지만, 분명한 것은 '관군에 쫓겼고', '사슴이 벌떡 일
어났다'는 것을 유추해 보면 권대감을 반대하는 세력이었음을 쉽
게 상정할 수 있다. 그렇기 때문에 권대감이 축수를 하거나 부적
을 던져서 칡을 제거한 것으로 서사구조가 이어지고 있는 것이
다. 사슴뿔이 일반적으로 왕권을 상징한다는 것은 잘 알려진 것
인데, "사슴뿔은 남권의 상징이자 가부장家父長 및 공동체의 수장
首長의 상징일 수 있다"[15]는 언급은 이를 잘 말해 주고 있다. 아울
러 내면에는 권대감 때문에 사슴이 들어오지 않게 됐다는 사연도
있다.

> 또 하나는 이곳에는 사슴이 없다. 왜서 그런고 하니 권대감이 말을
> 타고 다닐 때 풀밭에서 사슴이 뛰니 말이 놀래서 權大監이 落馬해
> 서 內面에는 사슴이 들어오지 않는다는 傳說이 내려오고 있다.[16]

이것을 문면 그대로 받아들인다 해도 분명한 것은 사슴이 권대
감의 마을 입성을 막는 세력의 상징이지만 권대감의 능력으로 그
세력을 잠재웠다는 사실을 알 수 있다. 이는 "內面에는 사슴이
들어오지 않는다"는 문장에서 알 수 있다. 이처럼 권대감은 대단
한 신통력을 지닌 소유자로, 약간의 반발과 갈등은 있었지만 토
착 세력의 반발을 잠재우고 갈등을 해소한 것으로 해석된다. 이
는 환웅이 하늘의 자손으로 엄청난 능력을 타고났고 변신술로 웅

---

15) 김열규, 〈사슴〉, 《한국문화상징사전》, 동아출판사, 1992, 393쪽.
16) 《한국의 마을제당》 2, 국립민속박물관, 1997, 1123쪽.

녀와 결혼하여 단군을 낳은 신통력을 보인 것이나, 수로왕이 변신술로 자리를 빼앗으려는 탈해를 물리친 것과 같은 맥락에서 해석할 수 있다. 허황옥이 가야에 들어올 때 입고 있던 자신의 비단바지를 벗어 산신령께 폐백으로 바친 행위는 토착 세력과의 갈등 해소로 볼 수 있는 것이다.

또한 권대감은 축지법을 쓰고, 부적으로 칡을 제거하고, 축수로 칡을 없애고, 사슴을 다시는 들이지 않는 엄청난 신통력을 부렸지만 이것만으로 마을공동체의 구심점으로 등장하는 것은 아니다. 바로 아무도 할 수 없는 권대감만의 치적 곧 업적에 따라서였다.

> 내면 일대에서 숭앙받는 인물로 권대감이 있는데, 그는 마을의 서낭신으로 안좌하고 있다. 권대감은 단종의 외숙인 권전權全으로 알려져 있다. 권대감은 세조가 단종을 귀양 보내고 왕위를 찬탈하자 몸을 피하여 강원도로 들어왔다. 그리고 내면으로 와 이름을 숨기고 지역의 주민들에게 덕을 펼쳤다. 그리고 젊은이들에게는 실제적인 학문을 가르쳤다. 하루는 대감이 숲을 소요하는데 갑자기 날개 부러진 학 한 마리가 비명 소리를 내며 떨어졌다. 그러더니 김이 모락모락 피어나는 안개 속에서 첨벙첨벙 물 튀기는 소리가 나고, 이윽고 그 학이 멀쩡하게 하늘로 날아가는 것이었다. 하도 신기하여 대감이 그 계곡으로 내려가 보니 붉은색의 광천수가 보글보글 솟아나오는 것이 아닌가! 그래서 약이 없던 그 시절에 대감은 촌민에게 이 약수로 병을 고쳐 주었다고 한다. …… 한편 삼봉약수는 예전에 '실론약수'라 하였다. 그것은 대감이 이곳에 은거하여 젊은이들에게 실론實論을 가르쳤기에 붙인 이름이라 한다.[17]

17) 김의숙, 〈홍천군의 민속문화〉, 《홍천군의 역사와 문화유적》, 강원도·홍천군·

권대감은 내면에 머물면서 지역민에게 '글공부와 약수를 발견'해서 실제적인 덕을 베푼 것으로 이야기되고 있다. 다시 말해 당시 그 지역에서 누구도 할 수 없었던 실질적인 학문인 실론實論을 베풀었고, 약수를 발견해서 실질적으로 병을 치료해 주는 일을 했다. 여기서 실질적인 학문이라는 것은 말 그대로 시문詩文만 익히는 공부가 아닌 농사법, 마을 조직의 운영, 의료 행위 등으로 당시 마을에 꼭 필요한 공부일 것이고, 여기에 당시 최고의 병 치료약으로 알고 있었던 약수를 발견해서 마을 사람들에게 사용할 수 있게 하였다.

실론과 약수의 발견만도 마을 사람들이 권대감을 존경할 수 있는 충분한 업적이다. 이는 《삼국유사》에서 환웅이 곡식·수명·질병·형벌·선악 등을 주관하고, 인간의 일을 다스려 교화한 내용과 상통하는 것이다. 수로왕이 백성들이 바쁘지 않은 농한기를 이용하여 궁궐을 짓고 부지런히 백성들을 보살핀 내용과 같은 것이다. 이런 업적으로 말미암아 권대감이 마을신으로 좌정할 수 있는 기반이 더욱 튼튼해진 것이다. 권대감이 마을 사람에게 베푼 실론과 약수 치료는 이 지역민들에게는 아주 큰 문화충격이었다. 이들은 이런 선진 문화를 수용하면서 엄청난 충격을 받았고, 권대감을 문화영웅으로 추앙했을 것이다.[18]

그런데 권대감을 이야기하는 이 지역 사람들은 다른 지역에서

강원문화연구소, 1996, 374쪽.

18) 서종원, 앞의 글, 114쪽. 서종원은 주문진의 진이서낭을 언급하면서 정우복이 이 지역의 서낭신으로 좌정할 수 있었던 원인 가운데 하나로 "강릉 지역의 문화를 찬란하게 꽃피게 해 준" 데 두었다.

보이는 실존 인물의 신격화 과정을 많이 따르고 있다.[19] 이 가운데 권대감의 이야기는 여러 학자들에게서 많이 주장되고 있듯이 해원解冤 곧, "역사적 인물의 상징이 지역사회의 토착신앙과 복합되어 있으며, 상징화의 과정은 비정상적인 죽음을 해원하려는 민의 일반적 심성에 기인"[20]한다는 것에 주목할 필요가 있다. 권대감은 살아서도 대단한 힘의 소유자였지만 죽어서도 억울하게 죽은 사람의 원한을 풀어 주고 그의 힘으로 마을에 안녕과 복락을 가져다 줄 것이라는 기원이 담긴 것이다.

> (가) 권대감은 단종의 외숙인 권전權소으로 알려져 있다. 권대감은 세조가 단종을 귀양보내고 왕위를 찬탈하자 몸을 피하여 강원도로 돌아왔다. …… 그러던 어느 날 대감이 말을 타고 나들이를 하던 중에 수풀 속에 있던 사슴이 놀라 갑자기 뛰어나왔고 그 바람에 말이 놀라 뛰게 되어 대감이 말에서 떨어졌다. 동시에 대감은 칡넝쿨에 목이 감겨 질식하여 죽었다. 주민들은 하늘같이 믿던 대감의 죽음을 서러워하여 그를 서낭신으로 모셨다.[21]

---

19) 같은 논문, 99~120쪽 참조. 서종원은 단종, 남이, 임경업, 최영 등이 신격화된 예를 들면서 실존 인물의 신격화 사례를 "① 유독 억울하게 누명을 쓰고 죽은 인물들이 많다는 점 ② 이들 인물 중에는 장군이 많다는 점 ③ 인물의 행동이 일반인들에게 귀감龜鑑이 되었다는 점 ④ 인물과 특정 지역과 밀접하게 관련 있다는 점 ⑤ 인물이 비록 억울하게 죽음을 당했지만, 후대에 신원伸冤 내지는 복원復原되었다는 점 ⑥ 민중들이 숭배하는 대상이 어느 정도 신분을 가진 계층이라는 점 ⑦ 실존 인물이 마을이나 국가에 큰 공헌을 했다는 점"(99~100쪽)으로 들었다. 이에 권대감의 행적을 견주어 봐도 권대감은 동신이 될 수 있는 충분한 능력을 가졌다.

20) 이기태, 앞의 논문, 64쪽.

21) 김의숙, 앞의 책, 374쪽.

(나) 그는 명산인 오대산으로 향하던 길이었으나 이곳의 절경에 반해 마음을 바꾼 것이다. 그는 이곳에서 한 많은 일생을 마쳤고 이지방 사람들은 그가 죽어서 이곳을 지켜 주는 산신이 되었다고 믿고 그의 신위를 모시고 큰일이 있을 때는 항상 그에게 의탁해서 마을이 무사하기를 빈다고 한다.

사당에는 그의 신위 대광보국숭록대부권대감지신위大匡輔國崇祿大夫權大監之神位가 모셔져 있었는데 지금은 훼손되어 흔적만이 있을 뿐이다.[22]

(다) 여기는 권대감 말고는 없어요. 단종대왕의 외삼촌이에요. 단종대왕의 외삼촌이 권대감인데 단종대왕 때문에 그게 역적에 몰리니까 여기 피난 오다가 걸려서 칡겡이 뿌리에 걸려서 죽으니까 그래서 죽었는데 그 영혼을 모신다고 여 내면에 그래서 그래. 권대감은 내면만 모시고 내면을 벗어나지는 않아요.[23]

현재까지 전승하는 이야기에는 권대감이 죽은 원인을 모두 원한으로 취급하고 있다. 마을 사람들이 구술하는 권대감의 원한은 세 가지 정도로 압축해 볼 수 있다. 곧, 첫째는 단종손위사건端宗遜位事件에 연루된 억울함, 둘째는 그 사건 때문에 뜻을 펴지 못하고 산촌에서 죽은 억울함, 셋은 또 그 사건 때문에 산촌에서 살다가 사슴에 놀라 말이 뛰는 바람에 칡넝쿨에 목이 걸려 죽은 억울함이다.

이런 권대감의 원한은 마을 사람들이 생각하기에 아주 큰 사건이었다. 건국신화에서 보듯, 국가적 차원의 신들은 그의 행적만

---

22) 홍천군 편, 《홍천군지》, 홍천군지편찬위원회, 796쪽.

23) 제보자: 김남순(남, 71) 홍천군 내면 자운리. 2012년 1월 6일. 필자 채록.

으로도 얼마든지 신으로 추앙될 수 있지만,[24] 마을 단위의 신은
또 다른 의미를 띠고 있다. 남이 장군, 이괄 장군, 신숭겸 장군 등
의 예화에서 보듯 억울한 죽음을 당한 원혼이 신으로 좌정하는
것이다.[25] 이는 한 많은 사람이 죽어 한 많은 사람들을 치유해 준
다는 의식이 저변에 깔려 있는 것이다. 억울하게 죽은 강태공의
부인 마씨 할머니가 많은 곳에서 서낭신으로 모셔지는 것과 같
다. 그러나 권대감의 경우는 "자신이 거주하는 마을에서 사망하
였고, 그 사실 자체만으로도 마을을 중심으로 하여 한을 풀어 주
어야 무사할 수 있다는 관념이 생겨난 것이라 할 수 있다"[26]는 논
리와는 거리가 있다. '무사 관념'보다는 인용문에 나타났듯이 '그
의 죽음을 서러워'하여 신격화시킨 것이라 할 수 있다. 이는 다음
의 논의에서 보충된다.

　권대감의 경우는 위의 인용문에서 보듯이 단순히 원한으로만
신으로 좌정되지 않는다. 바로 살아서의 행적과 밀접하게 연계되
어 나타난다. 인용문 끝부분에서 (가) "주민들은 하늘같이 믿던
대감의 죽음을 서러워하여" (나) "사당에는 그의 신위 대광보국숭
록대부권대감지신위大匡輔國崇祿大夫權大監之神位가 모셔져" (다)
"권대감은 내면만 모시고 내면을 벗어나지는 않아요"라는 언급에

---

24) 앞서 본 환웅천왕이나 수로왕의 경우도 그렇지만, 신라의 마지막 왕 경순왕이
　　죽어서 마을 단위의 신으로 추앙받는 경우가 이에 해당한다. 경순왕은 나라를 고
　　려에 넘길 때 백성의 안위를 생각해서 전쟁을 포기하였다. 이에 경주를 중심으로
　　한 인근 마을에서는 호국용으로 추앙을 해서 김부대왕(경순왕)을 모시는 경우가
　　많다. 살아서의 행적 하나로 신으로 좌정한 것이다.
25) 서종원, 앞의 글, 105쪽. 물론 서종원도 같은 곳에서 남이장군이 신격화 될
　　수 있었던 요인 중의 하나로 억울한 죽음 말고도 신이한 능력을 꼽았다.
26) 박종오, 앞의 글, 155쪽.

주목할 필요가 있다. '하늘같이 믿던'이라는 언급은 그가 살아생전 이 마을에 남긴 업적을 말하고 있으며, '내면만 모시고' 있다는 표현은 그의 행적이 내면에만 국한되는 것으로 내면의 자랑임을 은근히 나타내는 것이다. 게다가 그를 모신 신위에서 나타나는 권대감은 원한으로 죽은 권대감과는 거리가 멀다. 대단한 능력자를 나타내고 있는 것이다. 곧 정1품 영의정 및 종친에게 붙던 '대광보국숭록대부'라는 호칭을 쓰고 있는 것이다. 이처럼 권대감은 내면 사람들에게 원한으로만 다가오지 않는다는 것이다. 최명환의 지적처럼 내면에서 권대감은 영혼과 원혼으로 신격화가 동시에 이뤄지고 있는 것이다.[27] 이 지적은 아주 중요한 단서를 제공해 주고 있다. 권대감이 내면의 마을신으로 좌정할 수 있었던 원인을 찾는 단서이다.

내면에서 마을신으로 모시는 권대감은 남이 장군 등의 신격화처럼 억울하게 죽은 원한의 성격에서 확장擴張되어 나타난다. 그것은 그가 살아생전에 보여 주었던 신통력과 업적으로 이어진다. 그가 보여 준 신통력과 업적은 마을 사람들에게는 엄청 큰 문화충격이었던 선진 문화 보급에 있었다. 이는 수로왕이 기존 통치자였던 구간의 환대를 받으며 새로운 통치자가 되어 왕으로 등극할 수 있었던 이유와도 일치한다. 수로왕은 가야라는 공동체를 하나로 묶을 수 있는 힘의 소유자이며 그로 말미암아 정체성을 확보한 것이었다. 권대감이 갖는 내면에서의 위상도 이에 다름 아니다. 마을 사람들의 구술에 나타난 권대감의 죽음에 얽힌 원한은 '억울한 죽음을 맞았기 때문에 억울한 사람을 안다'는 논리를 벗어난다. 내면에 선진 문화를 가져다 준 아까운 문화영웅

27) 최명환, 앞의 글, 134~137쪽 참고.

을 잃은 아쉬움이 표출된 것이다. 대단한 신통력과 능력을 지니고 마을에 업적을 남겨 준 인물이 죽은 데 따른 원통함이다.

2. 공동체 유지를 위한 신앙의 강화

홍천군 내면에 권대감신이 마을공동체의 정체성을 갖춘 동신으로 좌정하는 데는 많은 노력이 필요했다. 내면의 동신으로 좌정하기 위해서는 내면에 문화적 충격을 줄 수 있고 일반인과는 다른 능력의 소유자여야 했다. 그 때문에 마을 구성원은 구술이라는 장치로써 그 사람의 신통력과 탁월한 업적을 이야기했다. 그러면서 그런 능력을 가진 사람이 죽은 아쉬움에 원한이라는 새로운 코드를 만들어 확실하게 마을신으로 정착하게 했던 것이다. 이 때문에 내면 사람들은 권대감을 구심점으로 정체성을 구축하고 마을 통치를 굳건히 할 수 있었다.

그런데 이런 구심점을 구축하고 난 뒤에도 그를 유지·강화하려면 또 다른 구비문화가 필요하였다. 이런 구비문화는 사람들이 겪은 경험을 중심으로 확산되면서 더욱 신앙을 강화하는 계기를 가져온다. 이기태는 단종을 통해서 신격화 과정과 전통의 창출을 연구한 적이 있는데, 단종을 향한 신앙의 변화와 정체성 확립을 위해서 '새로운 전통을 창출'한다고 하였다.[28] 이는 다름 아닌 지역민의 단종에 대한 의식 변화와 단종대왕신의 영험성으로 새로운 전통이 창출된다는 것이다. 박종오는 〈공동체 신앙과 씨족 인물의 신격화〉라는 논문에서 지배 권력이 자신의 권력을 유지·강화하고자 다음과 같은 것을 행한다고 했다.

---

28) 이기태, 앞의 글, 117~126쪽 참고.

광원1리 권대감당 내부 제수 진설 장면(2011)

지역사회의 지배 권력을 형성하는 사람들은 자신의 권력을 유지·강
화하기 위해 상징적 형성물과 상징적 행위에 의해 …… 각 계층이
공유하는 이념체계를 기반으로 한다. 지배 권력이 자기 권위의 존재
와 유효성을 주장하기 위해서는 상징적 형성물을 중심으로 상징행
위를 주기적으로 시행함으로써 기존의 질서를 유지·강화할 수 있는
것이다. 지역사회의 구성원은 자신들이 겪었거나 들은 역사적 경험
이 현재의 제의와 그 상징에서 표상된 것으로 제의의 참가자들은 과
거 사건의 영향으로 재구조화된 결과를 확인하게 되며, 구성원들에
의해 유지하면서 행하는 역사적 상징은 지역사회 성원들의 이념적
통합을 가능하게 한다.[29]

---

29) 박종오, 앞의 글, 158쪽.

결국 '겪었거나 들은 경험'을 주기적으로 시행하면서 이념적 통합을 가져와 기존의 질서를 유지하고 강화한다는 것이다. 사람들이 겪었거나 들은 경험은 동신에 대한 신앙과 일상의 생활로써 이야기되고 있으며, 반대로 이야기로써 신앙과 생활에 동신을 개입시키기도 하는 것이다.

그러면 권대감신을 주축으로 하는 공동체의 유지와 강화는 어떻게 나타날까? 필자가 그동안 자료를 수집하고 분석해 본 결과 가장 확실하게 나타나는 것은 동제와 제당을 배경으로 나타나는 영험담과 일상생활에서 나타나는 생활 습속이었다. 그 가운데 동제와 제당을 배경으로 나타나는 영험담은 일상적인 영험담의 범주와 같이 축원으로 말미암은 복락 받기와 금기를 어겼을 때 나타나는 신벌神罰의 형태이다. 그리고 일상적인 생활 습속의 경우는 영험담의 형태와 조금 다르게 나타났다. 실행을 안 했을 때 받는 신벌의 형태와 풍요를 준 것에 대한 고마움을 표하는 공경의 양상으로 나타난다. 그러면 먼저 동제와 제당을 배경으로 나타나는 영험담이 실제로 어떻게 나타나는지 채록 및 전승 자료로 보도록 한다.

(가) 여기 권대감당집과 관련한 경험이 있어요. 그 전에 당나무가 크거든요. 그걸 참나무를 잘라 가지고 땔나무로 해서 썼는데, 그 양반이 인제 우리가 그 밑에 있었는데 소를 갖다가 몰고 가는데 글쎄 소가 굴러 죽었어요.

5살 먹은 아가 남의 햇아를 낫으로 찔러 죽여 물에 갖다가 담근 사건이 있었어요. 그게 어린애지만 제정신으로 그랬겠어요. 뭔가 그 나무를 베서 탈이 귀신이 붙은 거지요. 그래 경찰이 와서 조사를 하

는데 아무리 해도 누가 그랬는지 몰랐지요. 그런데 5살 먹은 아가지가 그랬다고 했어요.[30]

(나) 옛날에 한 집이 당집 위에다 집을 짓고 부정을 타서 눈이 멀었다고 해요. 그래서 그 사람들이 다 나갔어요.[31]

(다) 누가 멧돼지를 잡으려고 올가미를 놓았는데, 권대감에게 소를 잡아 놓고 했더니, 올가미를 천 코를 걸었더니, 천 코가 다 걸렸다는 그런 얘기가 있어요.[32]

(라) 朝鮮朝 初期부터 내려오는 祭祀로 端宗大王의 外叔인 權大監이 이곳으로 피신하여 살다가 비운에 죽어서 山에 山神靈이 되어 이 고장을 다스린다는 데서 由來한다. 이 神이 大怒하면 큰 재앙이 온다고 마을 사람들이 정성껏 祭物을 만들어 祭를 올린다. 소나 돼지를 잡아서 정중히 차려놓고 呪文을 외워가면서 이 마을 사람들의 안녕과 풍년을 기원하는 內面에서는 가장 큰 部落祭이다.[33]

예문에서 보듯 신앙의 강화는 영험담으로 나타나는 경우가 많다. 여기서 (가),(나)는 금기형으로 나타났고, (다)는 기원형으로 나타났으며, (라)는 금기와 기원이 함께한 일상적인 제의에 대한 관념을 말하고 있다. 이 예문 가운데 (라)의 경우는 아주 일반적인 동신 모시기의 예를 보여 준 것이다.[34] 이것은 영험담보다는

---

30) 제보자: 이강준(남, 82) 자운리. 2012년 1월 6일. 필자 채록.

31) 제보자: 박윤옥(여, 78) 율전3리 1반. 2012년 1월 6일. 필자 채록.

32) 제보자: 김남대(남, 50) 내면 광원1리. 2011년 10월 5일. 최명환 채록.

33) 홍천군 편, 《홍천군지》, 홍천군지편찬위원회, 603쪽.

34) 이런 예는 많은 곳에서 보이는데 "權大監이라는 神에게 祭神함으로써 權大監이라는 神力의 도움으로 洞民의 農事가 산짐승의 피해 없이 豊作을 이루며 部落을 守護하여 준다고 믿고 祭神함(《한국의 마을제당》 2, 1129쪽).

동신에 대한 경외심敬畏心을 기록한 것으로 볼 수 있다. 구어체의 구비물이 문어체의 기록물로 바뀌면서 사실감이 넘치는 영험담보다는 일상적인 동신에 대한 기록으로 남았다. (다)의 경우는 정말 기상천외한 신앙 강화 영험담이다. 권대감신의 영험성을 수렵으로 보여 준 예화이다. 소를 잡아 기원을 했더니 무려 천 코의 올무에 멧돼지가 모두 걸렸다는 것이다. 아주 많은 숫자를 표현하는 천千이라는 수를 사용해서 영험성을 강화한 것이다. 이 가운데 (가)와 (나)의 금기형은 정말 소름이 끼치게 하는 영험담이다. 금기를 어겨서 소가 죽고, 살인사건이 나고, 눈이 멀게 된 사건을 들었다. 살인사건의 경우는 5살 어린애가 갓난아기를 죽인 것이다. 일상을 뛰어넘는 영험담이다. 금기를 어기면 신벌이 따른다. 신벌은 해당 신의 신성성을 인간이 침해했을 때 나타나는 현상이다. 이는 인간의 신성성 파괴에 대한 신의 의사를 반영한 것이다.[35] 신벌은 신앙의 강화에 있어 가장 효과적인 방법일 수 있다. 김태곤의 다음 언급은 이를 뒷받침하는 좋은 근거이다.

> 만약 동신에게 부정한 일이나 금기禁忌를 어기는 일이 있으면 신벌神罰을 받는다고 믿어, 동신은 두려운 대상이 되기도 한다. 그렇지만 이때의 두려움은 신성神聖이 고조된, 신성의 극치로 해석될 수 있는 신성적 표현으로 보인다. 그래서 동민들은 동신이 비일상적非日常的인 만능萬能의 전지전능全知全能한 존재로 동민 편에 서서 마을을 보호하여 동민들이 잘살 수 있게 보살펴 주는 무한 존재라 믿는다.[36]

---

35) 이기태,《동제의 상징과 의미전달체계》, 민속원, 2004, 133쪽.
36) 김태곤,《동신당》, 대원사, 1992, 21~22쪽.

그런데 기원형의 경우는 위의 (라)처럼 안녕과 풍년을 기원한다는 일상적인 것을 말하기도 하지만, 산삼 등을 발견하는 횡재로 나타나기도 한다. 이런 유형은 아주 흔한 것인데, 가령 춘천 북산면 물로리의 가리산 〈한천자 무덤〉의 경우가 그렇다. 한천자의 무덤을 벌초하면 산삼을 준다고 해서 언제 누가 벌초를 했는지 모를 정도라고 한다.[37] 권대감 무덤에도 같은 유형의 이야기가 전한다.

> 거기 어디 산소가 있다 그랬나? 뭐 어디, 삼봉 그 뒤로 가는 어디 산소가 있다. 그러나 어디 있는데, 산삼을 캐러 다니는 사람들이, 벌초를 한다 그러대. 근데 그 아주 누가 하는지도 알지도 못한다고 그러던데 그거, 언제 와서 깎고 가는지, 다른 사람이. 지키고 있다 깎기 전엔 못 깎는다는 소리가 있는데?[38]

이처럼 권대감의 무덤에 얽힌 이야기도 전승하고 있다. 권대감 신에게 제사를 드리는 것만이 아닌, 권대감의 무덤을 벌초할 필요성을 제공하고 그 대가로 산삼을 얻어 횡재를 하는 것이다.

한편, 일상의 생활에서 나타나는 생활 습속의 경우는 영험담의 경우와는 좀 다르게 나타난다. 신앙에 대한 영험담이 생활 속에 익숙하게 잠재해서 또 다른 신앙의 형태로 신앙을 강화하고 유지하는 경우이다. 이는 권대감신을 향한 믿음의 척도가 상당히 높음을 말해 주는 것이다. 곧, 동제를 지낼 때만 권대감신을 생각

---

37) 《춘주지》, 춘천시·춘성군, 1984, 1326쪽. 이 밖에도 기우제를 지내면 비가 오고, 한국전쟁 때는 아무도 피해를 보지 않았다는 영험성이 깃들어 있다.

38) 제보자: 최종기(남, 60) 창촌2리 5반 승지동. 2012년 2월 28일. 필자 채록.

하고 기원을 하는 것이 아니라, 일상 속에서도 권대감신과 함께 하며 그를 이야기하고 있다는 것이다. 이 역시 위에서 얘기한 박종오의 주장과 같이 '겪었거나 들은 경험'보다는 '생활'으로써 주기적으로 이념 통합을 하면서 동신의 기능을 유지·강화하고 있는 것이라 할 수 있다.[39] 곧, 생활 습속으로 권대감신을 따르는 것으로 믿음의 척도가 얼마나 높았는지를 볼 수 있는 것이다.

> (가) 당시 집에서 뭐를 하면 뭐든지 갖다가 놓았다. 그곳에는 항아리가 있었는데 그것을 소대구개대구라 했다. 그래서 그 항아리에 떡을 하면 조금 베어서 넣고, 옷을 사도 귀퉁이를 조금 떼어 넣었다. 그렇게 하지 않으면 집안 사람들이 아팠다.[40]
>
> (나) 옥수수를 비롯한 새 곡식이 나오면 가장 먼저 당에다 올린 후에 먹었다. 그렇게 많이 위했는데, 요즘은 별로 하지 않는다. 그렇게 안하면 탈이 난다기보다 많이 믿으니까 그렇게 한 것이다.[41]
> 옛날에는 신곡新穀이 나오면 먼저 당에다 갖다 놓았다가 먹었다. 아이들이 먹겠다고 해도 먼저 주지 않았다. 옥수수를 삶으면 가장 먼저 당에 갖다 놓았다가 가져와서 먹었다. 그래서 옥수수를 삶아서 당에 가져가면 아이들이 그걸 먹겠다고 당까지 따라왔다.[42]
>
> (다) 산제당에 시루떡을 해서 개별적으로 바치는 경우도 있다. 그리고 그해 농사지어서 새 곡식을 당에다 놓는다. 옥수수가 나면 쪄서

39) 박종오, 앞의 논문, 158쪽.
40) 제보자: 박중선(남, 73) 자운2리. 2012년 1월 6일. 필자 채록.
41) 제보자: 박윤옥(여, 78) 율전3리 1반. 2012년 1월 6일. 필자 채록.
42) 제보자: 김찬일(남, 75) 율전3리 미골. 2012년 1월 27일. 필자 채록.

먼저 산제당에다 놓았다가 갖다 먹었다.[43]

(라) 여기 옛날에 어떤 사람이 심을 캐고 나서 돼지도 잡고 소도 잡고 해서 권대감당에 치성을 올린 적이 있다. 심마니들은 지당에서 치성을 많이 드린다. 그 때문에 지당이 더 많았다.[44]

이처럼 생활 습속으로 동신의 기능을 강화하고 유지했음을 볼 수 있다. (가)는 생활 습속으로 뭐든 새 물건을 취했을 때 권대감신께 먼저 드리고 있다. 이는 기원이라기보다는 습속을 지키지 않았을 때 '몸이 아프다'는 신벌이 내리기 때문이었다. (나)의 경우는 집안의 어른이나 조상신을 모시듯이 아예 생활 속에서 많이 위한 것을 볼 수 있다. (다)의 경우도 (나)와 같으나 시루떡을 해서 바친 것으로 봐서 안택고사와 연계된 의식일 수도 있다. (라)는 온전히 좋은 일이 생긴 데 대한 보답으로 권대감신께 고마움을 표시하는 것이다. 이들 예에서 나타난 사실은 크게 둘로 나눌 수 있는데, 보다시피 (가)의 신벌과 (나),(다),(라)의 고마움이다. 새 곡식이 나왔을 때나 산삼을 캤을 때 고마움을 표시하는 것은 권대감신에 대한 믿음이 강하기 때문이라 볼 수 있다. 그것은 (나)에서 "많이 믿으니까 그렇게 한 것이다"라는 표현에서 확신할 수 있다. 역시 신벌의 경우도 그렇다. 권대감신을 위하지 않았을 때 벌이 따른다는 강한 믿음이 있기에 그에 따른 행위를 하는 것이다. 믿음이 없다면 벌에 대한 두려움도 없을 것이다. 권대감을 믿지 않을 경우 몸이 아픈 사실을 권대감신의 영향 때문이 아니라고 생각할 수도 있기 때문이다.

---

43) 제보자: 한상익(남, 84) 율전3리 1반. 2012년 1월 6일. 필자 채록.

44) 제보자: 김찬일(남, 75) 율전3리 미골. 2012년 1월 27일. 필자 채록.

3. 공동체 의식의 변이에 따른 갈등

마을공동체의 정체성으로 작용해 왔던 동제는 시대가 변하고 새로운 문화를 수용하면서 마을 사람들 사이에 갈등으로 다가오게 되었다. 이런 갈등은 크게 보아서 동제의 해체와 계승에 따른 갈등으로 상당히 복잡한 국면에 도달한 것이다. 여러 요인이 있을 수 있어서 어떤 하나의 원인 때문이라 규정할 수는 없다. 그러나 무엇보다도 동제가 갖는 종교적·사회적 기능이 저하될 때 이런 갈등이 나타날 수 있다.

김태곤은 동신신앙이 종교적으로 갖는 사회적 기능을 세 가지로 보았다. 첫째는 심적 유대와 단합이라는 관점, 둘째는 사회적 정통성의 계승, 셋째는 민주화라는 관점에서 보았다.[45] 이런 기능은 모두 마을공동체의 소속감으로 나타난다. 곧 심적 유대와 단합은 같은 일을 한다는 소속감으로 나타나고, 사회적 정통성은 정체성을 이룬 구심점의 소속감으로 나타나고, 민주화는 동회와 결산으로 주어지는 대동의결의 소속감으로 나타난다. 이런 공동체에 대한 소속감은 부단한 내·외부적인 갈등을 해소하는 근원으로 작용한다. 소속감이 강화될수록 동제를 중심으로 마을공동체를 형성하게 되는 것이라 할 수 있다.

그러나 이런 공동체의 정체성과 소속감은 외부적 충격이 강하면 흔들리게 된다. 이에 대해서는 다음의 세 가지 가설을 세울 수 있다. 첫째는 그 충격이 아주 강하면 동제의 완전한 해체를 가져올 수 있고, 둘째는 충격이 있더라도 일시적이거나 지속적이지 않다면 기능이 약화되더라도-논란을 거쳐서-동제는 계승될 수

---

45) 김태곤, 앞의 책, 121~123쪽.

있는 것이다. 셋째는 정체성이 외부적인 충격보다도 강할 때는 동제가 계속 전승할 수 있다고 본다. 그러면 이런 세 가지 가설이 권대감신을 모시는 홍천군 내면의 경우에서는 어떤 양상으로 나타나는지 보도록 하겠다.

첫째, 그 충격이 아주 강해 완전한 해체를 가져올 수 있는 경우이다.

(가) 그래 거기 가서 피란을 하다 거기서 사망됐대. 그리고 그 식구들이 다 왔어. 그 옛날엔 그 사진 보면. 아들네들이, 그 권대감 아들 다 와 가지고 옛날엔 그걸, 당을 크게 모셨어. 저 자운1리서부터 내려오고 그런대. 그랬어. 그때 그, 그러니 6·25사변에 막 없어졌지.[46]

(나) 미신 타파할라고. 그 교회 다니는 사람들이 많이 생겨 갖고. …… 교회 다니는 사람들이 많이 생기니깐 제사를 안 지내. 그 전에 옛날에, 새마을운동 할 때 미신 타파라 그래 가지고 당도 많이 없어졌지.[47] 그게…… 박 대통령 그 유신 할 적에, 다 그렇게 됐지. 그때 거진 다 없어졌어.[48]

(다) 서로가 인제 어떻게 교회 나가고 뭐, 또 옛날에 그런 게 있었잖아요, 천주교. 천주교라는 교회 있는데, 그 전에 있거든요, 지금도. 근데 그 6·25사변 나고, 6·25사변 나고 우리나라 그 없던 시절이 아닙니까. 그 시절에 그 천주교회에 나오면 밀가루도 주고 뭐 이렇게 주는 거 많이 있었어요. …… 그 저기에 많이 나갔죠. 그러다 보니

---

46) 제보자: 박진철(남, 78) 창촌3리 1반. 2012년 2월 28일. 필자 채록.

47) 제보자: 최종기(남, 60) 창촌2리 5반 승지동. 2012년 2월 28일. 필자 채록.

48) 제보자: 김상철(남, 78) 창촌3리 2반 대한동. 2012년 2월 28일. 필자 채록.

까 그 자연히 당이 없어졌어요.[49]

(라) 율전3리 1반에는 권대감당이 두 개 있다. 화전 정리 전에는 4 개 있었는데 지금은 없어졌다. 화전 정리하고 사람이 비니까 자연히 당도 없어지게 되었다.[50]

(마) 실른에 당이 있었지요. 화관도 크게 그리고. 어떤 나쁜 사람들이 심 캐러 다니다가 심을 안 준다고 불 싸 놨어. 불을. 당에다.[51]

(바) 여기 권대감제를 지냈으나 지금은 없다. 대부분 교회에 다니고, 하던 사람들이 나이가 많아 사망해서 지금은 지내지 않는다.[52]

권대감제가 해체된 원인은 (가) 6·25전쟁의 충격, (나) 교회와 새마을운동과 유신 등으로 말미암은 미신 타파, (다) 천주교의 물량공세에, (라) 화전 정리로 인구가 줄어서, (마) 당이 불에 타서, (바) 사람들이 교회에 다니거나 전승자가 죽어서라는 등 아주 다양하게 나타나고 있다. 이런 원인은 마침내 권대감제가 종교적으로 갖는 사회적 기능을 상실하게 했다. 마을공동체의 정체성이 외부적 충격에 와해되고 새로운 정체성을 만드는 것이다. 여기서 권대감제가 해체될 수밖에 없는 외부적 충격은 애초에 권대감이 마을의 신으로 좌정할 때의 문화 수용을 뛰어넘는 것이다. 그 때문에 이제 마을 사람들은 더 이상 권대감제로써 마을공동체를 이루는 소속감을 필요로 하지 않게 된 것이다.

둘째, 충격이 있더라도 일시적이거나 지속적이지 않다면 기능

---

49) 제보자: 방계환(남, 85) 창촌1리 1반. 2012년 2월 28일. 필자 채록.
50) 제보자: 한상익(남, 84) 율전3리 1반. 2012년 1월 6일. 필자 채록.
51) 제보자: 권오길(남, 72) 내면 광원1리. 2011년 10월 5일. 최명환 채록.
52) 제보자: 박중선(남, 73) 자운2리. 2012년 1월 6일. 필자 채록.

율전1리 권대감제 후 음복하는 장면(2011)

이 약화되더라도 계승될 수 있는 것이다. 이 과정에는 주민들 사이에 논란이 있을 수 있다.

(가) 저 새목이도 권대감 모시는 게 있었는데, 있었는데 거기는 교회 다니는 사람 진짜 많아지고요, 이제 필요 없다 그래 가지고 그 지당을 없앴잖아요. 지당을 없애고서부터 이렇게, 남자들이 다 그냥 오토바이 사고 나고, 차 사고 나니까 죽고 막, 동네가 그랬었어요. 그 권대감님 모시던 지당 없애고서부터 그렇게 사고가 난다 그래 가지고 과부들이 많이 생기더라고. 그래서 한 번, 길에다가 놓고 저, 사고가 잘 나니까, 제사 지냈댔잖아.[53]

(나) 옛날에는 집집이 닭을 한 마리씩 잡아 와서 제사를 지낸 적이 있다. 그리고 곳곳에 골짜기마다 제당이 있었다. 이곳에 인구가 많

<hr />

53) 제보자: 최종기(남, 60) 창촌2리 5반 승지동. 2012년 2월 28일. 필자 채록.

을 때는 70호였다. 그러다가 인구가 자꾸 줄어들면서 제당도 통폐합되었다.[54]

(다) 옛날에는 각 부락마다 정초하고 성황당 제례를 지내는 그런, 그런 전례가 있었는데 그게 새마을사업 한다고, 새마을사업 하면서 인제 그런 걸 없애 버렸는데 인습 타파 한다고, 그런데 없어져서 아주 없어진 동네가 있고 아직 없어지지 않고, 지금 부락에는 남아 있는데.[55]

(라) 아유, 옛날에는 참, 제사도 하면 떡도 얻어먹고 뭐 아주 해다가 동네 사람들이 모여서 같이 먹고 이러는데 지금은 하나같이 다 빠져나가니깐요. 누가 지내는지 안 지내는지도 몰라요. 옛날엔 뭐, 애들도 떡 얻어먹을라고 줄을 죽 서면 떡 하나씩 먹고 가고, 국밥도 인제 줄을 죽 서면 국밥 해 주고 먹고 그러는데. 없어졌어, 사람들이.[56]

권대감제가 외부적 충격으로 말미암아 동신으로서 기능을 일시적으로 상실하거나 축소해서 지내는 상황을 볼 수 있다. (가)는 교회 때문에 없어졌다가 사고가 많이 나서 다시 부활한 경우이고,[57] (나)는 인구가 감소하면서 제당을 통폐합하였고, (다)처

---

54) 제보자: 김찬일(남, 75) 율전3리 미골. 2012년 1월 27일. 필자 채록.

55) 이대범, 〈홍천군〉, 《강원의 설화》 2, 강원도, 2005, 296쪽.

56) 제보자: 최종기(남, 60) 창촌2리 5반 승지동. 2012년 2월 28일. 필자 채록.

57) 해체와 소멸로 말미암아 단절을 가져왔더라도 또 다른 계기에 따라 전통성을 갖춘 공동체문화가 필요할 때는 부활을 할 수도 있는 것이다. 이런 동신제의 부활은 여러 요인이 있으나 필자가 채록한 경우는 다음의 두 가지 방식이 더 있었다. 하나는 춘천시 가정리에서 부활한 거리제이고, 하나는 양양군 현남면에서 지내는 해수욕장개장제였다. 가정리 거리제는 한동안 해체되었는데, 그곳에 살고 있는 주민들이 점 보는 데 가자 그곳에서 다시 제를 지내라고 해서였다(제보자: 황춘화

럼 새마을운동 때 인습 타파로 없어지기도 하고 지속되기도 하였고, (라)처럼 배고픔 때문에 권대감제에 참가하던 사람들이 먹을 것이 풍부해지자 동제에 소홀해졌다는 것이다. 교회, 인구 감소, 새마을운동처럼 아주 큰 외부적 충격이 있었으나 그 충격을 이겨내고 권대감제를 계승하고 있는 것이다. 권대감제라는 마을공동체를 유지할 정체성이 아직까지는 마을 사람들에게 소속감으로 남아 있다고 할 수 있다. 비록 미미하지만 종교적·사회적 기능을 권대감제가 여전히 수행하고 있는 것이다. 그리고 경제력에 따라 전통적인 동제가 바뀌는 현상도 읽을 수 있었다.

셋째, 정체성이 외부적인 충격보다도 강할 때는 동제가 계속 전승할 수 있다.

(가) 권대감제를 지낼 때는 마을 사람뿐 아니라 외지에 사는 사람들도 참가한다. 서울에 사는 김대영 씨라는 사람은 현몽을 했다. 머리가 하얀 할아버지 한 분이 꿈에 나타나서 강원도에 가서 처음 만나는 성황당에 기도를 하라고 했다. 이에 강원도로 오다가 처음 마음

(여, 57) 춘천시 가정리. 2011년 7월 14일. 이학주, 《가정리 의병마을》, 춘천문화원, 2012, 140쪽). 해수욕장개장제는 부활의 방식이 마을 전체의 경제적 이득을 가져오는 대형 프로젝트(농촌마을종합개발사업)를 수반할 때 나타났다. 양양군 현남면 수동골은 화상천을 중심으로 하나의 권역을 형성하고 있다. 여기에는 화상암이라는 바위의 형상으로 말미암은 유래가 많이 전하며, 그런 형상과 유래 때문에 이곳 사람들은 바위에 대한 생각이 각별하다. 그 때문에 양양 산불로 서낭당이 불타자, 화상암 소재지 원포리 사람들은 이곳에서 해수욕장개장제를 지내면서 산왕제, 화상암제, 용왕제라는 또 다른 동신제를 만들었다(이학주, 〈양양군 수동골 마을제사 연구〉, 《어문논집》 42, 중앙어문학회, 2009.11. 224~227쪽). 이처럼 동신제를 해체했더니 마을에 사고가 나자, 점쟁이의 권유로, 경제적인 필요에 의해서 동신제를 부활시키기도 한다.

이 끌려 간 곳이 율전리의 성황당이었다. 그 후 권대감제에 참가하는데, 권대감을 모신 후로는 하는 일이 모두 잘 풀린다고 한다. 이분은 이제 돌아가시고 그 부인이 매년 권대감제에 참가한다. 올 때마다 돼지 한 마리 정도는 갖고 와서 제의에 참가한다. 이분들이 올 때마다 많은 돈을 희사해서 그 돈을 모아서 마을에서는 여러 곳에 쓴다고 한다. 어떨 때는 동네 사람들이 함께 관광도 했다고 한다.[58]

(나) 그러니까 이제 몰라도 꿈에 이렇게 보이면서, 그 꿈이 이렇게 선명하더라고요. 그 죽을 이렇게 먹는데, 다 먹으면 없어져요. 없어지면은 또 하나 가득 생기는 거예요. 그러면서, 그래 그래 많이 먹어라, 그래 많이 먹어라, 할아버지 목소리에요. 그러면 죽이 이제 계속 불어나요, 한 그릇 또, 다 먹으면 또 불어나고. 그 신기하더라고요, 꿈이. 그래서 권대감님을 섬겨야겠구나, 그제서부터 그런 거는 생각을 했어요.[59]

(다) 오래됐어요. 그 당을, 그거보다 작은 게 있었는데, 그거 새로 누가 지어 놨어요. (언제 그랬어요?) 음, 한 10년 됐지, 지은 지.[60]

(가)는 외부인이 현몽으로 권대감제에 참가해서 동제를 활기차게 전승하는 경우이고, (나)는 꿈에 권대감을 만난 것을 계기로 더욱 권대감제에 대한 정체성을 굳힌 경우이고, (다)는 누군가 몰래 권대감을 모시는 당을 중수한 계기로 권대감제를 전승하는 경우이다. 이런 영험한 사실은 마을 사람들이 동제를 중심으로 마을 공동의 정체성을 유지하는 특별한 사유가 되는 것이다. 그 때

---

58) 이학주, 앞의 책. 85~86쪽.
59) 제보자: 권옥숙(여, 59) 내면 창촌1리 5반. 2012년 2월 28일. 필자 채록.
60) 제보자: 최종기(남, 60) 창촌2리 5반 승지동. 2012년 2월 28일. 필자 채록.

문에 종교적·사회적 기능이 강화될 수밖에 없다. 권대감의 영험성으로 말미암아 권대감제는 해체되지 않고 오히려 계승을 더욱 굳건히 하는 것이다.

Ⅲ. 결론

지금까지 필자는 마을공동체를 위한 동신의 수용과 변화에 대해서 살펴보았다. 그 대상은 홍천군 내면에서 전승되고 있는 권대감제의 주신 권대감신으로 하였다. 논의 방법은 내면 사람들이 구술하는 구비문화를 근거로 하였으며 그 결과 다음과 같은 결론을 얻을 수 있었다.

마을이 팽창하면서 마을공동체의 정체성을 갖춘 구심점이 필요했고 홍천군 내면에서는 그 대상으로 권대감을 받아들였다. 내면에서 권대감은 마치 환웅이나 수로왕과 같은 문화영웅이었기 때문이다. 내면 사람들은 권대감에게서 받아들인 선진 문화에 대한 충격이 컸다. 그 때문에 내면의 토착 세력을 물리치고 일종의 문화영웅으로 자리매김한 것이다. 그는 신통력도 있었지만, 마을 사람들을 위해 실론을 가르치고, 약수를 발견해서 병을 치유하는 업적도 남겼다. 그런 그가 억울한 죽음을 당했는데, 그런 죽음은 단순 해원에 있는 것이 아니라, 문화영웅을 잃은 아쉬움의 표출이었다. 이런 면에서 실존 인물이 신격화되는 일반적인 과정과는 다른 성격을 띠었다.

이렇게 받아들인 권대감은 동신이 되어서도 내면 사람들에게 공동체의 정체성을 위한 구심점 역할을 수행했다. 그 때문에 사람들은 권대감신을 모시면서 제사하는 동제를 유지·강화하고자 했다. 그 방법으로 영험성을 부각시키고 생활 습속으로 그를 믿고 따르게 하는 방식을 채택했다. 이때 영험성은 축원으로 복락을 받고, 금기를 어겼을 때 신벌을 받는 양상으로 나타났다. 생활 습속은 이를 실행하지 않았을 때 받는 신벌과 풍요를 준 것에 대한 고마움의 형태로 드러났다.

하지만 점점 시간이 흐르면서 권대감신을 모신 동제가 마을공동체의 구심점으로 지속하기에는 새로운 문화에 따른 외부 충격이 너무 컸다. 이 때문에 공동체 의식에 변화가 오면서 동제로써 공동체를 유지하는 데 갈등이 따랐다. 더 이상 종교적·사회적 기능을 수행하는 데는 문제가 있었던 것이다. 그래서 내면 사람들은 동제의 해체와 계승을 두고 고민하게 되었고 그 결과는 세 가지 형태로 나타나게 되었다. 외부 충격으로 동제가 해체된 경우, 외부 충격으로 논란이 되어 그 기능과 역할이 축소되었지만 다시 이어진 경우, 정체성이 외부 충격을 이겨 계승을 하는 경우였다.

이처럼 홍천군 내면의 권대감제는 신격화의 양상부터 유지와 강화 및 해체와 갈등에 이르기까지 독특한 성격을 띠고 있었다. 이에 권대감제로써 공동체를 위한 동신의 수용과 변화를 새롭게 인식하는 계기가 되었다.

참고문헌

김열규, 〈사슴〉, 《한국문화상징사전》, 동아출판사, 1992.

김의숙, 〈홍천군의 민속문화〉, 《홍천군의 역사와 문화유적》, 강원도·홍천군·강원문화연구소, 1996.

김태곤, 《동신당》, 대원사, 1992.

박종오, 〈공동체 신앙과 씨족 인물의 신격화〉, 《남도민속연구》 17, 남도민속학회, 2008.

서종원, 〈실존 인물의 신격화 배경에 관한 주요 원인 고찰〉, 《중앙민속학》 14, 중앙대학교문화유산연구소, 2009.

이경엽, 〈순천의 성황신앙·산신신앙과 역사적 인물의 신격화〉, 《남도민속연구》 6, 남도민속학회, 2000.

이기태, 〈역사적 인물의 신격화 과정과 전통의 창출〉, 《비교민속학》 17, 비교민속학회, 1999.

이기태, 〈역사적 인물의 신격화 과정과 전통의 창출〉, 《영월지방 민속신앙과 서낭당조사》, 영월문화원, 2002.

이기태, 《동제의 상징과 의미전달체계》, 민속원, 2004.

이대범, 〈홍천군〉, 《강원의 설화》 2, 강원도, 2005.

이창식, 〈영월지역의 단종제와 대왕굿〉, 《영월지방 민속신앙과 서낭당 조사》, 영월문화원, 2002.

이학주, 《강원도 무후제 조사 연구》, 강원대학교중앙박물관, 2007.

이학주, 〈양양군 수동골 마을제사 연구〉, 《어문논집》 42, 중앙어문학회, 2009.

이학주,《가정리 의병마을》, 춘천문화원, 2012.

일연,《삼국유사》, 이민수 역, 을유문화사, 1986.

최명환,〈단종전설이 지니는 신화적 성격〉,《영월지방 민속신앙과 서낭당 조사》, 영월문화원, 2002.

최명환,〈단종대왕의 전승설화 연구〉, 강원대학교 박사학위논문, 2006.

최명환,〈홍천군 산간 지역 인물설화의 지역적 특성〉,《동아시아고 대학》29집, 동아시아고대학회, 2012.12.

《춘주지》, 춘천시·춘성군, 1984.

《한국의 마을제당》2, 국립민속박물관, 1997.

한국종교사연구회 편,《성황당과 성황제:순창 성황대신사적기 연 구》, 민속원, 1998.

한충희,《한국민족문화대백과사전》, 한국정신문화연구원, 1993.

홍천군 편,《우리고장홍천》, 홍천군, 1992.

홍천군 편,《홍천군지》, 홍천군지편찬위원회, 1989.

제3부

구술사 연구와
지역 연구

1. 언론학 연구방법론으로서의 구술사에 대하여_ 김세은

1. 언론학 연구방법론으로서의 구술사에 대하여

-현장에서 길을 잃은 한 연구자의 질문과 출구 찾기-[1]

김 세 은(강원대학교 신문방송학과)

I. 이 글을 쓰는 이유와 목적

이 글은 논문이라기보다는 반성문이다. 실패한 연구 과정을 복기하고 논의의 대상으로 삼는다는 점에서 이 글은 연구의 성과 곧 '성공'한 결과만을 주로 다루는 일반적인 논문과는 상당한 거리가 있다. '실패한 연구자'였던 나는 그 원인을 고민하던 끝에, 나의 실패가 단순하고 일회적인 것이라기보다는 좀 더 복합적이고 근본적인 것이며 따라서 혼자서 해결할 수 있는 것이 아님을 깨달았고, 나의 실패담을 널리 알려 동료 연구자들과 적극적으로 공유하고 도움을 청하는 것이 필요하다는 생각을 하게 되었다.

1) 이 글을 읽고 격려와 조언을 아끼지 않은 세 분의 심사위원과 다양한 경로로 글의 완성도를 높이는 데 기여해 준 김수아, 김영찬, 백미숙, 이기형, 이종숙, 이희은 등 여러 동료 연구자들에게 깊은 감사를 표한다. 그리고, 여러 문헌 자료를 챙겨 주고 방법론적 고민에 대해 수차례 대화를 나눴던 강원대학교 문화인류학과 김세건, 김형준, 한건수 교수에게도 따뜻한 감사의 마음을 전한다.

그렇기에, 이 글은 지난 2011년 9월부터 강원도 홍천군에서 구술사 연구를 수행하며 겪었던 시행착오와 좌절로 여실히 마주할 수밖에 없었던 '서툴고 나태한' 연구자로서 민낯을 드러내는 자기고백인 동시에, 타 학문 분야에서 개발되고 정제된 방법론을 언론학 분야에서 새로 사용하게 될 때 발생하는 문제점에 대해 함께 머리를 맞대고 고민하고 토론할 것을 요청하는 청원서이기도 하다.[2,3]

비록 실행에 옮기지는 못하고 있었지만, 나는 언론학 분야의 연구가 (과거를 포함하여) 드러나지 않은 이면의 것에 좀 더 관심을 가져야 하며 엘리트가 아닌 일반인, 특정한 사건이 아닌 일상의

---

2) 그러기 위해 나는 본문과 각주로써 연구자의 정체성을 적극적으로 드러내는 글쓰기 방식을 택했다. 읽는 이에 따라 다소 생경하거나 불편할 수 있겠지만, 고민의 출처와 맥락을 공유하려는 하나의 방법 또는 전략으로 이해해 주었으면 한다. 이러한 방식은 자기민속지학(autoethnography)에서 주로 사용되는 방법이다. 그러나 나는 이 글이 연구자의 경험을 기반으로 하고 있지만 일상의 (문화적) 경험이 아니라 연구 수행과 관련된 것이라는 점, 또 거기에서 사회문화적 분석을 시도하는 것이 아니며 논의의 주제와 범위가 학술적 경계 안에 머물고 있다는 점 등에서 이 글이 취하고 있는 다소 낯선 방식을 (사회과학과 타협한) '실존적 글쓰기'라고 부르는 것이 더욱 적절하지 않을까 싶다. 이러한 글쓰기는 연구자 개인의 체험을 기반으로 하면서도 사회과학적 서술 방식과 일정 수준의 타협으로써 그 범위 안에 머물고자 하는데, 그렇게 함으로써 비교적 '수용 가능한' 방식으로 '표준적'인 학술 논문의 엄격한 형식적 경계를 허물고 논의의 대상을 다양한 영역으로 확장하려 한다는 점에서 그 나름의 의미를 찾을 수 있을 것으로 생각한다.
3) 서술 방식과 내용은 다르지만, 백미숙(2009) 역시 자신의 구술사 연구 수행 경험을 바탕으로 논문을 작성한 바 있다. 나는 백미숙이 제기한 문제들이 계속 다양한 연구 경험을 바탕으로 논의될 필요가 있다고 생각하며, 이러한 '열린' 논의를 거쳐 구술사가 언론학 분야에서 제대로 정착, 활용될 수 있을 것이라 믿고 있다.

경험으로 시야를 넓혀 나가는 것이 필요하다는 생각을 해 오고 있었다.[4] 그러다가 접한 조한욱(2000)의 《문화로 보면 역사가 달라진다》는 내게 큰 감동과 자극을 주었다. '아래로부터의 역사', '낮은 곳으로부터의 역사'라니, 얼마나 매력적인가![5]

일상에서 미디어 수용을 연구했던, 영국의 일련의 미디어 문화 연구자들이 주로 참여관찰과 심층면접으로 대표되는 민속지학적 방법을 사용하여 가정에서의 미디어 소비 경험에 초점을 맞추었다면, 주로 과거의 경험을 끌어내어 그 의미와 정서의 사회적 연결망을 해석하려는 역사문화적 연구[6]에서는 원천적으로 참여관찰

---

4) 아마도 이것은 비주류에 '본능적'으로 끌리는 나의 반골적 성향 탓도 있겠지만, 그보다는 분명 박사과정의 지도교수였던 로저 실버스톤(Roger Silverstone)의 영향일 것이라 생각한다. 그와 함께 공부했던 수년 동안 내가 가장 많이 들었던 단어 가운데 하나는 '일상(everyday life)'이었다.

5) 조한욱(2000)은 두껍게 읽기, 다르게 읽기, 작은 것을 통해 읽기, 깨뜨리기를 통해 '새로운' 역사 쓰기가 가능하다고 설명한다. 한편 뒬멘(Dülmen, 2000/2001)은 이와 함께 '안으로부터의 역사'를 바라보고 기술하고 분석하는 것이 역사인류학적 관찰 방식이라 정의한다(40쪽).

6) 이상길(2005) 역시 '새로운 커뮤니케이션사'를 위한 연구방법론으로서 '새로운 역사학'을 검토하면서 비공식 사료와 시각 자료, 구술 자료의 광범위하면서도 체계적인 활용의 필요성을 지적한 바 있다(107쪽). "미디어에 초점을 맞추면서 사회문화적 과정과 변동을 탐구하는 역사 쓰기 방식"을 '미디어 사회문화사'라고 한다면(이상길, 2008, 27쪽) 내가 하고자 하는 것도 분명 미디어 사회문화사 영역에 속한다고 할 수 있다. "독특한 근대화 과정 속에서 미디어가 보여 준 복잡한 역사적 발전 경로와 영향을 구체적으로 분석"하고자 한다는 점에서(5쪽) 미디어 사회문화사 연구 프로그램의 범위에 들어가지만, 나는 라디오, 텔레비전, 신문, 영화 등 기술 중심의 개념으로 미디어 경험을 연구 대상으로 하는 동시에 사람과 일상생활에 좀 더 무게를 두기 때문에 일상사, 미시사를 지향한다고 할 수 있다. 이상길(2008)은 사회문화사라는 용어가 사회사 대 문화사, 제도사 대 일상사, 거시사 대 미시사 등 관행적 이분법에 대한 의식적 거부를 뜻한다고 하는데(30쪽), 이러

이 불가능하기에 구술 자료[7]를 통한 방법, 곧 구술사[8] 연구에 의존할 수밖에 없는 형편이다. 바로 이것이 민속지학적 수용자 연구와 구술사가 갈라지는 지점이다. 또한 민속지학적 연구나 구술사 모두 인류학 방법론으로서 사람이 있는 현장으로 나가야 한다는 공통점을 가지고 있지만, 민속지학적 연구가 언어와 사회적으로 유통되는 담론들이 일정 부분 현실을 구성해 낸다는 '언어적·문화적 전환(linguistic·cultural turn)'을 기반으로 특정한 문화 현상에 접근한다면(Clifford & Marcus, 1986), 구술사는 개별적 경험의 기억과 그 재현의 맥락에 초점을 맞춘다.

그러나 구술사를 하겠다고 막상 현장에 나섰을 때 겪었던 문제들은 결코 혼자서 책을 보거나 고민한다고 해결될 수 있는 것이 아니었다. 이러한 고민은 구술사 연구자들이 대부분 현장에서 맞닥뜨리며 겪는 대단히 당혹스러운 공동의 문제들이다. 구술면접을 진행하면서 연구자들이 겪었던 '타자와의 대면'에서 오는 거리

한 입장은 지금 내가 하고자 하는 연구와는 약간 차이가 있지만, "미디어 간 이행과 접합의 지점, 이용주체가 미디어를 통해 만들어 내는 사회문화적 단절과 변화와 지속의 지점들을 여러 각도에서 섬세하게 파악하고자 하는 태도"를 지닐 것을 요구하면서 미디어를 기호체계, 상징형식, 기술, 제도라는 다차원적 시각에서 분석 단위나 분석 수준을 미시화, 다층화하여 접근할 것에 대한 제안(23~27쪽)에는 깊이 공감한다.

7) 구술 자료에는 구전(oral tradition), 구술 증언(oral testimony), 구술생애사(oral life history)가 있다(윤택림, 2010, 12쪽).

8) 김귀옥(2006)은 구술사란 생애사(life history), 자기보고서(self-report), 개인적 서술(personal narrative), 생애 이야기(life story), 구술 전기(oral biography), 회상기(memoir), 증언(testament), 심층면접(in-depth interview) 등을 포괄하는 개념으로서(Yow, 1994) "어떤 사람들의 기억이 구술을 통해 역사적 사료로서 지위를 부여받는 것"으로 정의한다(315~316쪽).

감이나 연구자로서의 성찰 등은 구술사 연구자라면 누구나 겪었을 법한 공동의 경험일 것이다.[9]

따라서, 체계적인 구술사 방법론의 적용을 위해서는 최근 들어 구술사 연구가 늘고 있는 우리 언론학 분야에서 나의 문제와 고민에 대한 학문공동체적 공유가 필요하다는 것이 나의 판단이다. 현장에서 겪었던 나의 부끄러운 체험적 고백으로써 과거의 미디어 경험을 일상과 함께 '두껍게' 기술하려면 어떻게 구술사에 접근해야 하는지 논의해 보고자 한다. 또한 이 글로써 동료 연구자들이 반면교사의 사례로 삼을 수 있기를 바란다.

---

9) 이러한 내용은 용산 성매매집결지에서 살아온 여성들을 대상으로 삶의 이야기를 들었던 《붉은 벨벳 앨범 속의 여인들》(2007, 그린비)에 잘 서술되어 있다. 여덟 명의 연구자들은 대개 철학, 사회복지, 여성학 전공자들로서 (사)막달레나공동체 부설 '용감한여성연구소' 소속이며, 이 연구소는 "의식, 무의식적 배제와 낙인으로 주변화된 공간에서 위험하고도 힘겨운 삶을 살아가는 용감한 여성/남성들의 이야기를 듣고, 모으고, 분석하는 일을 한다". 각 구술면접 뒤에 실려 있는 에필로그에서 연구자들은, 그러한 지향과 실제 성매매 여성들과 맞닥뜨린 구술 현장의 간극 또는 '별개성'을 성찰의 대상으로 삼아 구술면접 수행 과정에서 깨달은 자신의 무지와 오만, 흥분과 감동, 좌절과 희망을 절절하게 고백하면서 관행적 연구 수행을 반성한다. 또한 탈북자에 대한 민속지학적 연구를 진행했던 사회학자 김성경(2012)의 글도 이러한 문제와 고민을 진솔하게 담아내고 있다. 나는 연구를 실패한 후에야 비로소 이 글들을 접하게 되었는데, 읽는 내내 그들의 상황과 모습에 나를 대입해 보면서 내가 그 연구를 수행하는 상상을 하곤 했던 만큼 그들의 고백과 성찰에 전적으로 공감하지 않을 수 없었다.

II. 나의 '문제적' 현장 이야기

1. 문제의 발단

4년 전 즈음, 강원대에서 친하게 지내는 문화인류학과 교수가 연구 지원을 위해 지역문화 연구로 팀을 꾸리고 있는데 좀 도와 주었으면 한다고 했다. 그는 이름이 나와 비슷해 '사회대 남매'로 자처하면서 나의 객지 생활에 많은 힘이 되어 주고 있는 사람이다. 그는 강원도 출신이 아님에도 강원 지역 연구에 각별히 정을 쏟으면서, 강원대 문화인류학과라는 '열악한' 조건에서도 〈강원지역문화연구소〉를 자비로 설립하여 꾸려 가면서 학생들을 지역문화 전문가로 키우려 애쓰는 한편, 인근의 국문학, 민속학 연구자들을 모아 〈영서문화연구회〉[10]를 발족시켜 중심적인 역할을 지속적으로 해 오고 있는 터였다.[11]

누구나 추정할 수 있듯이, 아무 연고 없는 곳에서 직장 생활을 한다는 것은 쉬운 일이 아니다. 나는 말 그대로 '어쩌다 보니' 강원대 교수라는 타이틀을 달고 있(었)지만, 강원도에 그 어떤 애정

---

10) 대부분 강원대학교와 한림대학교, 강릉원주대학교에 출강하는 국문학, 민속학 전공자들로 구성되어 있다. 나는 가끔씩 문화인류학과 교수에게서 이들이 한밤중에 산신제 구경(조사)갔던 이야기, 마을 동제에 갔던 이야기 등을 흥미진진하게 전해 듣고 있었다.

11) 언젠가 그에게 그 이유를 물었더니, 그는 자신이 비록 강원도는 아니어도 강원도와 유사한 지리경제적 조건을 갖고 있는 시골 출신이라는 점, 인류학을 전공한 자로서 현지에 대한 관심은 당연하다는 점, 지역 연구를 수행하는 사람들이 처해 있는 연구 조건이 다소 열악하다는 점 등을 들면서 (교수인) 자기가 응당 해야 하는 일이라고 대답한 바 있다.

이나 의무감을 느끼지 않고 살고 있(었)다. 더욱이, (그 어디나 마찬가지겠지만) 강원대 출신의, 또는 강원도 출신의 교수들은 나 같은 '무연고자'가 강원대나 강원도에 어떤 식으로든 '개입' 또는 '관여'하는 것을 원하지 않는 것으로 보였다. 나의 주요 연구 대상이라고 할 수 있는 강원도의 언론사를 예로 들면, 지역 언론으로서 갖는 그들의 상황과 특징에 나도 별 관심을 가지지 않았지만 그들 역시 내게 전혀 관심을 가지지 않았다. 서로 호형호제한다는 그 조직의 수많은 강원대/도 출신의 네트워크를 나로선 알 도리조차 없었고, 그런 상황에서는 정말이지 아무런 관여나 개입의 여지가 생겨나지 않았다. 내게는 '곁을 주지 않는' 강원도에서 나는 참으로 애매한 입장으로 살아가고 있(었)다. 강원대 교수(였)지만 나는 강원대/도와 겉돌고 있는 것이(었)다.

그러저러한 이유로 나는 강원도를 연구 대상으로 삼지 않았다. 내게는 보편적인, 전국적인, 또는 서울이나 영국, 미국의 '글로벌'한 저널리즘 현상이나 문화 현상이 강원도에서 일어나는 일보다 더욱 중요했고, 동시에 강원도 얘기를 잘 풀어 낼 자신 또한 없었다. 다섯 살이라는 어린 나이부터 서울에서 살아온 나는 연구자로서도 '서울 사람'의 틀을 벗어날 수 없다는 것을 기꺼이 인정해야 한다고 생각했다.[12,13] 강원도의 것은 강원도 출신에게, 이것이

---

12) 이와 관련하여 '서울 출신의 중산층 고학력 연구자'인 윤택림(2004)은 충남 예산에서의 연구 경험에서 '외부인'으로서의 정체성이 당연히 라포르 형성에 어려움을 주지만 동시에 연구자로서의 위치를 유지하는 데 외부인의 이점을 충분히 이용할 수 있음을 상기시키고 있다(158~159쪽).

13) 한편, 그런 의미에서 유현옥 박사의 논문 지도는 특별한 경험이었다. 그는 내가 강원대에 임용되던 2005년에 박사과정에 입학했는데, 일찍이 《강원일보》와 《강원도민일보》의 문화부 기자를 거쳐 춘천시에서 문화재단을 운영하면서 지역의

나의 직장 생활의 모토랄까, 기준이다.[14]

그런 마당에 강원도 지역 연구라니. 내가 할 일이 아니라는 생각에 거절했지만, 그는 내가 꼭 필요하다고 계속해서 나를 설득했다. 강원도 지역의 구비문학 관련 주제인데, 지금까지의 연구가 대부분 국문학이나 민속학, 역사학 쪽에서 해 온 것들이라 사회과학이 접목될 필요가 있다고 했다. 더욱이 전통문화의 변용이 일어나는 지점에서 미디어가 매우 중요하기에 그 부분을 꼭 좀 맡아 주었으면 한다고 했다. 귀가 얇아 쉽게 설득되곤 하는 나는, 그리고 차마 거절을 잘 못하는 나로서는 결국 잘 해낼 자신이 없으면서도 자의 반 타의 반 연구팀에 들어갔고, 처음 만나는 영서문화연구회 멤버들과 어울리면서 정성 들여 제안서를 함께 썼다.[15] 그러면서 나는 그들이 어떤 환경에서 어떤 연구를 해 왔는지 어렴풋이나마 알게 되었는데, 대개 십수 년 이상 강사 생활을

문화/운동에 기여하고 있었다. 그는 수년 동안 노인들을 지역문화사적 관점에서 인터뷰하여 〈1960~70년대 춘천시 지역민의 일상문화에 관한 연구: 공적 공간과 미디어 경험을 중심으로〉라는 논문으로 2010년 박사학위를 받았다. 이 논문의 작성 과정을 지켜보면서 나는 '엿보기'로 어렴풋이나마 강원도에 대한 애정이랄까 관심을 비로소 가지게 되었던 것 같다.

14) 강원대에 간 뒤로 비슷한 조언을 여러 '비非강원대/도 출신' 선배 교수들에게 들었고, 나는 그것을 가슴에 단단히 새겨 두었다.

15) 연구팀은 모두 여덟 명인데, 이 가운데 나와 문화인류학과 교수, 고등학교 국어교사를 제외한 다섯 명이 시간강사로 일하고 있다. 나이는 50대 중후반 네 명, 40대 네 명이다. 처음에 나는 그 나이에 '별 희망 없이' 시간강사를 하고 있는 그들을 대하기가 괜스레 어색했고 (주제넘게) 그들의 처지가 안쓰럽게 여겨지기도 했다. 그들과의 '거리'를 좁히려 나는 프로포절 모임에 열심히 참석했고 평소보다 말도 많이 하려 '의식적으로' 노력했는데, 어쩌면 그 '거리'는 그들을 나와는 다른 '타자'로 바라보았던 나의 무의식이 만들어 냈던 것일지도 모르겠다.

하면서도 여전히 유지하고 있는 자료와 현장에 대한 그들의 열정과 성실함에 감동하고 스스로를 반성하면서 결코 작지 않은 깨우침을 얻게 되었다.[16] 그들과 함께 강원도의 시골을 다니며 지금까지 내가 해 온 것과는 다른 현장연구를 한다는 것에 즐거운 기대와 호기심이 생겨나기 시작했다.

2. 문제의 전개

연구는 기존의 설화, 민요, 신앙 등 구비문학의 맥락을 생계양식이나 미디어 수용으로 확대시켜 고찰해 보고자 하는 것이었다. 곧, 구비문화를 이용한 지역사회 연구인 셈인데 연구 대상 지역은 시·군 지역 가운데 최대 면적으로 경기도 가평, 양평, 강원도 춘천, 횡성, 평창, 강릉, 양양, 인제 등 무려 8개의 시·군과 인접해 있는 홍천군을 택했다. 이러한 자연·지리적 조건과 역사적 경험은 주민들의 다양한 삶과 지역사회 문화를 생성하였고, 구비문화에 있어서도 의미 있는 변별점을 만들어 내는 바탕이 되었기에 다양한 구비문화를 관찰할 수 있는 적절한 지역이라고 한다.

이 가운데 내가 맡은 것은 근대 미디어의 수용과 구비문화의 변용 부분인데, 홍천군이라는 지역의 생활공간에서 근대화가 확장되고 미디어가 대중화되면서 전통적인 구비문화가 어떻게 변용되었는지를 수용자 중심으로 추적하고 분석하며 논의함으로써 …… 근

---

16) 그들을 여러 번 만나면서 나는 그들이 어떻게 그런 조건에서도 오래도록 연구에 대한 열정과 성실함을 간직할 수 있는지가 궁금해졌는데, 결국 그것은 그들의 생애사뿐 아니라 전공 학문의 성격과도 관련이 있는 문제라는 생각을 하게 되었다.

대적인 삶의 경험과 그 구성요소 가운데 하나인 미디어의 수용이 구비문화라는 재현 장치를 거쳐 어떻게 드러나고 반영되었는지, 홍천 지역민들의 일상과 경험을 토대로 미디어와 수용자 사이의 복잡한 역학 관계를 살펴보고자 했다(연구계획서, 12~13쪽).

애초에 하려고 했던 것은 이러한데, 그게 얼마나 어려운 일이라는 걸 미련하게도 정작 현장조사를 다니면서야 뼈저리게 깨닫게 되었다. 2011년 9월, 드디어 연구가 시작되었고 연구팀은 홍천군을 산촌, 강촌, 평야 지역 등으로 분류하여 1년씩 리里 단위로 개별조사와 공동조사를 병행하기로 했다. 나에게도 할당 지역이 있었지만 개별 마을에 대한 정보는 물론 홍천군의 어디가 어디인지 감도 전혀 없었기에, 일단 공동조사 때 다른 연구자와 함께 다니면서 그들의 '노하우'를 배우기로 했다.[17] 더불어, 개별조사를 다니며 마을 사람들을 만날 때 미디어에 대한 경험을 꼭 물어보고 그와 관련된 풍부한 얘깃거리가 있거나 기억이 또렷한 분이 있으면 알려 달라고 연구자들에게 부탁도 해 놓았다.[18]

---

17) 다른 연구자들은 대부분 강원도 출신인 데다 군지郡誌 편찬, 전통장 조사, 설화 채록, 민요 채록, 민간신앙 조사 등의 경험이 많아 홍천 지역에도 어느 정도 익숙한 상태였다. 공동조사는 월 1회 1박 2일로 진행되었고, 이와 별도로 매월 1회의 세미나가 열렸다. 개별조사는 말 그대로 혼자 다니는 것이었는데, 내가 보기엔 '허구한 날' 조사하러 나가는 연구자들이 적지 않았다. 문화인류학과 교수는 매주 수요일을 조사의 날로 정해 놓고 특별한 일이 없는 한 '현장'으로 나갔고, 고교 교사는 주로 주말을 이용하여, 다른 연구자들은 강의가 없는 날을 대부분 현장에서 보내는 것으로 보였다.

18) 지방민의 생활문화사에 대한 자료를 수집하는 경우, 개인의 생활문화사를 정리하려면 주제와 내용에 따라 이에 맞는 적절한 인물을 우선 선정하는 일이 중요하다(염미경, 2006). 대상 인물의 선정 기준은 기본적으로 50~60년 이상 해당 지역에 거주한 토박이, 주제와 관련된 역사적 사건을 직접 겪은 사람, 객관적인 시

조사는 노인들이 대개 마을회관에 나와 지낸다는 농한기로 접어 들면서 본격적으로 진행되었는데, 대체로 이런 방식과 순서였다.

1. 조사 지역을 정한 후 면사무소를 방문한다. 면사무소에서 갖고 있는 자료들을 점검하고, 필요한 경우를 대비해 협조를 요청해 놓는다.

2. (산골짜기 몇 개를 넘어서) 마을에 들어간다.

3. 마을회관을 찾는다.

4. 마을회관에서 노인들을 만나 연구팀을 소개하고 연구 취지와 내용을 말씀드린다. 마을회관에 노인들이 없으면 이장 댁을 찾아간다.

5. 그 마을에서 누가 마을의 역사를 잘 아는지, 노래나 이야기를 잘하는지, 서낭당을 누가 관리하는지 등등을 물어보면 대개 한두 명의 이름이 나오게 마련이다. 마을회관에서 만날 수 있으면 다행이고, 아니면 물어물어 집을 찾아간다.[19]

6. 이렇게 만난 노인은 당일 인터뷰가 가능한 경우도 있지만, 어렵다면 따로 약속을 잡아 다시 방문한다(그러나 약속 일시를

각을 지닐 수 있는 사람, 그리고 생활사의 정리를 위해서는 생업과 직결된 생산자나 여성을 선정하는 것이 좋다(250쪽). 간단하고 당연해 보이는 이 몇 줄이 현장에서는 몇 날 며칠이 걸리는 아니 그 이상이 걸릴 수 있는 대단히 어려운 일이라는 것을 나는 미처 몰랐다.

19) 농산촌 지역에서 '집'을 찾기란 쉬운 일이 아니다. 더욱이 강원도처럼 인구밀도가 낮은 곳은 그 어려움이 더욱 크다. 거리도 거리려니와, 골짜기 몇 개를 넘는 것은 예삿일이다. 또, 주소를 알려 주는 경우는 거의 없고 다리나 큰 나무를 중심으로 설명을 해 주는데, 단번에 찾아간 경우가 별로 없었다. 더구나 홍천군은 눈도 유난히 자주 왔고 추위도 대단해서 겨울에 조사 한 번 나가는 것이 보통 일이 아니었다.

잘 기억하지 못하거나 농사일 등으로 지키지 못하는 경우도 흔하다. 그러면, 당연히 다시 약속을 잡아야 한다).

7. 한 마을을 여러 번 방문해야 하고, 동일인에 대한 인터뷰도 여러 차례에 걸쳐 시행한다(매번 먼 거리를 이동해야 하며 적지 않은 시간이 소요된다).

공동조사의 경우, 여덟 명의 연구팀과 학생들이 '우르르' 마을회관 또는 집에 몰려가서 인터뷰를 하는 것은 사전조사의 역할에 국한될 수밖에 없다. 각자의 연구 주제와 관심이 다르기 때문에 한 노인을 앞에 두고 온갖 질문이 다 쏟아져 나오게 마련이다. 전체 공동조사 밖에 둘 또는 셋이서도 다녀 봤는데, 역시 다양한 질문으로 말미암아 면담 시간이 길어지고 제보자도 힘들어하면서 조사의 효율성이 떨어졌다.[20] 내용 역시 이 얘기 저 얘기 다 나오다 보니 절로 부실해졌다. 혼자 다니기 역부족이라 하는 수 없었지만, 이런 방식으로는 내가 원하는 것을 얻을 수 없다는 걸 절감하게 되었다.

연구팀의 조사 방식을 보고 내가 가장 문제적이라고 느낀 것은, 구술 대상자의 사회경제적 요인에 관심이 전혀 없다는 것이었다. 내가 보기에는, 그들의 조사 내용은 정작 맥락과 상관없는 구비

20) '효율적'이라는 단어는 아마도 나의 문제를 그대로 반영한 '조바심'의 다른 표현일 것이다. 다른 연구자들은 전혀 효율을 생각하지 않는 듯했다(다시 말해 매우 느긋했다). 갔던 마을을 또 가고, 만났던 사람을 다시 만났다. 그들은 하염없이 기다릴 줄도 알았고, 중간에 밥을 먹자 하면 같이 상을 차려서 먹기도 했다. 나는 그런 시간들이 아깝게 느껴졌고, 초면에 실례라는 이유를 내세워 '낯선 이들'과 그들의 공간에서 함께 밥을 먹는 것을 꺼렸다. 나중에 보니 이는 연구자의 태도로는 자격 미달에 해당되는 것이었다.

문학 채록 이상으로 한 발짝도 더 나아가지 못하는 것이었으며 그러한 데에는 그들의 학문적 태도나 세계관이 사회나 역사를 중시하지 않고 있기 때문이라는 생각이 들었다. 대개 국문학과 출신인 그들은 한국 사회가 겪었던 역사적 경험이 구비문학에 어떻게 반영되고 배태되어 있는지에 대해 거의 주목하지 않았다. 어떤 노인이 그 마을에 전해 내려오는 이야기(설화)를 많이 알고 있다고 하면, 그 이야기를 해 달라고 해서 채록하는 것이 조사의 전부였다.

나는 애초에 하려 했던 '구비문학과 사회문화적 소통'을 위해서는 사회과학적 항목이 조사되는 것이 당연하다는 것을 상기시키고, 기본적인 인구학적 요인 말고도 출생지, 성장지, 홍천 이주 시기, 결혼 시기, 군대 경험, 학력, 직업, 소득 수준, 취미/특기 등 다양한 사회경제적 요인을 조사할 것을 제안했지만 제대로 실행되지 않았다.[21] 그 밖에도, 그 이야기를 언제 누구에게 들었는지, 왜 그 이야기가 지금까지 기억이 나는지, 그 이야기가 무엇을 의미한다고 생각하는지, 그 이야기를 자녀나 손자녀에게 해 주었는지, 왜 해 주었는지 등등의 이야기 소비 방식이나 맥락 역시 거의 무시되고 있었다.[22]

용어 역시 연구팀과 나는 차이가 있었다.[23] 연구팀은 '현장조사'

---

21) 조사를 다녀 오면 간략한 보고서와 함께 녹취록을 공유한다. 녹취록 내용으로 판단하건대, 이러한 질문들이 체계적으로 제시된 적은 한 번도 없었다.

22) '거의'라고 한 것은, 구술 과정에서 간혹 질문되는 경우가 있긴 했지만 그뿐이었기 때문이다. 그러한 요소들은 어떤 방식으로든 '해석'의 자원으로 사용되지 않고 있었다.

23) 용어는 어쩌면 별 문제가 아니라고 볼 수도 있겠지만, 나는 연구에 임하는 이의 세계관을 그대로 보여 주고 있다고 본다.

를 주로 '답사'라고 불렀고, 언론학에서 인터뷰이(interviewee), 면접 대상자 등으로 일컫는 조사 대상자들을 '제보자'라고 불렀다. 나는 '제보자'라는 용어가 이상하게 마음에 들지 않았는데, 아마도 '제보자' 하면 범죄사건이 가장 먼저 떠올라서인지 모르겠다.[24] 국문학이나 민속학에서는 그들이 원하는 '정보'에만 초점을 맞추기 때문에 어찌 보면 당연하고도 자연스러운 '명명'이라 할 수 있겠지만, 어쨌든 나는 연구를 위해 만나는 사람을 단순한 정보 제공자로 한정하는 그 '도구적' 시각과 용어가 싫었고, 그렇게 환경이나 맥락을 무시하는 것 같은 접근 방식[25]에도 상당한 회의가 생겨났다.

반대로, 문화인류학자의 접근은 지루하기 짝이 없다고 할 만큼 '온갖' 이야기를 다 듣는 것이었다. 내가 보기에 그의 질문은 체계적이지도 않았고 순서도 없었다. 그저 제보자가 하고 싶은 이야기를 하도록 놔두고는 최소한의 개입만을 하고 있었는데, 그의 연구

---

24) 마동훈(2004)은 구술 및 현지 직접 방문조사의 대상자들을 전통적인 사회조사 연구의 '응답자(interviewee)'와 구별하여 '제보자(informant)'라는 명칭을 사용했다. 그 이유는 "연구의 대상자들의 사회학적 관심과 연구방법에 의하여 선택, 조사되었다기보다는, 문화인류학적, 미시사적, 생활사적 관심 주제의 확인과 재구성을 위한 현지 제보자의 성격을 더 크게 띠고 있다고 판단하였기 때문"이라고 한다(각주 5, 66쪽).
25) 인문학적 연구 역시 워낙 다양한 접근이 있어 한마디로 단정할 수는 없지만, 대체로 '사람에 관한 학문'으로서의 인문학은 사회적 요인을 동원하여 엄밀한 설명이나 해석을 제공하려는 시도 대신 인간의 내면에 집중하면서 좀 더 유연하고 자유로운 방식으로 현상과 주체를 바라본다고 할 수 있다. 여기서는 그런 의미로 한정하여 '인문학적' 접근방식이라는 표현을 사용하기로 한다. 그런 의미에서 마르크스주의적 역사학, 아날학파의 역사학, 신문화사 등 사회와 경제, 문화에 초점을 맞추는 사회과학적 역사학이라고 할 수 있다.

주제를 알고 있는 나로서는 대단히 비효율적으로 보였다. 했던 이야기를 또 해도 제지하지 않고, '쓸데없는' 이야기를 한도 끝도 없이 듣고 있는 그가 답답하기도 하고 시간이 아깝기도 했다.[26]

　그러나, 그들의 공통점은 바로 현장에 임하는 태도, 제보자를 대하는 자세였다. 그들은 한결같이 아주 낮은 자세로 친근하게 다가가서 제보자의 이야기— 세상에 대한 한탄이나 젊은 시절의 무용담 등등— 를 모두 즐겁게 들어 주려는 인내와 열정이 있었다. 고백하건대, 본디 성격이 곰살궂지 않아서 그런지 노인들의 이야기에 미소를 띠며 계속 추임새를 넣는 것이 나는 매우 힘겨웠고, 또 내가 궁금해하지 않는 이야기로 접어들면 오래지 않아 한숨이 나오면서 딴생각을 하기 일쑤였다. 방바닥이나 마룻바닥에서는 한 시간 정도만 지나면 허리가 아파 오고 몸이 배배 꼬이기 시작했다.

3. 문제의 발달

　막연한 수준이었지만, 나는 홍천군에서 노인 여성을 연구하고 싶었다. 여러 가지 차원에서 시골의 노인 여성은 소수자요 약자가 아닌가.[27] 삶의 지리적 조건에서도, 경제적 수준에서도, 학력에서도, 연령에서도, 그리고 무엇보다 강력한 가부장적 사회문화

---

26) 구술자로 하여금 최대한 자연스러운 이야기 상황을 만들어 줌으로써 그가 무엇을 먼저 떠올리는지, 무엇을 강조하고 싶어 하는지, 무엇을 무엇과 연결 지어 말하는지 등을 관찰할 수 있으며, 해석자로서의 연구자는 그에 대한 매우 세심한 주의를 기울이는 것이 필요하다.

27) 이는 농촌 여성 경험의 문화기술지적 역사로써 한국 근현대사에 있어서 하나의 성별사(gender history)를 쓰고자 하는 윤택림(2001, 209쪽)의 입장과 같은 것이다.

를 온몸으로 겪어 온 한국 여성으로서[28] 그들은 거의 모든 차원에서 한결같이 '없는 자', '약한 자'로 살아왔고, 아마도 그러한 조건은 그들의 삶이 다할 때까지 변하지 않을 것이다. 내 어린 시절 할머니에 대한 회상과 감정이 겹쳐져,[29] 그런 '다중적 약자'로서 산촌 노인 여성과 미디어 경험을 엮어서 뭔가 의미 있는 연구를 해야겠다는 생각을 하고 있었다.

1) 허금연 할머니의 경우

그렇게 1박 2일의 공동조사를 몇 번 다니던 가운데, 다행히 한 연구자가 민요뿐 아니라 가요를 무척이나 즐기는 할머니[30]를 소개

---

28) 여성의 역사에 대해서는 더욱이 구술사가 유용하다. 전통적인 역사는 남성의 역사로서, "전통적인 기록들이 여성의 삶을 의도적으로 배제하였을 뿐 아니라 여성의 삶을 비가시화하여 여성의 역사를 은폐"하였기 때문이다. "이에 반해 여성 구술사는 여성의 목소리를 역사의 중심에 위치시키고 인터뷰 여성들의 구체적인 역할과 경험을 분석하여 역사를 재구성한다(이성숙, 2006, 5쪽)." 그런 의미에서 구술사란 비주류를 위한 역사 쓰기 방법이라 할 만하며, 그렇기에 역사의 민주성을 지향하고 담지하는 방법론이라 할 수 있다.
29) 교사였던 어머니를 대신해 할머니는 세 살 무렵의 나를 일 년 정도 맡아 키워 주셨고, 당시 형성된 할머니와의 친밀감, 애착은 지금까지도 각별한 것으로 남아 있다. 해석에서 감정이입은 엄격해야 하는 일이지만, 연구 대상에 대한 감정이입은 어떻게 볼 수 있을까? 이런 식의 감정이입은 과연 연구자에게 바람직한 것인가? 이에 대한 대화에서 한 문화인류학자는, 감정의 소비는 연구자로서 매우 힘든 일이지만 연구자와 구술자가 상호 감정이입이 되어야 제대로 된 구술이 나온다고 하면서 감정이입을 '조절'하거나 '통제'할 수는 없다는 점을 분명히 할 필요가 있다고 했다.
30) 증언자 중심주의를 주장하는 양현아(2001)는 '할머니'라는 호칭에 대해 구술자의 개별 주체성을 부차적인 것으로 만든다는 점에서 거부한다.

해 주겠다고 했다.[31] 민요를 전공하는 그 연구자는 이전부터 '소리 잘하는' 허금연 할머니(83세, 홍천군 내촌면 물걸리)를 몇 차례 만나 채록을 했다고 했다. 허 할머니의 애창곡은 〈목포의 눈물〉, 〈나그네 설움〉, 〈흑산도 아가씨〉 등 이른바 옛날 가요부터 비교적 최신곡이라 할 수 있는 〈꽃을 든 남자〉에 이르기까지 마흔 곡이 넘었으며, 더욱 놀라운 것은 가사를 (거의) 모두 정확하게 외우고 있다는 점이었다. 할머니는 또박또박 예쁜 글씨로 자신이 즐겨 부르는 노래의 가사들을 달력 앞 뒷장에 모두 써 주기도 했다는 것이다.

그가 보여 준 달력 앞 뒷장, 커다란 양면에 빼곡한 가사 필사를 보면서 나는 적잖이 설렜다. '좋은' 연구 대상을 만나는 것이 연구의 성과를 좌지우지하는 법이 아닌가. 뭔가 될 것 같은 예감이 들었다. 어떻게 하면 이분을 연구 대상으로 삼아 괜찮은 논문을 쓸 수 있을지 즐거운 고민을 했고, 어렵지 않게 할머니가 즐겨 부른다는 가요와 일상에 초점을 맞추어 전통문화와 미디어의 관계를 문화사적으로 접근해 보면 어떨까 하는 생각에 이르렀다. 그 이유는 첫째, 바로 노래가 부르는 이의 정서를 반영함으로써 그 정체성을 나타내기 때문이며(장유정, 2005, 134쪽), 둘째, 가요의 보급과 인기에 미디어가 핵심적인 역할을 수행하기 때문이다. 따라서 가요는 개인의 삶과 미디어를 연결시키는 적절한 고리가 될

---

31) '초보' 연구자로서 나는 감히 개별조사를 다닐 엄두를 못 내고 있었지만 다른 연구자들은 모두 개별조사를 열심히 다니면서 많은 제보자들을 발굴하고 있었다. 폭설이든 염천이든 개의치 않고, 이들은 홍천의 마을을 돌며 조사 다니는 것을 게 을리하지 않았다. 내가 보기에 이들에게 현장조사는 '일상' 그 자체였다.

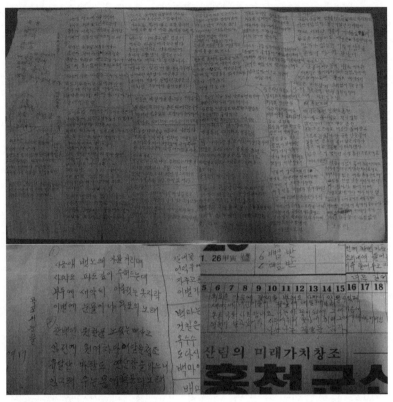

허금연 할머니의 애창곡 필사

수 있다고 보았다.[32]

　더욱이 이분의 인생은 여러 차례 굴곡이 있었다. 열일곱에 학교 선생이었던 남편과 결혼했으나 곧바로 한국전쟁이 일어나는 바람에 친정으로 가 피난했으며, 인민군이 마을에 들어왔을 때 일을 했던 남편을 친척이 국군에 밀고하여 끌려갔고, 남편이 고개

---

32) 이 시점부터 나는 가요와 관련된 각종 책과 연구를 검색하고 사들이고 읽기 시작했다.

를 넘다 총에 맞아 죽었다는 소문을 듣게 된다. 그 뒤로 3년을 기다렸지만, 친정 부모의 권유로 마침내 재취로 재혼했다. 전처의 아들과 자신의 아이들을 함께 키우고, 고된 농사일을 하면서 재혼한 시아버지 병 수발에, 시동생과 시누이 결혼시키고, 더불어 친정아버지의 아들 낳기 위한 작은어머니 들이기와 거기에서 비롯되는 복잡한 가족 관계와 각종 갈등 등,[33] 그 연배의 한국 여성이라면 누구나 겪었을 법한 경험들이 이분의 인생 곳곳에 고스란히 드러나고 있었다. 그러한 간단치 않은 삶을 살아오면서 이 많은 노래들이 적지 않은 위로가 되었을 것이라는 짐작을 하면서, 그래서 그렇게도 또렷이 가사를 외우고 있을 거라는 가정을 하게 되었다.

그렇다면, 개인에 초점을 맞추어 사회와 역사를 이해하고 해석하는 데에 제격인 생애사 연구가 적절한 접근 방법이 되겠다고 판단했다. 개인적 경험을 역사적, 사회적 맥락 속에 위치시킴으로써 그 의미를 해석하는 생애사는 산간 지역의 한 노인 여성이 걸어 온 인생의 국면과 과정을 미디어 경험과 교직함으로써 그 관련성을 드러내는 데 매우 적절한 연구방법이 될 수 있기 때문이다. 지방,[34] 그것도 강원도 산골짜기에서 평생을 살아온 노인

---

33) 당시 시골 마을에서 이렇게 재혼이 많다는 것 자체가 내게는 매우 놀라운 일이었다. '작은'어머니는 허금연 할머니보다 불과 세 살 위였는데, 아들 낳은 뒤의 갈등은 예상보다 심각했다고 했다. 그러한 복잡한 가족 관계는 한국 노인 여성의 생애를 관통하는 핵심 기제로서, 여성학적 접근과 해석이 반드시 필요한 부분이라 할 것이다.

34) 역사적 경험의 의미화는 지방민의 실제적인 일상생활의 변화 속에서 찾아야 할 것이며, 또한 지방의 특수한 삶이 어떻게 국가 전체적인 구조와 맞물려 있는가를 드러낼 때 지방과 국가 전체사를 연결 짓는 지방사 연구의 의의를 가질

여성의 삶이 한국 사회에서 가지는 상징성은 무엇일까?[35] 그것은 연구를 수행하면서 더욱 명징하게 드러날 것이지만, 그것이 무엇이든 나는 그들의 삶과 경험이 보다 풍부하고 생생하게 기록되어야 한다는 것, 더욱이 지금까지 드러나지 않은 이면의 모습을 더욱 다양한 방식으로 수집함으로써 역사를 두껍게 재구성할 필요가 있다는 것 등등의 이유로 이 연구가 충분히 의미가 있을 것으로 생각했다.[36]

허금연 할머니의 경우 다른 기록물을 구할 수 없었기 때문에 전적으로 구술면접으로써 접근하고자 하였다.[37] 할머니를 만나러 가기 전, 조사(하고자 했던) 내용을 다음과 같이 정리해 보았다.

가. 가정 및 개인적 차원의 경험: 유소년기 경험, 가정 형편, 친정 부모 및 형제 관계, 교육, 결혼, 출산, 남편, 시집살이, 사별,

수 있다는 윤택림(2001, 232쪽)의 입장은 매우 타당하다. 염미경(2006)은 톰슨(Thompson, 1978/1988)의 연구를 근거로 구술사 기록을 갖지 못한 민중의 역사와 지방사 쓰기가 필요하다는 문제의식이 형성되면서 부각되었음을 상기하며 (241쪽), 지방사에 적합한 단위로 지방의 생활과 문화를 제시한다. 그에 따르면, 한국 학계에서 지방사회 혹은 지방사 연구는 1960년대에 출발해 1980년대에 급증했다고 한다. 1980년대 들어와 시, 군의 지방정부나 지방의 문화원 등을 중심으로 지방사 연구가 수행되었고 지방의 향토사가와 전문 연구자들을 중심으로 한 연구 활동이 활발하게 전개되었기 때문이다(238쪽, 각주 1).
35) 충남 서산 대동리에서 12명의 여성 구술생애사를 연구한 윤택림(2001)은 한국 근현대사에서 농촌 여성의 주체가 농업 생산과 가사 노동에서 '일꾼'으로서의 주체를 드러낸다고 해석한다(225쪽).
36) 이는 역사와 사회를 아래 혹은 낮은 곳, 곧 일반인의 일상으로부터 해석해 내는 신문화사적 관점(new cultural history)과 일치한다.
37) 생애사 연구는 문서 기록을 사용하기도 하지만 심층면접을 통해 구술로써 구술자의 삶을 재구성하는 것도 가능하다(윤택림, 2004, 95~96쪽).

재혼, 친구 관계, 경조사, 여행, 종교, 취미 등

나. 경제적 차원의 경험: 경제적 수준, 노동 경험, 경제활동(돈벌이) 경험 등

다. 역사적, 사회적 차원의 경험: 일제강점기, 해방, 6·25, 1·21 사태, 4·19, 5·16, 시월 유신, 올림픽 등

라. 미디어 경험: 라디오와 텔레비전, 최초 경험, 최초 구입, 구입 뒤의 변화, 보유 현황, 가정 내 위치 등(영화, 컴퓨터, 전화 등에 대해서도)

마. 가요 경험: 민요/동요/가요 경험과 변화, 좋아하는 노래, 배운 시기, 배운 경로, 부르는 때와 장소, 시기별 기억나는 노래들, 개인적 삶과 연결 고리 등

그러나, 막상 만나 보니 할머니의 기억력이 문제였다.[38] 그렇게 많은 노래 가사들을 (거의) 정확히 외우고 있던 것과는 달리 일상의 기억은 흐리고 부정확했다. 연도와 숫자가 안 맞는 건 물론이고 대부분의 사건과 경험들이 구체적으로 회고되기에는 너무나 희미했다. 어린 시절부터 풀어내기 시작한 이야기들은 세 시간 가까이 막힘없이 이어졌으나, 미디어 관련 경험에 대해서는 더욱이 기억이 불분명하며 (놀랍게도) 역사적, 사회적 기억은 거의 없는 편이었다. 8·15 해방조차 할머니에게는 별다른 의미가 없었다.

– 해방될 때는, 해방 소식은 어떻게 들으셨어요?

---

38) 젊은 시절의 고운 흔적은 깊게 패인 주름과 검게 그을린 얼굴 속에 아주 조금 남아 있을 뿐이었지만, 허금연 할머니는 말씀에 재치가 있었고 낯선 사람을 대하는 예의도 있었다.

허금연: 해방 소식은 친구가 와 가지고서, 일본말로. 해방됐다고,
그래서 우리 어른들은 모르시지 뭐. 그러고 난 그거 뭐…….

– 언제요, 해방 당일에요?

허금연: 며칠 지났지. 언젠지도 날짜는 모르고. 벌써 몇 년이에요,
한 60년 흐르니까 다 잊어버리지 뭐.

8·15 해방의 기억이 희미하다는 것은 어려서일 수도 있지만 할
머니의 삶과는 아무 상관이 없는 일이었다는 해석도 가능하며,[39]
또한 이후 한국 사회에서 해방이 갖는 역사적 의미와 영향력을
학습할 기회가 없었기 때문일 수도 있다. 겨우 희미하게 기억하
고 있는 것은 박정희 대통령 서거나 육영수 여사 서거 정도였고,
그나마 육영수 여사의 경우가 좀 더 강렬한 편이었는데, 그 이유
는 그저 "너무 불쌍해서"라고 했다. 더구나 할머니는 당시 텔레비
전이 없어서 소문으로 들었을 뿐이며, 라디오에서 들었는지 여부
도 기억하지 못했다. "그런 건 남자들이 잘 알지."[40]

---

39) 이는 윤택림(2001)의 연구에서도 그대로 드러난다. "일제시대나 해방은 자신
의 가족 생활에 별 변화를 가져다준 사건들이 아니었다(229쪽)." 이들에게 "한국
근현대사의 주요한 사건들의 의미란 그들의 가족들의 삶에 있어서 가족의 해체나
생존의 위기와 관계하지 않는 한 큰 의미가 되지 못하고 있다(232쪽)."

40) 물론 역사적, 사회적 기억이 거의 없다는 것, 국가적, 정치적 사건이 특별한
의미를 갖지 못한다는 것, 감성적 형태의 기억을 하고 있다는 것 자체가 하나의 중
요한 '사건'이며 한국 산촌의 노인 여성은 공적인 사안에 관심을 가질 만한 시민
적 주체가 되지 못하고 일관적으로 배제되었다는 해석적 계기를 제공할 수 있다.
이에 대해서는 "구술사가 가진 기억의 정치성과 경험의 구성성, 즉 특정 사건이나
역사적 사실에 대한 현재의 평가가 구술자의 서술에 큰 영향을 미친다는 결과 효
과(outcome effect)"를 주의해야 한다. "이는 인간이 과거의 모든 것을 기억하는
것이 아니기 때문에 어떤 기억은 억압되고 어떤 기억은 특정한 형태로 기억하도

노래를 잘하는 할머니는 면 단위 노래자랑에서 여러 차례 상을 타기도 했다. 십수 년 전 "그냥 동네 사람들이 나가라고 해서 나갔던 노래자랑"에서 부상으로 받은 커다란 텔레비전은 아직도 안방에 놓여 있었지만, 텔레비전과 관련된 다른 이야기는 몇 번의 질문에도 거의 나오지 않았다.

　－ 텔레비전 언제 처음 사셨어요?
　허금연: 한 30년 됐나…….
　－ 어디 거였어요? 삼성 거나…….
　허금연: 몰라, 그런 거.
　－ 얼마쯤 주고 사셨어요?
　허금연: 모르겠어요.

텔레비전뿐 아니라 라디오나 신문 등 미디어 관련 경험 자체가 풍부하지 못한 것도 당혹스러웠다. 할머니는 자신의 삶에서 라디오나 영화, 텔레비전을 잘 인식하지 못하고 있었으며, 따라서 남아 있는 기억도 거의 없었다. 여러 차례 에둘러 질문을 던져 보아도 기억에 남는 경험이 별로 없다는 것, 뭔가를 '엮어 낼' 소재의 결핍을 극복하기는 쉽지 않아 보였다. 이를 보완하고자 지속적인 인터뷰 및 제보자 가족 인터뷰가 진행되어야 했다. 그러나 구술자 본인이 기억하

록 강요되며 어떤 기억은 허용되기 때문이다. 따라서 누가 어떤 것을 기억 또는 망각할 것인가를 누가 왜 원하고 있기에 무엇이 기억 또는 망각되느냐 아니냐 하는 것으로 귀착되는 기억의 정치, 종종 계급, 성, 지역갈등 및 권력투쟁 등과 맞물려 전개되는 기억투쟁의 차원에 관심을 가질 필요가 있다"는 것이다(염미경, 2006, 257쪽).

지 못하는 부분을 가족의 기억으로 보완하거나 검증할 수는 있어도 대체할 수는 없지 않은가? 그것이 가능하다 하더라도 본질적으로 구술자 본인의 기억과는 다르지 않은가? 구술생애사 연구가 경험의 기억을 중심으로 하는 것이라면, 경험의 주체와 기억의 주체, 서술의 주체는 분리될 수 없다는 것이 내 생각이다.

노래와 인생의 연결 지점 역시 찾기가 난감했다. 어릴 때 〈도라지타령〉을 잘 부른다는 아버지의 칭찬을 들었던 허금연 할머니,[41] 그는 그렇게 노래를 잘하기 때문에 좋아했을 뿐 특별한 의미를 전혀 두지 않고 있었다. 좋아했던 노래와의 연관성도 찾기 어려웠다. 어릴 적 〈울 밑에 선 봉선화〉를 어릴 적 좋아했다고 했지만, 그 이유는 너무나 단순했다.

- 봉선화 노래는 왜 좋아하셨어요?

허금연: 노래라는 게 없으니까, 뭐…… 좋아하기보단 노래라는 게 없으니까. 그저 그거밖에 아는 게 없으니까는.

그렇다고 노래를 자주 부른 것도 아니었다. 남편이나 아들이 가끔 카세트테이프를 사 오면 카세트에 계속 틀어 놓고 듣는다거나, 밭에 품일을 하러 나가면 주인이 크게 켜 놓은 라디오를 듣고 당시 유행하는 노래를 배웠다고 했다. 이야기를 듣는 동안 나는 허금연 할머니에게서 점차 흥미를 잃어 가고 있었다.

할머니를 보면서 나는 대안으로 유형화를 생각했다. 유형화는 구술생애사 연구의 해석 과정에서 중요한 방식으로 사용되는데,

---

41) 그런 구술 내용을 가지고서 과연 노래가 할머니의 유년기 정체성을 형성하는 데 영향을 주었다고 해석을 할 수 있을지 하는 것도 의문이다.

비슷한 연배의 노인 여성 여러 명을 인터뷰하고 그들의 생애사를 공통적인 범주로 구성, 분류할 수 있는 의미나 정서를 찾아내는 것이다. 생애사 전반을 대상으로 하기도 하지만 특정 사건이나 경험을 대상으로 하기도 한다.[42] 이 경우, 노래를 좋아하는 가까운 곳에 사는 할머니들을 대상으로 확대하면 된다. 할머니께 여쭈어 보니 같은 동네 할머니 두어 분이 같이 모여 놀곤 했는데,[43] 이제는 다들 아파서 아들 집에 가 있거나 해서 거의 못 본다고 했다. 힘이 빠져 버린 나는 다른 마을을 다니면서 노래를 좋아하는 할머니들을 찾아 나설 의욕도 없었고, 만난다 한들 경험이나 기억이 뭐 그리 다를까 싶은 의구심이 강하게 들면서 연구 주제에 대한 회의에 빠져들었다.

마흔 살 미혼의 막내아들 밥을 차려 줘야 한다는 할머니는 내게도 함께 먹기를 권했다. 밥을 함께 먹어야 할 것인가 말 것인가. 이것도 내게는 쉽지 않은 문제였다. 함께 먹는다면 내가 부엌으로 들어가야 하나 말아야 하나. 도대체 무엇이 연구자로서 잘 하는 것이고 예의를 차리는 것인지 판단하기가 쉽지 않았다. 무너질 듯 겨우 버티고 있는 작은 집, 옹색한 살림이 눈에 들어왔다. 고민 끝에 나는 시간이 바쁘다는 핑계를 대고 그냥 일어서서 나왔는데, 그 집 마당을 벗어나면서 다시 돌아본 할머니 모습이 마음 아프게 다가온 것과 동시에 내심 후련한 느낌이 들었던 것도 같다.

이렇게 허금연 할머니에게 '실망'한 나는 한참을 고심한 끝에 여

---

42) 이러한 연구는 수년이 소요되는 정통적인 방식의 연구를 수행하기 어려운 현실적 조건에서 흔히 시도되는 '타협적' 연구 방식이라고 할 수 있다.

43) 이들이 주로 하는 놀이는 화투였다. 마을회관에서도 온통 화투를 하는 노인들이 '지배적'이다.

성 노인의 구술생애사 연구를 '집어치우고' 다른 연구 주제를 찾아 나서기로 했다.[44] 그러나, 현장으로 나설 의욕을 잃은 채 사실상 손을 놓고 한 학기를 보내게 되었다.

2) 안성희 할아버지의 경우

폭염이 시작되던 2012년 7월 말, 마음이 다급해진 나는 이 분야 '전문가'라고 할 수 있는 유현옥 박사에게 도움을 청했다. 며칠 안 되어 그의 '강원도 네트워크'를 이용해 홍천군의 한 감리교회 목사에게서 안성희 할아버지(77세, 홍천군 화촌면 굴운리)를 소개받았고, 가끔씩 불어오는 바람에 소똥 냄새가 진하게 풍기는 교회 마당 정자에서 옥수수를 먹으며 인터뷰를 진행했다.

출생과 성장, 가족 관계, 교육 정도, 농사 관련 이야기 등 어릴 때부터 지금까지의 생애사를 대략 듣고 난 뒤, '본론'으로 들어가 미디어 관련 경험을 물었다.[45] 다행히 이 할아버지는 상대적으로 일

---

44) 물론 가요를 좋아하는 또 다른 할머니를 만날 수 있었으면 하는 기대는 버리지 않았다. 그러나 그것은 거의 포기해야 하는 것으로 보인다. 일 년이 넘었지만, 아직까지 그런 '제보자'를 만났다는 얘기를 연구팀 그 누구에게서도 듣지 못했기 때문이다. 무작정 마을회관에 가서 "혹시 노래 좋아하는 분 계세요?" 하고 물어볼 수도 있겠지만, 봄부터 가을까지 농촌의 마을회관은 텅 빈다고 해서 아예 나갈 생각을 하지 않았다. 그러나, 어쩌면 그보다는 현장에 나가기가 내키지 않아서였다는 것이 솔직한 속내가 아닐까 한다.

45) 사실 이런 식의 '구술'은 대단히 잘못된 것이다. 생애사는 몇몇 '인구사회학적 변인들'을 중심으로 간단히 묻거나 대답할 수 없는 것임에도 '사회과학에 길들여진' 나는 그런 오류를 쉽게 저지르고 말았다. 윤택림(2004)은 인생의 한 단계와 그 다음 단계, 개인적 경험과 사회적 제도, 개인적 선택 행동과 사회변동을 효과적으로 연결해야 균형 잡힌 구술생애사 연구가 가능하다고 한다(97쪽).

찍 라디오와 텔레비전 등을 구입한 '얼리어답터(early adopter)'여서 잘될 것 같다는 기대가 살짝 들기도 했지만, 그 구입의 이유가 '또다시' 대단히 실망스러웠다. 몇 번을 여쭈어도 '그냥' 샀다고 했다. 캐내듯 물어 겨우 한마디 나온 것이 "에이그, 새로 나왔다니까 그냥 샀지. 내가 재봉틀도 그렇고, 뭐든지 빨리 사거든."

나는 그 말씀을 듣는 순간 이분이 약간의 재산을 일구는 과정에서 하나의 과시적 소비 양태로 그런 신품들을 '이유 없이' 구매한 것은 아닐까 생각했다. 작은 마을에서는 소문도 빠른 법이니까. 그러나 그런 해석을 하려면 좀 더 구체적인 이유나 맥락이 필요했는데, 특정한 대답을 유도하는 '의도적'인 질문을 던지는 것이 스스로도 매우 부자연스럽다고 느껴져 구매 이유에 대한 질문은 그쯤에서 그만두었다.

질문은 기억나는 프로그램에 대한 것으로 넘어갔다. 그런데 아무 프로그램도 별달리 기억나지 않는다고 했다. 캐물으면 안 된다고 '알고는' 있었지만, 이쯤 되면 가만히 있을 수가 없게 된다.[46] 어떻게 성사된 인터뷰인데…….

이것을 가지고 어떻게 풀어 나갈 것인지, 도무지 감이 잡히지 않았다. 그리고, 이분 역시 미디어 경험은 물론이고 과거의 생애 경험을 구체적으로 기억하지 못했다. '남자'임에도 심지어 6·25나 군대 관련 경험 역시 매우 단편적이고 희미하게 기억하고 있었다. 더욱이 말도 별로 없는 편이어서, 이야기가 자꾸만 끊어지기

---

46) 이미 이런 식의 인터뷰는 구술사 연구의 본령에서 멀어진 것이라 할 수 있다. '묻기'보다 '듣기'에 집중하는 것이 보다 본질적인 구술사 연구이다(이용기, 2009, 301쪽).

일쑤였다.[47] 나는 허금연 할머니보다 더 난감한 이분에게서 별다른 '희망'을 발견하지 못하고 막연히 다음을 기약하고 일어섰다. 점심때라 식사를 함께하시자고 했지만, 할아버지 역시 내게 별다른 '흥미'를 느끼지 못하신 듯 불편한 몸을 이끌고 오토바이에 올라 시동을 걸었다.[48]

3) 허영구 씨의 경우

목사 일행[49]과 같이 점심식사를 하고자 갔던 동네 식당 주인도

---

47) 구술사 연구에서 가장 중요한 부분은 구술자의 선정이며 서사 분석을 위해서는 이야기꾼(storyteller)을 찾을 필요가 있다(윤택림·함한희, 2006, 99쪽). 그러나 막상 현장에서 이런 구술자를 찾는다는 것은 결코 쉽지 않은 일이다.

48) 나는 연구자로서 기본 가운데 기본이라 할 수 있는 구술자와의 라포르 형성에 별 정성을 기울이지 않았던 것이다(본디 나는 상당히 뻣뻣한 편이다). 라포르가 생기는 과정이나 이유는 대단히 다양하면서도 모호한데, "단순히 첫인상으로 시작하기도 하고, 부단한 의사소통 및 설득을 통해서 만들어지기도 하고, 상호 호혜성을 바탕으로 하는 '서로에게 서비스를 교환하는 방식'이 되기도 하고, 단순히 느낌 때문에 형성되기도 한다"(윤택림, 2004, 140쪽). 그분 입장에서는 푹푹 찌는 혹서의 날씨에도 목사님 부탁으로 마지못해 나왔는데, 처음 보는 교수라는 '젊은' 여자가 아무 보상도 하지 않으면서 뜬금없이 별 시시콜콜한 이야기를 계속 하라고 하는, 그러니까 그다지 유쾌하지 않은 경험이었을 수 있겠다는 생각이 들었다.

49) 나는 그 날 목사를 찾아온 홍천 어느 병원의 약국 실장과 그를 따라온 약품 납품업자에게까지 밥을 사 주게 되었는데, 내게는 참으로 이해하기 어려운 돌발적인 '사건'이었다. 내가 여자여서 그랬는지, 나이가 자기보다 어리다고 생각해서 그랬는지, 강원대 약대 81학번이라던 약국 실장은 나와 인사할 때 간간이 반말도 하면서 목에 적잖이 힘이 들어가 있었는데, 나보다 식사를 일찍 끝내고 먼저 일어나 나가면서 자기네 식사비를 지불하지 않았다. 그렇다고 그 두 명을 빼고 계산해 달라

그 교회의 교인이었는데, 그 자리에서 목사가 도와 주라고 한마디 해 주어 즉석에서 인터뷰를 하게 되었다. 그분은 60세로 마을에서 비교적 젊은 편이었고, 어릴 적 그 마을에서 가장 여유 있는 편이었다고 했다. 12남매 가운데 막내로 중졸인 그는 큰형님이 사 온 유성기, 라디오, 텔레비전을 잘 기억하고 있었고, 마당에 텔레비전을 내놓고 동네 사람들과 함께 보았다고 했다. 또 노는 것을 좋아해서 가설극장, 읍내 중앙극장 등에 자주 갔다고도 했으며, 스피커 라디오에 대한 기억도 있었다. 그렇지만, 연구의 실마리를 제공하기에는 경험의 기억이 너무 일반적이고 단편적이었다.

특이하게도 그는 인터뷰하는 동안 '87년부터 '92년까지의 새마을지도자 경험을 자주 언급하고 싶어 했다. 여기에서 나는 국가 정책 홍보를 위해 미디어를 동원했던 '60~'70년대 한국이 떠올랐고, 지역에서 정책 실천에 대한 구체적 사례 연구가 없다는 생각에 이르게 되었다. 이는 공무원이나 새마을지도자를 했던 이들을 대상으로 직무 수행 관련 경험을 위주로 이야기를 듣는 것이기에 생애사가 아닌 특정 경험 위주의 구술사 연구가 되는 것이다. 당초 '노

는 말은 차마 나오지 않았고, 점심 값을 계산한 후 나가 보니 그들은 이미 떠나고 없었다. 결국 잘 먹었다는 인사도 듣지 못한 나는 이 당혹스러운 상황을 그냥 넘기지 못하고 계속 그 사건을 어떻게 '해석'해야 할지 고민했다. 그런 내게 유현옥 박사는 "촌에서는 이런 일이 부지기수"라며 '그냥' 잊어버리라고 했지만, '노인'도 아니고 '농군'이나 '무직자'도 아닌, '전문직'을 가진 '중년'의 '남성'이 아무 관계없는 생면부지 사람에게서 밥을 얻어먹는 것을 당연하게 생각하는 그들의 태도를 아직도 매우 불편한 경험으로 떠올리고 있으며 언젠가는 적절한 해석과 설명을 해낼 수 있기를 바라고 있다. 어쨌든, 이 돌발적인 사건은 내게 현장연구란 연구와 직접적으로 관련 없는 그 어떤 상황도 잘 받아들이고 처리하는 능력까지 필요로 한다는 것을 일깨워 주는 매우 중요한 계기가 되었다.

인 여성의 일상적 미디어 경험'에서 '공무원이었던 남성의 대민 공보정책 실천'으로 급전환하는 것이었지만, 이 또한 중요한 연구 주제인 것은 분명하다. 게다가 과거 공무원이나 새마을지도자였던 이들을 찾는 것은 비교적 쉬울 것이다. 공보 업무 관련 경험에 초점을 맞추어 인터뷰를 하게 되므로 기억의 보존 정도가 나을 것이라는 기대를 할 수 있다.[50] 또한 기억의 재현 수준 역시 일정 수준의 교육을 받은 사람들이므로 더 나을 것이다.[51]

이렇게 나는 절망과 희망을 동시에 안고 돌아왔지만, 현장에서 느꼈던 연구자로서 낭패감과 연구 수행에 대한 고민은 더욱 무겁고 답답하게 남아 있었다. 끝내 내가 타협한 지점이 내가 찾아낼 수 있는 최선의 방안인 것인가? 다시 말해, 미디어 경험과 관련된 구술사는 특정 경험, 곧 기억에 남을 만큼 '강력한' 경험을 대상으로 할 수밖에 없는 것인가? 그리고 어느 정도 기억을 자기 말로써 풀어낼 수 있는 사람으로 제한될 수밖에 없는 것인가? 그렇다면 내가 애초에 하고자 했던 '노인 여성의 일상에서의 미디어 경험'과 같은 주제는 도대체 어떻게 연구할 수 있을 것인가?

---

50) 구술 자료는 심층면접의 목적과 형태에 따라 크게 개인 생애사와 개인 생애의 특정 시기나 국면에 대한 증언 획득을 목적으로 하는 단일 쟁점에 대한 면접으로 대별되는데(염미경, 2006, 241쪽), 연구 수행 차원에서는 후자가 더 수월하다고 볼 수 있다. 생애사의 중요한 서술 내용은 생애에서 중심적인 요소, 사건, 체험, 믿음 등이다(나승만, 2000; 염미경, 2006, 241쪽에서 재인용).

51) 그러나, 여기에서 '해결'되는 문제는 사실 구술자 찾기의 어려움과 구술 내용의 빈약함 정도에 불과하다. 그것도 해결된다기보다는 그저 가능성이 높아진다는 표현이 맞을 것이다. 여타의 문제들, 예컨대 구술 진행상의 문제들이나 윤리적 문제들은 그대로 남아 있게 된다.

III. '길을 잃어버린' 이유, 해결되지 않는 고민

무식하면 용감하다고, 구술사의 본질에 대한 공부도 소홀히 한 채 연구자로서 고민도 깊이 하지 않고서 막연한 기대만으로 무모하게 현장으로 나섰던 나는 현장에서 길을 잃고는 다시 책상으로 돌아와 구술사 방법론과 연구들을 찬찬히 살펴보아야 했다. 우리 언론학 분야의 구술사 연구가 어떤 식으로 이루어졌는지도 다시금 읽어 보았다.

고백하건대, 나는 연구를 준비하면서 질적 방법론 책과 구술사 방법론 책, 구술사를 적용한 논문 몇 개를 대충 훑어보고 공부를 다한 것이라 생각했다. 눈으로야, 머리로야 이해 안 되는 것이 딱히 없었고, 아무리 어렵고 험난하다고 쓰여 있어도 딱히 피부에 와 닿지가 않았던 것이다. 더구나 인터뷰는 여러 번 해 본 데다가, 2008년부터 2년 동안 해직 언론인에 대한 연구를 집중적으로 진행하면서 웬만큼 익숙해져 있다고 생각하고 있었다. 한 번에 몇 시간씩 많게는 세 번까지, 수십 명을 만나 인터뷰하면서 언론인으로서 그들의 삶의 이야기를 듣고 그것을 바탕으로 사회구조적 맥락에서 해석을 시도했던 경험이 과도한 자신감을 부여했는지도 모르겠다. 인터뷰 제대로 하려면 너무 힘들다고 툴툴대면서 속으로는 남들이 잘 하지 않는 '고달픈' 연구를 한다는 허영심이 자라고 있었던 것도 같다. 물론 그분들을 인터뷰하면서 느꼈던 연구자로서의 윤리적 딜레마랄까, 연구 대상과 거리두기, 평가와 해석의 어려움과 같은 것들은 무겁게 남아 있었지만, 그것은 어떻게 구체적으로 '해결'할 수 있는 문제는 아니었다. 그저 연구자로서의 성찰이랄까, 연구에 임하는 자세, 자료를 해석하는 입장에 해당되는 것이고, 끝까지 안고 갈 수밖에 없는 부분이라 여기고 있었다.

그러나 이번에 맞닥뜨린 문제는 그때와 차원이 달랐다. 진정, 무엇이 문제였던 것인가? 혹시 이것은 '나'라는 개인 연구자의 차원을 넘어서는 문제로 바라봐야 하는 것은 아닐까?

1. 당연하고 (따라서) 예견된 실패
– 구술사 연구의 본질과 방법론적 쟁점

기본적으로 구술사 연구가 지향하는 역사에 대한 인식은, 역사란 과거만이 아니라는 점, 역사적 사실이란 구성적이라는 점, 객관적 역사는 존재하지 않는다는 점 등으로 요약할 수 있다(윤택림, 2001). 한마디로 구술사의 기본 전제는 이야기로 호출된 개별 경험의 기억들이 모여 역사가 되고 진리가 된다는 것이다. 다시 말해 경험과 기억에 대한 주관성, 부분성, 개별성을 인정하고 가치를 부여하는 것이 구술사 연구의 핵심이라고 할 수 있다. 보면 볼수록 구술사는 그 어떤 연구방법보다 어렵고 까다로워 나의 '실패'는 이미 예견된, 당연한 결과라는 것을 깨닫게 되었다. 그 어떤 연구도 수월할 리 없겠지만 구술사 연구는 나머지 다른 연구와는 다른 몇 가지 본질적 어려움을 갖고 있으며, 이는 '나만의' 문제가 아니라 구술사를 적용하는 대부분의 연구자들이 맞닥뜨리는 부분이다.

나의 실패담에서 드러났듯이, 구술사 연구를 수행하면서 연구자들이 맞닥뜨리는 '곤란한' 상황은 대단히 다양하게 나타난다. 말이 별로 없거나 이야깃거리가 없는 구술자를 어떻게 할 것인가? 말을 잘하지 못하는, 곧 표현하는 데에 익숙하지 않은 구술자를 어떻게 할 것인가? 그런 문제를 용케 잘 피했다 하더라도 구술 과정에서 여러 가지 문제들이 툭툭 튀어나오기 마련이다. 구술자와 면담자 사이에 긴장이 생기기도 하고 예기치 않은 구술자의 질문에 당황하기도 한다. 면담자가 개입을 할 것인지 말 것인지, 한다면 어느 정도까지 할 것인지도 쉽지 않은 문제이다. 이렇듯 구술사 연구는 그 자체가 '덜컹거리는 연구 과정'(이재경·윤택림·이나영 외, 2012)이며, 이러한 '덜컹거림'은 사실 구술사의 본질을 그대로 드러낸다. 다시 말해 필연적이라는 것이다. 그렇다면 이러한 필연적 난관을 '선배' 구술사 연구자들은 어떻게 다루고 있는 것일까?

2000년대 접어들면서 우리나라에서도 일제강점기나 한국전쟁 등을 중심으로 인류학과 역사학, 사회학, 교육학 분야 등을 중심으로 구술사 연구가 수행되었고,[52] 한국학연구소나 한국연구재단의 지원

52) 염미경(2006)은 "구술증언이나 구술생애사적 접근의 이론적, 방법론적 쟁점들을 고찰하거나 실제 사례들을 분석"하여 "한국 사회에서 구술사 연구가 자리 잡아 나가는 데 큰 역할"을 한 대표적인 연구들로 다음을 꼽는다: 김성례, 〈한국 무속에 나타난 여성 체험: 구술생애사의 서사분석〉, 《한국여성학》 7, 1991; 유철인, 〈어쩔 수 없이 미군과 결혼하게 되었다〉, 《한국문화인류학》 29-2, 1996; 윤택림, 〈기억에서 역사로: 구술사의 이론적, 방법론적 쟁점들에 대한 고찰〉, 《한국문화인류학》 25, 1996; 윤택림, 〈구술사와 지방민의 역사적 경험 재현: 충남 예산 시양리의 박형호 씨 구술증언을 중심으로〉, 《한국문화인류학》 30-2, 1997; 윤택림, 《인류학자의 과거여행》, 역사비평사, 2003; 윤형숙, 〈여성생애사 연구방법론〉, 《여성연구》 3, 목포대 여성문제연구소, 1995; 함한희, 〈구술사와 문화연구〉, 《한국문화인류학》 33-1, 2000; 송도영·진양교·윤택림·오유석, 《주민생애사를 통해서 본 20세기 서울 현대사》, 서울학연구소, 2000; 표인주·염미경·박정석·윤형숙·김동춘·김용의·김봉중·김경학, 《전쟁과 사람들: 아래로부터의 한국전쟁연구》, 한울, 2003; 김경학·박정석·염미경·윤정란·표인주, 《전쟁과 기억: 마을공동체의 생애사》, 2005, 한울. 더 상세한 구술사 연구 현황에 대해서는 김귀옥(2006), 백미숙(2009), 이용기(2009), 함한희(2010) 등을 참조할 것.

사업 역시 구술사 연구를 확산시키는 계기가 되었다. 최근에는 "만개한 구술사"라고 표현할 만큼(이용기, 2009, 70쪽), 새터민이나 결혼 이민자, 노숙자, 가출 청소년 등 소외 계층으로까지, 다양한 연구 대상에 걸쳐 구술사 연구가 여러 학문 분야에서 이루어지고 있다. 그러나, 이용기(2009)는 비록 구술 채록은 활발하게 수행되고 있지만 구술사 연구는 부진하며 구술사의 이론과 방법론에 대한 주체적, 경험적 논의도 충분히 심화되지 못하고 있다고 진단한다(292쪽). 지금까지 많은 구술사 연구와 논의는 구술사의 필요성과 정당성을 확보하는 데 초점을 맞추고 있었는데, 이는 구술사 방법론이 아직도 인정투쟁을 해야 할 만큼 비주류의 지위를 벗어나지 못하고 있다는 것을 보여 주는 증거라고 할 수 있다.

이처럼 구술사 연구가 역사의 주관성을 주창하면서 정통 역사학, 주류 사회학과 끊임없는 논쟁을 벌이며 기억에 의한 역사 쓰기를 시도하고 있지만, 정작 그 내용과 시도의 '혁명성'에 견주어 방법론적 고민과 치열한 논쟁은 다소 부족하다. 여러 연구자들이 구술사 방법론에 대한 글을 발표했고 한국구술사연구회(2005)가 방법과 사례의 문제를 다룬 책을 펴낸 바 있지만, 한국 사회의 특징에 맞는 한국적 구술사 방법론을 모색해야 한다는 신주백(2006.12.4)의 진단은 오늘날까지 유효한 것으로 보인다. 구술사 연구가 (역사로서의) 경험에 대한 기억과 언어적 재현의 문제를 넘어서 연구자와 구술자의 역동적 상호작용이라는 점을 헤아린다면, 수행 차원의 각종 문제들에 대한 연구자들의 개별 경험과 고민의 사례들이 체계화될 필요가 있다고 하겠다.

물론 그러한 시도가 없었던 것은 아니다. 대표적인 구술사 연구자인 윤택림(2012)은 구술자의 선정, 인터뷰 과정, 인터뷰 결과에 대한 통제 등으로 나누어 구체적으로 방법론적 쟁점을 정리하고 있는데(57~63쪽), 되도록 이야기꾼인 구술자를 선정할 것, 라포르(rapport) 형성,[53] 정보 수집보다는 상호작용과 과정으로서의 구술사 연구, 연구자의 자기성찰, 구술자에 대한 존중, 구술자와의 공동연구적 성격을 강조한다.[54] 구술자와 연구자의 경계 혹은 역할은 구술사 연구방법에서 매우 중요한 논점이 되는데, 군위안부의 주체성 재현에 관심을 두었던 양현아(2001) 역시 경험의 재현이 증언자와 연구자 사이의 공동 산물임을 강조하면서 증언의 체험을 범주화한 뒤 그 의미를 해독한다(전진성, 2006, 479쪽에서 재인용). 구술자와 연구자의 상호작용을 강조하는 것은 공통적이지만, 전진성(2006)은 기억 담론이 야기한 과도한 상대주의에 거리를 둘 것을 요구하면서 연구자의 역할에 좀 더 무게를 둔다. 화자의 구술을 매개로 연구자가 과거를 '재현'하는 작업으로서 사실의 규명이라기보다는 '일종의 번역' 작업에 가깝다는 것이다(467쪽). 이에 관련하여, 이나영(2012)은 연구자가 애초에 구술자와 함께 기억과 역사를 (재)구성하는 데 주관적으로 (깊숙이) 개입되어 있음을 강조한다. 나아가, 김성례(2012)는 여성주의 구술사 방법론을 논하면서 구술자와 연구자의 주체성이 혼합되어

---

53) 윤택림은 어떻게 말하게 할 것인가, 고통스러운 기억에 대해 구술사 인터뷰를 하는 것이 윤리적으로 옳은 것인가 하는 문제를 제기한다(2012, 59쪽).

54) 볼란드(Borland)는 연구자와 구술자 사이의 해석적 갈등, 해석적 불일치를 경계하면서 양자 사이의 생각을 교환하는 통로를 열어야 한다고 주장했는데(1991, 74쪽; 윤택림, 2012, 62~63쪽에서 재인용), 윤택림은 이를 '공동작업'이라고 표현했다(62쪽). 이는 대표적인 구술사가인 톰슨(Thompson)이 지식인 연구자와 연구 대상인 구술자들 사이의 사회적 분업을 인정함으로써 구술사의 정치성에 모순을 초래했다는(윤택림, 2010, 12쪽) 비판과 반성에서 비롯된 것이다.

누구의 이야기인지 경계를 모호하게 만들어야 하며, 연구자는 청자이면서 동시에 편집된 구술사 텍스트의 화자의 입장에서 경계를 넘나들며(cross-bordering) 경계적 주체성을 구성할 것을 주장한다(43쪽).[55] 이러한 입장들은 연구자의 개입 정도에 따라 구술사 연구가 그만큼 다양해질 수 있음을 보여 주는 것이기도 하며, 동시에 연구자의 역할이 얼마나 중요한지를 다시금 생각하게 해 주는 지점이기도 하다.[56]

또한, 자신의 연구 경험을 바탕으로 김귀옥(2006)은 구술사의 방법론적 문제점을 기억의 정확성 문제, 기억의 신뢰도 문제, 말과 사물의 일치성 문제(기표와 기의의 불일치), 말과 기억의 주관성의 문제, 해석의 문제, 일반화의 문제 등으로 구분하고, 자료와 방법론의 혼용으로 이 문제를 해결하려 한다. 구술사가 이처럼 '자기완결적'이지 않기 때문에 문헌 자료에 기반을 둔 일정한 이론 틀이나 분석 틀, 개념 틀이 먼저 제시되어야 한다는 점, 또한 질적 연구방법론의 가장 기초가 되고 있는 참여관찰법을 함께

---

55) 물론 이는 연구자가 구술자를 대상화하고 주변화하는 '식민주의적 권위'를 가져서는 안 된다는 것, 타자의 관점에서 기꺼이 사유하는 벤하비브(Benhabib)적인 '윤리적 관점'을 강조하는 것이지만, 과연 이러한 것이 바람직한 연구자의 자세이자 역할인지에 대해서는 좀 더 깊이 있게 논의할 필요가 있다고 본다(김성례, 2012).

56) 염미경(2006)은 연구자의 개입 정도를 기준으로 구술 자료의 정리, 분석을 네 가지로 구분하는데, 첫 번째는 구술자의 구술을 녹취 내용 그대로 자료화해 구술의 원형을 최대한 유지하는 형태, 두 번째는 집단적 생애사로서 비슷한 경험을 공유한 사람들의 이야기로 묶는 것, 세 번째는 면접 혹은 대화 양식으로 정리하는 형태를 띠거나 구술자의 구술과 정리자의 해설 혹은 분석이 적절하게 결합되는 개방적 방식, 네 번째는 조사자가 강하게 개입하는 방식으로 특정 쟁점을 부각시키는 것 등이다(252~253쪽).

동원할 것, 나아가 양적 연구방법론 다시 말해 사회조사방법론과 함께 보완적으로 사용될 필요가 있음을 제안하고 있다. 이론의 동원은 당연하게 생각되지만, 구술사 방법론만으로도 쉽지 않은데 참여관찰까지? 취지를 모르는 바 아니나 고개는 갸웃거려진다. 연구는 당연히 '완결성'을 향해 나아가겠지만 이럴 경우 오히려 수행 가능성은 낮아지는 것 아닌가?

길을 잃어버린 이유는 대충 알겠는데, 고민은 해결되지 않았다. 결국 무엇보다 중요한 것은 이러한 논의들이 얼마나 현장 적용성을 가지느냐의 문제이다. 다시 말해, 연구자가 현장에 나섰을 때 그러한 논의를 숙지했다고 해서 연구 수행의 어려움이 반감될 것인가?[57]

나는 그런 점에서 개별 연구자의 기본적 학문 분과의 성격을 고려할 필요가 있다고 본다. 구술사적 접근은, 윤택림(2001)이 강조했듯, 입증과 검증에서 어느 정도 자유로운 역사 쓰기가 가능하다. 입증과 검증은 사회과학의 기본 정신이라 해도 지나치지 않을 만큼 중요한데, 임영호(2013)가 정확하게 짚었듯이 과학적 엄밀성에 매몰되어 좀처럼 패러다임의 변화를 시도하지 못해 온 언론학 분야에서 이같이 '자유분방'한 방법론의 연구가 가능하기나 한 것일까? 내가 자라 온 언론학이라는 지적 토양에서 과연 그런 식의 연구가 뿌리내릴 수 있을까? 범위를 좁혀서, 질적 방법론이나 민속지학적 연구를 수행하는 언론학 연구자들은 '표준화'된 연구 관습에서 얼마나 자유로울까?

---

57) 나는 앞에서 공부를 미리 제대로 하지 않고 현장으로 달려갔던 만용과 무모함을 반성했지만, 돌이켜 보면 공부를 '열심히' 하고 현장으로 갔어도 결국 '성공'하지 못했을 것으로 생각한다. 현장은 책에서 말해 주는 것과 다를 수밖에 없기 때문이다.

그렇다면 '나 같은' 언론학 연구자들은 구술사를 어떻게 적용해서 연구를 하고 있는지, 그들은 어떤 문제에 당면했고 또 어떻게 극복했는지에 대해서 검토해 볼 필요가 있겠다.

2. 창의적 변용인가 편의적 차용인가
— 언론학 분야 구술사 연구의 특징

2000년 이후 언론학 분야에서도 역사사회학적 접근이 증가하면서 평범한 사람들로의 시야 확대 및 사료 생산 방식의 변화를 가져왔고(이상길, 2005, 119쪽), 구술 자료를 이용한 연구 역시 송신자 연구 3건, 정책 및 제도, 메시지, 수용자 및 효과 각 1건 등 6건에 이르는 것으로 나타났다(126쪽). 구술사 연구는 강명구·백미숙(2008)의 〈해방 이후 한국 방송의 형성에 관한 구술 자료〉, 마동훈(2008)의 〈한국 방송의 초기 아나운서 연구: 미시사적 구술 연구〉로 본격화되는데, 이들 연구를 모두 방송문화진흥회가 지원한 것은 한국 방송의 역사를 다양한 자료로써 정리하고자 하는 인식이 연구자 개인을 넘어 공공기관 차원으로 확산된 것으로 볼 수 있다. 김병희·윤태일(2009)의 〈한국광고회사의 형성과정에 관한 구술사 연구〉 역시 한국방송광고공사의 지원을 받아 수행되었다.[58] 한국방송학회에서도 2010~2011년에 방송 초창기 여성 연출자와 아나운서, 성우 6명에 대한 구술사 연구를 진행한 바 있다.[59]

---

58) 이러한 연구는 대단히 품이 많이 들기 때문에 연구자가 개인적으로 연구를 수행하기란 사실상 불가능에 가까운 일이기도 하다.

59) 그러나 일부 구술자가 구술 자료 공개 동의를 번복함으로써 예정대로 단행본

이러한 기관 지원 연구들은 모두 방송이나 광고사의 일부로서 엘리트에 초점을 맞추고 있는데, 이는 언론학 분야의 구술사 연구 전반을 관통하고 있는 특징이다. 구술사를 적용한 학술지 논문은 11건 정도인데, 대부분이 미디어 분야와 관련된 직업 수행 경험이나 정체성 형성에 초점을 맞추고 있다. (당사자들이 돌아가시기 전에) 원로 PD나 기자, 아나운서, 성우, 광고인 등을 중심으로 그 옛날 방송이나 광고, 언론 분야의 이야기를 들어 놓자는 것이 주된 취지였다(김병희·윤태일, 2010a, 2010b; 김보형·백미숙, 2009; 김세은, 2012; 마동훈·강재형·오원환, 2010; 백미숙·강명구·이성민, 2008; 이상길·김정환·유단비, 2011 등). 이들은 대부분 직업 엘리트나 지식인을 대상으로 한 것이며 방송이나 광고, 언론의 제도사나 거시사의 보완적 측면이 강했다고 할 수 있다.[60] 어쩌면 이것이 언론학에 차용된 구술사의 얼굴이라 할 수도 있겠다.

최근에는 구술사를 적용한 연구가 증가하면서 그 주제나 대상

출판을 하지 못하게 되었고, 내부보고서 형식의 공개에 동의한 단 세 명의 구술채록문에 대해서만 지극히 제한적인 접근이 가능한 상태이다(이상길·김정환·유단비, 2011, 56쪽). 이는 개인의 내밀한 부분까지 드러내는 데서 비롯되는 구술사 연구의 한계로 볼 수도 있지만, 구술자의 자기검열이나 통제가 여러 차원에서 이루어지고 있음을 잘 보여 주는 사례이기도 하다. 이는 백미숙(2009), 윤택림(2012) 등 여러 연구자들이 공통적으로 지적하고 있는 문제이다.

60) 이들이 특정 직업군에 초점을 맞추어 여러 명을 대상으로 했다면, 에로물 종사자에 대한 임영호·홍찬이·김은진(2009)의 연구는 개인의 생애사에 초점을 맞추었다는 점에서 차이가 있다. 한편, '구술'을 '기억의 재현'이라는 데에 초점을 맞추어 본다면 영화나 다큐멘터리 등 미디어로써 한국전쟁이나 8·15 해방 등에 대한 집단 기억이 어떻게 재현되었는지를 살펴본 연구 역시 언급될 필요가 있다(예를 들어, 태지호, 2012; 황인성·태지호, 2012).

도 영역을 점차 다양화해 가고 있다. 좀 더 구체적인 주제, 예를 들어 특정 장르나 프로그램 곧 외화 시리즈 수용에 대한 경험이나(김영찬, 2011) 〈전국노래자랑〉의 경험에 대한 연구(임종수, 2011)가 구술사 방법론을 사용한 것으로 나타난다. 임종수(2011)는 인터뷰가 아닌 '구술사적 인터뷰'를 한 이유로 30년이라는 긴 시간과 인터뷰 대상자의 생애 연관성 등을(7쪽), 김영찬(2011)은 "어린 시절 혹은 젊은 시절의 미디어 소비 경험은 한 개인이 '생애'를 통해 자신의 문화적 감수성을 형성하고 키워 나가는 데 큰 영향을 미"치기 때문임을 들고 있다(8쪽).

하지만, 이들 연구가 상당한 품을 들였음에도 얼마나 구술사 본연의 방식으로 '엄밀하게' 수행되었는지에 대해서는 아쉬움이 남는다. 연구 대상의 범위가 좀 더 오랜 과거로, 좀 더 긴 시간의 경험으로 확장되었을 뿐 수행과 서술의 방식에서 사실상 심층면접 방법과 큰 차별성을 보여 주지는 못하고 있다. 내가 시도했던 것 역시, 말이 구술사 연구이지 어떻게 보면 그저 과거 경험에 대한 심층면접과 크게 다를 바 없다고 할 것이다. 다만 차이는 이 연구들은 하나의 장르 또는 프로그램을 대상으로 했으며 구술자 역시 기억을 복원하는 데 별 문제가 없는 고학력 또는 프로그램 관계자였다는 점이다. 그래서인지 이들 연구에서는 내가 부딪혔던 문제들의 흔적이 나타나지 않았다. 말 그대로 언론학적 관점과 태도에서 충분히 '수행 가능'한 연구였던 것이다.

그와 달리 구술사의 본연에 가장 가깝다고 할 수 있는 일반인의 일상 경험 연구는 매우 드문데, 연구 수행의 현실적 문제로 말미암아 거의 시도되지 못하고 있는 것으로 보인다. 전북 김제시 광활면 화양마을의 라디오 경험을 구술사를 포함한 민속지학적 방법으로 고찰한 마동훈(2004)의 연구는 시기적으로도 가장 앞섰을 뿐 아니라 일반인의 일상 차원에서 미디어 경험을 조명했다는 점에서 개척적인 의미를 지닌다.[61] 그러나 이 연구는 구술사를 함께 사용하긴 했지만 주된 것은 아니었다. 이후 이러한 연구는 자취를 감추었다가 2010년에야 한 지역 연구자에 의해 시도되었다. 고령의 춘천 지역민을 대상으로 좀 더 광범위하고 다양한 미디어 경험을 근대화라는 맥락에서 복구하려 했던 유현옥(2010)의 연구는 역사와 지역, 노인이라는 지점이 잘 연결되었다는 점에서 상당한 성과라고 할 수 있다.[62]

이렇게 우리 분야에서 구술사 연구는 아직까지 대부분 엘리트를 중심으로 미디어 기관이나 제도 형성 이면의 이야기를 기록하는 데에 치중하고 있는 형편이다. 물론 애초에 구술사가 아카이브 연구로 시작해서 사회문화사로 넘어갔다는 점을 상기하면 이는 매우 자연스러운 현상이다. 또한 이런 식의 역사 쓰기 역시 언론학의 현재 상황에서 반드시 필요하며 더욱 다양한 영역에서 활발히 수행되어야 한다. 초창기의 (여성) 언론인 등 구술로 채워야 할 역사는 아직도 곳곳에 많이 남아 있다. 더욱이 공식적, 제도적, 기관 중심적, 매체 중심적 역사에 치중하고 있는 언론학 분야

---

61) 이 연구는 한국연구재단에서 지원받아 문화인류학 전공자들과 함께 수행했던 지역 연구의 일부라는 점에서 우리 연구팀의 홍천 연구와 매우 유사하다.

62) 유현옥 박사는 오랜 기간 지역의 다른 문화 프로젝트를 수행하며 인터뷰 대상 노인들과 어느 정도 라포르를 형성한 상태였지만, 이 연구를 진행하면서 숱한 어려움을 겪었으며 기간도 2년 이상 걸렸다고 했다. 나는 그의 학위논문을 '지도'하면서도 그런 그의 어려움에 별로 귀를 기울이지 않았던 듯하다. 아니, 그보다는 그 어떤 경우든 내가 직접 겪지 않고서는 '진정한' '나의 문제'가 되기 어렵다는 게 나의 체험적 주장이다.

에서 역사의 다면성을 확보하고 인식의 전환을 이루려면 더욱 확산되어야 한다.

그와 함께, 이제 언론학 분야의 구술사 연구는 일종의 '야사' 혹은 '알려지지 않은 뒷이야기'를 채집하는 정도를 넘어서는 단계로 전환, 진입하는 것을 진지하게 모색해야 한다. 이런 연구들은 결국 기존 매체사의 보완적 의미에 그칠 수밖에 없으며, 아무리 대안적인 이야기를 발굴해 낸다 하더라도, 아무리 '다른' 측면을 부각시킨다 하더라도 미디어와 관련된 제도와 역사의 중심에 섰던 엘리트의 관점을 다시 한 번 '보완'해서 보여 줄 뿐이기 때문이다.[63]

그러려면 유사한 관심이 좀 더 다양한 분야와 주제로 확산될 필요가 있다. 현재의 연구 지형을 살펴볼 때 가장 중요한 과제는 연구 대상자, 다시 말하자면 구술자와 관련한 문제라고 할 수 있다. 노동자, 여성, 노인 등 사회적, 정치적 소수자의 삶과 경험의 관점에서 역사를 바라보고자 하는 것이 구술사의 본질이라고 한다면, 목소리를 가지지 못한 자들을 대상으로 하는, 보다 진정한 의

---

63) 백미숙(2009)은 구술자와 사회구조 사이의 상호관계를 그들의 삶의 맥락에서 '듣고' 해석하며 구술자와 연구자의 관계, 구술의 텍스트화에 대한 맥락을 밝히는 연구가 없다고 진단하면서(110쪽) 구술사 방법론이 대항기억의 출현 공간을 창출할 수 있다는 점, 구체적 일반성을 재구성할 수 있다는 점, 누락된 역사, 배제된 역사의 복원이라는 수정주의 역사 쓰기를 가능하게 해 준다는 점을 강조하고 있지만, 그의 연구 역시 초기 방송사에서 중요한 역할을 담당했던 한국 사회 엘리트의 이야기, 매체와 제도 '언저리'의 이야기에 관심을 가질 뿐이다. 따라서 그가 제기했던 지배기억의 공고화를 어떻게 해소할 것인가 하는 학습된 기억과 기억의 검열 문제, 사실의 불일치를 어떻게 해소하고 해석할 것인가 하는 구술 자료의 '다성성' 多聲性과 '부분성' 문제, 대안적 역사 쓰기의 가능성은 어디까지인가 하는 사적 경험과 대항기억의 생산 문제(120쪽) 등은 그러한 범위 안에서만 의미를 갖는 것으로 보인다.

미에서 확장된 구술사 연구들이 더 다양하게 수행되어야 한다는 것이다. 언론학 분야의 구술면접 연구들은 대개 일정한 연구 대상과 주제 범위, 다시 말해 특정한 엘리트 직업군 밖에도 연구자와 특정 대상에 대한 관심을 공유하는 팬이나 수용자 집단 연구 안에 머무는데, 이는 구술사 연구방법의 적용 문제와 별개로 이러한 연구들이 연구자와 구술자 사이의 '간격'이 그리 크지 않기에 '느슨한' 심층면접만으로도 비교적 수월하게 수행 가능하기 때문으로 생각할 수 있다.

곧, 구술사의 핵심인 경험과 기억의 주관성, 부분성, 개별성에 대해 좀 더 적극적인 의미 부여와 활용이 있어야 한다는 것은 동시에 구술사 방법론이 좀 더 본질적인 문제를 드러낼 수 있는 기회에 더 많이 노출되도록 한다는 것이다. 그러한 시도가 많아질수록 언론학 분야의 구술사 연구가 방법론적 정련을 이루어 낼 수 있는 여지를 가질 것이며, 그런 '개별적' '주관적' 역사가 많을수록, '부분적' 진리의 자료가 다양할수록 우리의 역사는 풍부해지고 인식은 보편성을 향해 나아갈 수 있기 때문이다.[64]

64) 그런 측면에서, 나는 언론학 분야에서 구술사 연구가 주제의 다양화로 나아가면서 방법론적 정제가 이루어지기보다는 그저 구술사를 '대충' 갖다 붙이면서 특정 연구 범위 안에 고정화되거나 (심지어) 구술사 연구 자체가 일시적인 '유행'에 그치는 것은 아닐까 하는 의구심을 조심스레 가져 본다. 그런 현상에 대해서는 다양한 측면에서 심도 있게 논의할 필요가 있겠으나, 민속지학적 연구가 한때 유행되다가 본격적인 연구 몇 편을 내놓지 못하고 수그러든 것을 보면 구술사도 마찬가지 행보를 보이지 않을까 하는 것이다. 그만큼 민속지학이나 구술사나 문화연구의 주요 키워드인 일상과 수용자를 '팬시하게' 결합할 수 있다는 매력만이 부각되었을 뿐, 그 철학적, 수행적 차원의 문제에 대해서는 고민과 논의가 거의 없었기 때문이라는 것이 나의 반성이요 진단이다. '가벼운' 언론학, 바로 지금 나의 모습이 아닌가.

Ⅳ. 출구를 찾아서

어느 연구가 그렇지 않을까마는, 구술사 연구는 대단히 중층적이며 복합적이다. 나는 구술사 연구가 구술하려고 하는 경험 자체, 경험의 기억, 기억의 재현, 재현의 해석 등 네 가지 범주로 구성되어 있으며, 이 일련의 간단치 않은 내용과 과정이 각각 독립되어 있으면서도 밀접하게 연관되어 있다고 본다. 각각의 범주에는 대립되는 힘과 긴장이 명시적으로, 암시적으로 개입되어 있게 마련이고, 여기에는 더 근본적으로 기억의 정치학, 구술사의 윤리학 문제가 내재되어 있다고 할 것이다. 그러나 이 글에서 나의 고민은 보다 실제적이고 구체적인 차원에 머무르고자 한다. 현장에서 구술사 연구를 수행하는 과정에서 연구자로서 내가 겪었던 난감함과 의문점은 구술사에 관심은 있으나 익숙하지는 않은 언론학 분야의 연구자들이 다 같이 공유하고 함께 논의해야만 하는 몇 가지 지점을 분명히 갖고 있기 때문이다.

그런 의미에서 내가 '길을 잃어버린' 이유는 다음 몇 가지로 정리할 수 있다. 첫째, 연구 대상자, 곧 구술자에서 비롯되는 문제이다. 구술사 연구자들에게 연구자 선정은 연구 성패를 좌우한다고 할 만큼 중요하다. 해직 언론인 연구에서 인터뷰 대상이 되었던 이들은 비록 나이가 들었어도 당대 최고의 지식인이었고 엘리트였다. 말하려고 하는 것에 대한 기억이 대단히 명확했으며, 표현도 정확했다. 또 대부분이 하고 싶은 이야기가 많아서, 인터뷰는 시간 가는 줄 모르고 진행되었다. 그러나 이번에는 시골의 노인들이다. 나이가 많은 데다가 대부분이 무학이거나 초졸, 많이 배워야 중졸인 그들은 기억 자체가 매우 드물거나 있다 해도 희미하고 그 표현도 어눌했다.

둘째, 연구 주제에서 비롯되는 문제이다. 언론계 종사자를 대상으로 한 연구 모두가 특정 직업 수행과 관련된 경험을 주제로 하는 것이었다면, 이번에는 일상의 미디어 경험이 주제였다. 마동훈(2004)이나 유현옥(2010)의 연구처럼 농촌에서 일반인의 일상 차원의 미디어 경험을 조명하려면 구술자의 기억의 재현이 걸림돌이 되기 쉽다. 이들 연구가 공통적으로 언급하는 것이 회상의 부정확성이다. 과거의 미디어 경험, 더구나 오래전이거나 생애 전반에 걸쳐 있을 그 일상의 경험을 어떻게 접근하는 것이 적절한가? 깊이 숨어 있는 미디어 경험을 끄집어내려면 연구자는 어떤 역할을 해야 하며 또 하지 말아야 하는가?

셋째, 연구 수행 차원에서 생기는 문제이다. 이전 연구에서는 보통 약속을 잡기가 쉬웠다. 휴대전화로 시간을 잡아 서울 한복판의 식당이나 커피숍에서 만나면 됐다. 반나절이면 충분히 인터뷰 하나를 끝낼 수 있었다. 그렇기 때문에 한 사람을 두세 번 만나는 것도 사실 그리 어려운 일이 아니었다. 인터뷰 전 라포르를 형성하는 것도 큰 노력이 들지 않았다. 웹사이트에 공지되는 월 정기 모임에 나가서 인사드리고 같이 식사하는 것으로 충분(하다고 생각)했다. 그들은 자신의 문제를 '최초로' 학술적 연구의 대상으로 삼은 내게 처음부터 호의적이었고 적극적으로 협조해 주었다. 내가 어떤 이유에서 무엇을 연구하려고 하는지를 구구절절 설명할 필요도 없었다. 그러면서 나는 '충실히' 그리고 '힘들게' 연구를 수행하고 있다고 자부하고 있었다. 그러나 이번에는 구술자를 찾아 산골짜기를 헤매야 했고, 설령 구술자를 찾는다 해도 약속을 잡기가 쉽지 않았다. 한 번 가면 하루가 소요되었고, 하루에 인터뷰 하나를 완수하기도 요원했다. 수업이 없는 날이나 주말을 온전히 바쳐야 하는, 품이 들어도 너무 많이 드는 발걸음을 여러 번 해야만 했다.

다시 말해, 연구를 위해 품과 시간을 많이 들여야 하는 현장조사를 언론학 분야에서 과연 얼마나 할 수 있는가? 이는 '수월한' 연구에 익숙해져 있는 몸과 마음을 바꾸어야 하는— 참으로 민망한 동시에 결코 쉽지 않은— 일이기도 하지만, 결국 연구자의 태도와 자세를 넘어 연구의 '생산성'과 직결되는 문제이기도 하다. 질적 연구를 하면서도 논문 쓰기가 가장 어려운 것이 어쩌면 농촌에서의 구술사 연구일 수 있겠다는 생각이다. 논문 수로 연구자를 평가하고 대학을 순위 매기는 강압적, 기계적 시스템에서 이런 방식의 연구에 정성을 쏟기란 매우 어려운 것이 현실이며, 하물며 영어로 논문 쓰기를 강권하는 사회에서 이런 연구는 도대체 설 자리가 있기나 한 것일까.

넷째, 해석자로서의 태도 문제이다. 과연 나는 기어츠(Geertz, 1973/2009)가 얘기했던 대로 연구 대상자의 행위에서 나타나는 모든 의미를 자세히 관찰하고 묘사하고 해석하려는 시도를 하기나 했던가. 그저 무슨 이야기를 하는지, 아니 내가 원하는 이야기가 언제 나올지에만 관심이 집중되어 있었던 나는 해석은커녕 제대로 들을 준비조차 되어 있지 않았던 것이다. 숨기(려)는 것에 대한 주의는 생각지도 못했다. 삶의 공간과 장소에 가서도 구술자의 삶이 배치되고 생산되는 곳으로서 의미를 놓치기도 했다. 현장연구와 결합한 구술사 연구가 무엇을 가장 잘할 수 있는지를 고민하지 않았기 때문이다.

본디 구술사란 대항기억으로서 민중 또는 기층민, 약자와 소수자의 역사를 살피는 것에 가장 큰 장점과 관심을 가지고 있는데, 앞서 살펴보았듯이 우리나라 언론학 분야에서는 여태 엘리트 역사의 보조 자료로 활용하는 경향이 있어 왔다. 연구 주제나 대상이 다양해지고는 있지만, 여전히 그들의 기억이나 경험은 '정통' 사료의 빈틈 채우기 정도에 불과한 양상이다. 언론학 연구의 활성화, 관점의 다양화를 위해 구술 자료의 가치는 더욱 강조되어 마땅하지만, 막상 미디어 경험이 더 이상 특별하지 않은 '일상'과 뒤섞여 버렸을 때 그 기억을 되살려 구체적인 이야기로 구성하는 데는 무리가 있을 수도 있다. 더구나 엘리트가 아닌 경우 강렬한 경험이 아닌 경우에는 기억도 희미할뿐더러 회상의 어려움과 함께 재현의 어려움을 함께 겪는다는 점을 상기하면 구술사의 확장을 주장하는 것이 과연 적절한가 하는 생각을 하지 않을 수 없다. 현장에의 적용 가능성을 염두에 둔 지점에서 진정 구술사는 어떤 연구방법을 선택해야 하는 것일까 하는 질문을 던져야 한다는 것이다.[65,66] 어쩌면, 삶이 곧 경험이라는 인류학적 접근과 달리 언

65) 이는 민속지학적 수용자 연구를 둘러싼 논의에서 제기되었던 문제이기도 하다(나미수, 2005, 98쪽). 민속지학적 수용자 연구나 구술사의 원류가 둘 다 인류학이라는 점에서 이들은 유사한 논의 지형을 공유하고 있다고 하겠다. 언론학 분야의 민속지학적 수용자 연구방법에 대한 집중적인 논의는 정재철(1997), 나미수(2005), 이기형(2009), 조영한(2012) 등을 참고할 것.
66) 이러한 문제에 대해 강원대 문화인류학과 교수들과 이야기를 나누었는데, 인류학계에서도 그런 고민이 있어 왔다고 했다. 두 명은 기본 2~3년이라는 필드워크를 수행할 수 없는 박사학위 이후 교수 연구자들의 고충을 토로하면서 어떤 형태로든 '현실적'인 연구 방식이 운용될 필요가 있다고 했다. 어차피 '제대로' 하지 못하는 상황에서 최소한의 지킬 것에 대한 현실적 합의가 필요하다는 것이다. 그 가운데 한 명이 예로 든 것은 현장조사 기간의 하향 조정이었는데, 그것 역시 총합 6개월로서 결코 만만치 않은 것이었다. 조사기간을 줄이려면 연구 주제 역시 좀

론학의 경우 생애사보다는 주제사적 접근 방식이 오히려 더 적합한 것이 아닐까? 구술면접 역시 맥락 중심적, 역사 중심적인 심층면접 정도로 타협해도 큰 문제는 없지 않을까? 심층면접 역시 양적 방법론에서 사용되는 면접조사의 확장이라고 보면, 구술사와 심층면접의 가장 큰 차별성은 바로 맥락과 역사라는 것이다.

이상의 문제들에 대한 출구 찾기 노력은 무엇보다 구술사 연구의 인식론적, 방법론적 문제와 한계를 직시하는 것에서부터 출발해야 하지 않을까 한다. 구술사의 장점을 적절히 살리되 문제와 한계를 충분히 반영한 연구 설계가 연구의 출발점이 되어야 하는데, 그 기본은 연구자의 자세 변화를 전제로 한다. 이는 타자성에서 비롯되는 구술자와의 이질성과 대립을 극복하고자 하는 연구자의 성찰과 윤리라는 말로 압축될 수 있는데, 이질적인 존재로서의 연구자, 다시 말해 자신이 타자로서의 연구자임을 인정하고 자기중심성을 벗어나려 끊임없이 노력해야만 '공동체'로서의 연구자와 구술자의 관계가 성립될 수 있다는 것이다.

구술사의 장점을 적절히 살리되 문제와 한계를 충분히 반영한 연구 설계가 연구의 출발점이 되어야 하며, 현실적으로 언론학 분야의 관심, 곧 구체적이고 세부적인 미디어 경험을 중심에 둔 '변용'과 '차용'은 어쩔 수 없다 하더라도 더 적극적인 한계 인식과 연구자의 자기 성찰이 전제될 필요가 있다는 것이다. 또 구술자

더 특정한 것으로 삼거나 유형화를 시도하는 것도 현실적인 대안이 될 수 있다고 보았다. 그런 점에서 언론학 분야에서 구술사를 그렇게 단순화시켜 목적지향적으로 사용하는 것에 대해 그다지 비판적이지 않았다. 그러나 농촌인류학을 전공하는 다른 이는 좀 더 기본에 충실해야 한다는 입장으로, 미디어 경험도 결국 전체 삶에 놓여 있는 만큼 "그 집의 송아지 생일까지 알아야 비로소 연구가 종료된다"고 할 정도로 많은 이야기를 들어야만 한다고 했다.

와 연대감을 형성하려면 구술자에 대한 존중과 성찰적 태도가 필수적이므로, 가장 중요한 연구 도구인 연구자 자신이 그러한 준비가 되었는지를 엄밀히 따져 보고 현장에 나서야 하는데, 이 모든 과정이 그러한 윤리적 기반 위에서만 가능하다. 구술사 연구는 (여느 연구보다) 연구자 자신에 따라 연구의 깊이와 맥락이 상당 부분 결정되기 때문에, 연구자의 윤리는 연구의 성패를 가름한다고 할 수 있다.

또 내용 자체보다는 재현의 양상을 세심하게 관찰해야 한다. 구술자가 특정 경험에 대해 어떤 기억을 갖고 있는지 등을 넘어서서 과거의 경험을 현재적 입장에서 재현하는 방식과 맥락에 대한 의미 해석이 중요한데, 듣고자 하는 내용에 집중하다 보면 자칫 그에 매몰되어 구술(자)의 고유한 특성을 놓치기 쉽다. 연구자는 구술자에게서 '원하는' 이야기를 들으려는 '강박'을 버리고 가능한 한 느긋하고 자연스레 이야기하는 자의 내면을 관찰하는 자세를 가져야 한다. 기억 환기 장치로서의 질문, 구술자를 위한 대리자, 연결자로서 연구자의 몫을 끊임없이 상기할 필요가 있다.

아무리 정통 인류학보다 목적지향적이며 축약되고 타협된 방식으로 운용된다 하더라도 구술사는 최소한 몇 달에서 몇 년까지 (상대적으로) 오랜 시간에 걸쳐 수행되어야 하는 작업이다. 또한 구술 내용이 구술자의 과거와 현재에서 어떤 상호작용의 산물인지를 치밀하게 해석해 내고자 연구자의 지식과 공감, 성찰을 끊임없이 요구하는 지난한 과정이다. 구술자의 이야기가 어떻게 구성되는가 하는 것으로 그의 삶을 이해하는 것이 구술사 연구의 목표가 되어야 한다는 것을 정확히 인식할 필요가 있다. 그런 본질에 충실해야만 비로소 심층면접과는 다른 가치가 있는 방법론으로 자리매김할 수 있을 것이다.

또한 역사 쓰기에서 자기 목소리를 가지지 못했던 이들로 하여금 자신의 경험을 이야기하게 하는 것이 구술사 연구의 큰 덕목이라는 점에 주목할 필요가 있다. 자기 역사를 (스스로) 써 내려갈 수 없는, 자기 역사를 (스스로) 기억해 내기 어려운 조건에 있는 이들을 위한 연구가 되어야 한다는 것이다. 이는 곧 언론학 연구에서 관심의 변동을 전제하는 것인데, 민속지학적 수용자 연구역시 선택적으로 차용되어(이기형, 2009)[67] 주 관심이 도시의 청장년층에 집중되어 있었다는 것을 감안한다면 농산촌 지역, 또는 노인이나 여성, 노동자, 장애인 등 주류 사회에서 소외된 자들을 대상으로 하는 언론학 연구는 그 자체로 경계 확장적인 측면이 있다고 할 수 있다. 다시 말해 '낮은 문화'에 대한 관심을 지향하긴 했어도 일정 수준 낮지 않은 문화를 향유하는 계층에 고정되는 경향이 있었으며,[68] 그와는 다른 혹은 그보다 더 낮은 문화에 대한 관심으로는 이어지지 못했던 언론학 분야에서의 민속지학 연구를 구술사 연구가 확장해 나갈 수 있다는 것이다.

---

67) 이기형(2009)에 따르면, 국내 미디어 연구 영역에서 민속지학의 위상과 운용은 수용자 연구와 팬덤 연구를 주요한 기반이자 수단으로 삼아 이루어졌으며, 드라마와 팬 활동을 주요한 소재로 삼아 수용자 연구를 시도하면서 민속지학을 '차용'하는 방식의 연구들을 제공해 왔다고 한다. 그 이유로 이기형은 일반적으로 인류학과 사회학 분야에서 민속지학의 운용이 비교적 장기간에 걸친 연구자의 특정 현장으로의 정착, 정보원의 이용과 현장 내 구성원들과의 상호작용 그리고 이 과정에서 형성되는 친밀감과 유대, 신뢰의 구축, 현장일지와 자료의 축적과 참여관찰 및 인터뷰의 시행, 그리고 현장에서 강단으로의 복귀와 필드워크의 재구성을 위한 복기와 텍스트화의 과정을 갖는다면 미디어 문화연구 속의 민속지학의 운용은 이와는 상당히 차별화되는 방식으로 전개되었다고 본다(18~19쪽).
68) 이러한 문제의식은 이기형·임도경(2007)에서도 공유되고 있다.

그러나 이러한 연구는 기억이나 재현의 문제를 감안하여 대단히 정교하고 장기간의 연구를 수행해야 하는 쉽지 않은 작업이므로, 개인보다는 공동연구가 활성화될 필요가 있고 공동연구의 주체로는 학회가 제격이다. 학회는 지금까지 관련 기관 지원 방식으로 이뤄졌던 구술사 연구와는 조금 다른 접근으로, 그 어떤 '스폰서'도 관심을 가지지 않는 계층들을 대상으로 미디어 관련 체험과 기억을 더욱 풍부하게 채취, 기록, 해석하는 기회를 지속적으로 제공, 체계적으로 성과를 축적해 나갈 수 있는 최선의 연구공동체이며, 구술사 방법론의 다양한 문제를 함께 발견, 논의하고 그 적용 방식에 대해 어느 정도의 구체적인 합의를 이루어 낼 수 있는 유일한 학술공동체인 것이다. [69,70]

물론 이는 우리 언론학계의 풍토와 현실을 반영하는 또 다른 차원의 문제이기도 하다. 학회가 주도하는 공동연구의 실현 가능성을 차치하고서라도, 그러한 방법론적 합의를 이루려면 좀 더 적

---

69) 방송학회의 여성 방송인 구술 채록 연구를 수행했던 이상길 외(2011) 역시 구술사 방법론에 대한 연구공동체의 토론과 성찰을 계속해서 자극할 필요가 있음을 지적한다. 그들은 첫째, 방송인 구술사 작업이 최대한 체계성, 전문성, 지속성을 갖출 수 있는 방안을 강구할 것, 둘째, 대상 집단을 다양화할 것, 셋째, 어떤 사실이나 사건을 둘러싼 단순한 '증언' 수집의 차원을 넘어서 구술이 지니는 주관성, 상호작용성, 상상성 등의 특수성을 고려한 생애사와 주제사 등으로 확장시켜 나갈 것 등을 제안하면서 구술사 연구의 확장을 강조했다(57쪽). 이 글은 그러한 지적에 대한 적극적 동의의 산물이기도 하다.

70) 그런 차원에서 이는 구술사뿐 아니라 다른 '비주류' 혹은 '비인기' 연구 분야에 대해서도 학회가 좀 더 적극적으로 기능을 수행해야 할 부분이다. 학회의 역할 범위와 바람직한 위상에 대해서는 다양한 견해가 있을 수 있겠지만, 무엇보다 연구에 가장 큰 무게중심이 두어져야 한다는 것에는 별다른 이견이 없을 것으로 생각한다.

극적이고 다양한 형태의 지적 교류가 함께 시도되어야 하는데 이슈 중심, 성과 중심의 단발성 세미나에 치중하는 학계 현실에서는 치열하게 방법론을 논의하는 자리는 좀처럼 찾아보기 어렵다. 지금까지 언론학회와 언론정보학회에서 방법론 세미나를 몇 차례 마련했지만 대부분이 대학원생을 대상으로 하는 것이었다. 특정 방법론을 설명하고 적용 사례를 소개하는 자리를 넘어서서 문제와 성찰이 공유되는 자리, 나아가 문제에 대한 나름의 합의까지 모색할 수 있는 자리가 되려면 연구자 중심의 크고 작은 논의의 장이 다양한 형태로 수시로 열리는 것이 필요하다. 학술지의 역할도 빼놓을 수 없다. 학술지가 이러한 논의의 장으로 기능하려면 현재 정형화되어 있는 논문 쓰기 방식이 좀 더 유연해져야 하며 다루는 주제 역시 다양해질 필요가 있다.

　문제의 일차적인 원인은 구술사 연구자로서 무지하고 자질도 부족했던 나 개인에게 있지만, 보다 근본적으로 나를 둘러싸고 있는 학문 분과의 관습, 그리고 학문 분과에 영향을 미치는 구조적 요인들도 중요하다는 것을 진지하게 짚어 보았으면 한다. 그렇기 때문에 내가 이 글에서 던지는 질문은 다만 공부하지 않은 어느 한 연구자의 '무식한' 질문을 넘어서 우리 언론학계가 구술사 연구를 제대로 수행하기 위해, 나아가 다른 학문 분야의 방법론을 접목하고 적용하기 위해 다 함께 고민해 보아야 할 공동의 '유용한' 문제일 수 있다.

참고문헌

강명구·백미숙, 《해방 이후 한국방송의 형성에 관한 구술 자료》, 방송문화진흥회, 2008.

김귀옥, 〈한국 구술사 연구현황, 쟁점과 과제〉, 《사회와 역사》 71집, 2006.

김병희·윤태일, 《한국 광고회사의 형성과정에 관한 구술사 연구》, 한국방송광고공사, 2009.

김병희·윤태일, 〈한국 광고회사 형성기의 전문성 제고: 구술사 연구방법에 의한 기억의 재구성〉, 《한국광고홍보학보》 12권 3호, 2010.

김보형·백미숙, 〈초기 여성아나운서의 직업성격과 직업정체성의 형성〉, 《한국언론학보》, 53권 1호, 2009.

김성경, 〈필드에서의 소고: 북한이탈주민 이동과정에서 '문화'의 의미를 재조명하려 했던 연구자의 성과, 한계, 그리고 성찰〉, 《한국의 이민정책과 이민 현실》(제6차 한국이민학회 연례학술대회 발표문), 2012.

김세은, 〈해직 언론인에 대한 생애사적 접근 연구〉, 《한국언론학보》 56권 3호, 2012.

김애령·원미혜 공편, 《붉은 벨벳앨범 속의 여인들》, 그린비, 2007.

김영찬, 〈1970년대 텔레비전 외화시리즈 수용 연구〉, 《한국언론학보》 55권 6호, 2011.

나미수, 〈민속지학적 수용자 연구에 대한 비판적 성찰: 국내 연구사례에 대한 분석과 평가〉, 《커뮤니케이션이론》 1권 2호, 2005.

마동훈,《한국 방송의 초기 아나운서 연구: 미시사적 구술연구》, 한국방송문화진흥회, 2008.

백미숙, 〈한국방송사 연구에서 구술사 방법론의 사용과 사료 활용에 관하여〉,《한국언론학보》53권 5호, 2009.

백미숙·강명구·이성민, 〈서울텔레비전(KBS-TV)의 초기 방송 조직문화 형성〉,《한국방송학보》22권 6호, 2008.

신주백, 〈기억의 정치학 넘어 기억의 문화사로: 한국 기억연구의 흐름과 과제〉,《교수신문》, 2006.12.4.

양현아, 〈증언과 역사 쓰기: 한국인 '군 위안부'의 주체성 재현〉,《사회와 역사》60권, 2001.

염미경, 〈지방사연구에서 구술사의 활용현황과 과제〉,《역사교육》98권, 2006.

유현옥, 〈1960~70년대 춘천시 지역민의 일상문화에 관한 연구: 공적 공간과 미디어 경험을 중심으로〉, 강원대학교 박사학위논문, 2010.

윤택림, 〈역사인류학자의 시각에서 본 역사학- 구술사 연구를 중심으로〉,《역사문제연구》6권, 2001.

윤택림,《문화와 역사 연구를 위한 질적연구방법론》, 아르케, 2004.

윤택림 편역,《구술사, 기억으로 쓰는 역사》, 아르케, 2004.

이기형, 〈갈등의 시대, '민속지학적 상상력'과 (미디어) 문화연구의 함의를 되묻기: 현장과 타자들의 삶 속으로 관심을 기울이기〉,《커뮤니케이션이론》5권 2호, 2009.

이기형·임도경, 〈문화연구를 위한 제언: 현장연구와 민속지학적 상상력을 재점화하기〉,《언론과사회》15권 4호, 2007.

이나영, 〈'과정'으로서의 구술사, 긴장과 도전의 여정〉,《한국여성학》28권 3호, 2012.

이상길 〈'새로운 커뮤니케이션사'를 위하여〉, 《커뮤니케이션이론》 1권 2호, 2005.

이상길, 〈미디어 사회문화사: 하나의 연구 프로그램〉, 《미디어, 젠더 & 문화》 9호, 2008.

이상길·김정환·유단비, 〈또 다른 목소리로 듣는 한국 방송사〉, 《한국방송학회 학술대회 논문집》, 2011.

이성숙, 〈서구 여성구술사 현황과 쟁점〉, 《여성과 역사》 5권, 2006.

이용기, 〈역사학, 구술사를 만나다〉, 《역사와 현실》 71권, 2009.

이재경·윤택림·이나영 외, 《여성주의 역사 쓰기: 여성 구술사 연구방법》, 아르케, 2012.

임영호, 〈한국 언론학의 제도적 성공담과 내재적 위기론〉, 《커뮤니케이션이론》 9권 1호, 2013.

임영호·홍찬이·김은진, 〈문화산업 주변부 종사자의 삶과 커리어: 한국 에로물 감독의 구술생애사〉, 《언론과사회》 17권 3호, 2009.

임종수, 〈일요일의 시보, 〈전국노래자랑〉 연구: 기원과 양식, 진화, 미학 그리고 동시대성과 민족국가〉, 《언론과 사회》 19권 4호, 2011.

전진성, 〈기억의 정치학을 넘어 기억의 문화사로: '기억' 연구의 방법론적 진전을 위한 제언〉, 《역사비평》 76호, 2006.

정재철, 〈민속지학적 수용자연구의 방법론적 과제와 전망: 문화연구에서의 연구전통을 중심으로〉, 《한국방송학보》 9호, 1997.

조영한, 〈인터넷과 민속지학적 수용자 연구: 인터넷 에스노그라피의 가능성과 과제〉, 《미디어, 젠더 & 문화》 21호, 2012.

조한욱, 《문화로 보면 역사가 달라진다》, 책세상, 2000.

한국구술사연구회, 《구술사: 방법과 사례》, 선인, 2005.

함한희, 〈구술사 연구의 새로운 패러다임 모색〉,《구술사연구》1집, 2010.

함한희·윤택림,《새로운 역사 쓰기를 위한 구술사 연구방법론》, 아르케, 2006.

리햐르트 반 뒬멘(Dülmen),《역사인류학이란 무엇인가》, 최용찬 역, 푸른역사, 2001.

클리퍼드 기어츠(Geertz),《문화의 해석》, 문옥표 역, 까치, 2009.

Clifford, J., & Marcus, G.(Eds.), *Writing Culture: The Poetics and Politics of Ethnography*. Berkeley and LA, CA: University of CA Press, 1986.

Denzin, N., & Giardina, M.(Eds.), *Qualitative Inquiry and Social Justice*. Walnut Creek: Left Coast Press, 2009.

Shops, L., Oral History. In Denzin, N., & Lincoln, Y.(Eds.) *The Sage Handbook of Qualitative Research*(pp. 451~466). LA: Sage, 2011.